应用型本科规划教材

社会调查方法概论

SOCIAL SURVEY

◆黄奇杰 蔡 军 编著

ZHEJIANG UNIVERSITY PRESS
浙江大学出版社

前　言

浙江万里学院文化与传播学院开设《社会调查与分析》一课已有五个年头了。这门课程先是作为限选课面向新闻学专业开设，以后又在汉语言文学专业开，接着又作为公选课在全校范围内开，上过这门课的学生不管是哪个专业的，都说“学了有用”。这说明，《社会调查与分析》这门课已得到学生们的广泛认同。

当初，我们之所以在新闻学专业开设《社会调查与分析》课程，是出于我院新闻学专业教学改革的需要。我院创办新闻教育之时，正值全国高校新闻教育的“膨胀期”，新增的新闻教育点多达 300 多个，在校新闻专业学生达 10 万多人，而与之相对应的却是浙江省的新闻媒体已过了发展的“扩张期”，新闻媒体单位对于新闻人才的需求处于相对饱和的状态，这使新闻学专业毕业生的就业压力越来越大。像杭州《每日商报》2006 年只招 4 名记者，而报名应聘的将近有 400 人，其中不仅有本科生、研究生，而且也有从事多年新闻工作的老记者。据说，就连复旦大学新闻学院这样老牌的新闻院系，这几年毕业出来的学生在媒体就业的人数也呈下降的趋势。鉴于媒体单位严峻的就业形势，迫使我们在新闻传播人才的培养上要另辟蹊径。

另一方面，我们也看到整个社会对新闻传播人才的需求在不断地增大。这些年，由于浙江民营企业的蓬勃发展，民营企业报刊如雨后春笋般发展起来。目前，在浙江省新闻出版局“登记挂号”，拥有内部准刊证的企业报刊就达 500 多家，但是企业报刊的从业人员却非常紧缺，多数企业报刊的从业人员没有新闻专业的学科背景。根据这个信息，我院还组织教师有代表性地走访了台州、温州等地著名的民营企业。通过调研，我们发现每家企业都提出需要新闻传播人才，虽然需求的数量不多，但是适合新闻专业人才从事的岗位却比较多，除了企业报刊和企业宣传的工作岗位，其他的像“媒体购买”、公关策划、广告运作、组织会展等工作岗位，学新闻的一旦上手就会有较强的专业优势。因此，基于社会所需来培养新闻传播人才就成为我院新闻学专业教学改革的一个总的指导思想。为此，我们从狭窄的专业本位思想中跳出，注重培养学生对社会、对企业、对省情的认知和了解。我院的《社会调查与分析》、《企业文化传播》、《浙江地方文化》等课程就是在这样的背景下设置的。结合《社会调查与分析》一课的学习，每年暑期我们还抽调部分学生走进企业，到民营企业、"三资"企业进行社会实践和专题调研。这不仅可以使学生学以致用，而且也提高了学生的实践能力，激发了他们的创新精神。实践证明，我们的改革是富有成效的。2005年，我院首届79名新闻学本科学生的一次就业签约率达到了97.47%，其中，进企业单位（尤其是民营企业）从事企业报刊工作的就有21位，这就大大拓宽了新闻学子的就业渠道。我院学生通过社会调研也形成了不少有学术份量的调研报告，如新闻学2003级学生陈涵、余晗静调研撰写的《宁波市民营企业职工媒介接触状况调查报告》在2005年第17期《观察与思考》上发表，新闻学2002级学生王建安等调研撰写的《宁波市外来流动人口子女学校情况调研报告》、新闻学2002级学生许云霞等调研撰写的《四季歌与大学生德育教育——浙江万里学院校园文化活动的调查》分别获2005年浙江省"挑战杯"大学生课外科技作品优秀成果三等奖。

《社会调查与分析》这门课程在我院一直是由资深报人黄奇杰高级编辑担任主讲，由于没有合适的教材，我们一直以自编讲义的形式进行教学。教学中黄奇杰老师结合案例，对本课进行了深入浅出的讲授，使学生获益良多。这次，黄老师和同事们在原有讲稿的基础上进行了系统的整理，并将《社会调查与分析》的书稿交付浙江大学出版社出版，我们衷心希望该书的出版，将有助于《社会调查与分析》一课在省内，乃至全国兄弟院校中得以推广，希望有更多的学生能从中受益。当然，我们也衷心希望有关专家、学者多提宝贵意见。

目　录

第一章　社会调查概述

导入语

“没有调查，就没有发言权。”——毛泽东

本章要点

一切社会工作者都应该认真学习掌握社会调查方法；社会问题是社会调查的重点；新闻采访是特殊的社会调查；费孝通是我国现代社会调查中最有影响的人物；毛泽东同志毕生注重社会调查研究工作，不愧为社会调查研究的典范。

现代社会是一个复杂多变的信息社会。要正确认识并科学管理现代社会，离不开对社会信息准确、及时的收集和处理。社会调查作为一种收集和处理社会信息的基本方法，在现代社会中具有越来越重要的作用。一切社会工作者和社会科学研究人员，都应该认真学习和掌握社会调查方法，努力提高自己的认识能力和工作水平。

第一节　社会与社会调查

一、社会

所谓社会，从外在形态上看，是人与自然以及人与人之间有机结合而成的共同体；从内在本质上看，是以生产关系为基础的各种社会关系的总和。

人类社会生产发展过程中，必然会发生两个方面的关系，一是人与自然的关系，表现为生产力；二是人与人的关系，表现为生产关系。

所谓生产力，也称为社会生产力，是指人类社会中个体及群体在运用自然所表现出来的创造力，是社会生产中最活跃的因素，也是社会发展的最终决定力量。生产力决定生产关系。

所谓生产关系，就是社会生产活动中人与人的关系。它包括各个社会群体人的社会地位及其相互关系(比如由各种群体、组织、阶级、阶层所构成的血缘、学缘、业缘等关系。血缘上有父母、夫妻、兄弟、姐妹关系；学缘上有同学、师生关系；业缘上有同事关系等)。各类人群在社会资源和物资分配关系中的地位，各社会集团对社会财富的占有方式和份额等，这些都将决定一个社会人与人之间的关系是否和谐，也就决定了这个社会的基本结构是否稳定。

(一)语源学上的“社会”

在中国古代典籍中，“社”和“会”最初是分开使用的两个概念。“社”原指祭神的地方，“会”为聚集之意。如《礼记·祭法》中说：“大夫不得特立社，与民族居百家以上，则共立一社。”[①]后来，“社”被引申为志同道合者进行某种集体活动的共同场所，如“文社”、“诗社”等；有时也指中国古代的地区单位，如“二十五家为社”。“会”即聚会、集会。“社会”一词始见于《旧唐书·玄宗本纪》，书中记载：“礼部奏请千秋节休假三日，及村闾社会，并就千秋节先赛白帝……”[②]这里的“社会”是个动名词，是村民集会的意思，指的是一定数量、规模的人群在一定空间范围内的集合，与我们现在使用的“社会”一词，在本质上有所不同，因为它不涉及社会的内在本质。

中文“社会”一词的含义，是近代中国学者在翻译西方社会学著作时引用过来的。严复在译著《群学肄言》中说，“社会者，有法之群也”，“偶合之众多，不为社会”[③]。也就是说，社会并不是一群人的简单聚合，而是由一定的社会规则“法”来联系的。

(二)西方学者对“社会”概念的解释

德国古典哲学的代表黑格尔(1770—1831)认为，社会是由神秘莫测、独立存在的“绝对精神”发展到一定阶段的“外在物”。

马克思指出，“生产关系总合起来就构成所谓的社会关系，构成所谓社会”[④]。社会关系是人们在社会交往中形成的以生产关系为基础的各种联系和

① 《礼记正义》卷四十六《祭法》，见(清)阮元校刻《十三经注疏》(下册)，中华书局1980年版，1589页。

② [后晋]刘昫：《旧唐书》卷八《玄宗本纪(上)》，中华书局点校本，195页。

③ [英]斯宾塞：《群学肄言》(严复译)，商务印书馆1981年版，第3页。

④ 《马克思恩格斯选集》第三卷，人民出版社1972年版，第363页。

关系总和。

我们认为，社会是以特定物质资料的生产活动为基础、以一定数量和质量的人口为主体、由一定的经济基础和上层建筑构成的共同体，也指由于共同条件而互相联系起来的人群。

(三)社会调查是认识社会的方法科学

所谓社会调查，是指人们运用特定的方法和手段，从社会现实中收集有关社会事实的信息资料，并对其做出描述和解释的一种自觉的社会认识活动。这一定义包含了以下几层意思：

1.社会调查是一种自觉的认识活动。社会调查区别于日常生活中人们对社会的观察和思考。日常生活中的观察与思考不具有特定的明确的目的，而社会调查却是有目的有意识地观察和认识社会现象的活动。

2.社会调查的对象是社会事实。社会调查在研究社会事实时，是从活生生的社会现实生活中直接收集社会事实材料并进行分析研究，而不是仅仅在书斋或图书馆里利用间接的文献资料进行研究的。这是社会调查区别于理论研究的一个显著特点。

3.社会调查的目的是透过现象揭示事物的真相和发展变化的规律性，并进而寻求改造社会的途径和方法。

4.社会调查是一门方法科学。它不属于某一专门的社会科学学科(哲学、经济学、社会学等)，但它与各门社会科学密切相关，各门社会科学的发展都离不开社会调查这一获取知识的基本途径。

二、社会调查的特点

(一)实践性

社会调查的实践性是指在社会调查过程中离不开人的实践活动。它主要有以下三层含义：

1.社会调查一定要深入到实际的社会生活中去，从社会生活中直接收集第一手材料。

2.社会调查的研究课题来自于现实社会，其研究结果又服务于现实社会，因而它具有鲜明的现实性。

3.社会调查的方法与技术具有极强的操作性。

社会调查这一特点使它区别于纯粹的文献研究和实验室研究。

(二)客观性

社会调查的客观性是指调查者在进行社会调查时，必须持有实事求是、一切从实际出发的科学态度。一切调查结论必须来源于客观事实材料，而不能服从于某种主观愿望或某个利益主体的需要。

(三)综合性

社会调查的综合性特征有以下三层含义：

1.研究视角的综合性。社会调查研究总是放开视野、综观全局的。即使是研究社会具体现象，它也是注重从该现象与其他现象的相互关系中去把握它、认识它，从不同角度对该现象进行深入的多层次分析。

2.运用知识的综合性。社会调查不仅涉及某一学科或某一知识领域的知识，而且还涉及到哲学、经济学、社会学、政治学、社会心理学、统计学、逻辑学、写作知识、计算机技术等多学科、多领域的知识。社会调查是诸多学科知识的综合性运用。

3.研究方法的多样性。社会调查可以运用抽样调查、典型调查、个案调查等多样方式，访问法、问卷法、观察法等多种方法，以及录音、摄像、电脑处理数据等多种技术手段。社会调查常常是多种研究方法与手段的综合运用。

第二节　社会调查与新闻采访

一、新闻采访是特殊的社会调查

(一)新闻采访概说

所谓新闻采访是人们为收集新闻素材、报道新闻而进行的特殊的社会调查研究活动。

“新闻”一词在中国可以追溯到唐朝，初唐神龙年间(公元705年前后)孙处玄曾发感叹说：“恨天下无书以广新闻。”孙处玄不仅是现有史料中最早使用“新闻”一词的人，而且他所使用的“新闻”与我们今天所理解的“新闻”含义十分接近。[①] 据记载，在西方，1423年，苏格兰詹姆士一世第一次使用“新闻”一词，他说：“我把可喜的新闻带给你。”虽然“新闻”一词早已产生，但它不是我们今天严格意义上的“新闻”概念，其内涵外延都是模糊不清的，其本身的出现也有偶然因素在起作用。“新闻”作为现代意义词汇被正式运用是在18世纪资本主义发

---

① 参见丁淦林：《中国新闻事业史新编》，四川人民出版社1998年版，第7页。

展以后,新闻"能够从一般的信息传播分离出来,仅是最近几百年的事情"[①]。

对于"新闻"的定义,世界上有几百种之说。美国《纽约太阳报》主编约翰·博加特曾提出至今在各国新闻界无人不知的新闻定义:"狗咬人不是新闻,人咬狗才是新闻。"[②]

我国最早给"新闻"下定义的,是毕业于密歇根大学的徐宝璜1919年提出的,他说:"新闻者,乃多数阅者所注意之最近事实也。"[③]

邵飘萍在《新闻学总论》中提出:"新闻者,最近时间内所发生的,认识一切关系社会人生的兴味实益之事物现象也。"

1943年延安整风运动时,陆定一同志在《我们对于新闻学的基本观点》一文中,提出了在以后几十年中对中国新闻事业影响深远的新闻定义:"新闻就是新近发生的事实的报道。"[④]他认为新闻的本源乃是物质的东西,乃是事实。这一新闻定义立即得到我国新闻界和学术界的普遍称赞和接受。尽管后来有部分学者对它提出种种质疑,但是陆定一关于新闻定义的权威性一直没有动摇。

(二)新闻采访的特点

新闻采访是新闻材料的"采集"和对采访对象的"访问"的合称。在我国,"采访"一词始见于东晋史学家干宝的《搜神记·序》。现此书已散佚,然而《晋书·干宝传》中有这样记载:"若使采访近世之事,苟有虚错,愿与先贤前儒分其讥谤。"[⑤]但"采访"一词与新闻活动联系,则是进入20世纪以后的事。

新闻采访的目的是为了收集新闻素材、报道新闻。我们称"新闻采访是特殊的社会调查",是由它的特点所决定的。与机关干部工作调研、公安干警侦察破案、营销人员市场调查等社会调查相比,新闻采访具有时间的紧迫性、任务的艰巨性、事态的突发性、需要的广泛性、知识的全面性、活动的艰苦性等特点,所以说它是一项特殊的社会调查。

1.时间的紧迫性

新闻是"易碎品",今日的新闻,明天的历史。新闻最大的特点就是讲求时效性。新闻的时效性是指新闻事件发生到新闻传播的时间距离。其距离越短,传播越快,时效越强,效果越好。新闻业界流行的"抢新闻",就是指要争分夺秒

---

① 陈力丹:《世界新闻传播史》,上海交通大学出版社2002年版,第1页。

② 参见雷跃捷:《新闻理论》,北京广播学院出版社1997年版,第65页。

③ 徐保璜:《新闻学》,中国人民大学出版社1994年版,第7页。

④ 陆定一:《我们对于新闻学的基本观点》,见《陆定一新闻文选》,新华出版社1987年版。

⑤ [唐]房玄龄:《晋书》卷八十二《干宝列传》,中华书局点校本,第2150—2151页。

地将新闻采集到手，传播出去。为了“抢新闻”，中外记者发生了很多故事，也闹出不少笑话。1981 年 3 月 30 日下午 2 时 30 分左右，美国总统里根在华盛顿饭店前演讲时突遭枪击。在场的《合众国际社》记者雷瑙尔兹听到枪声，立即冲到饭店服务台，抢过电话向编辑部叫道：“总统遭到枪击。”2 时 31 分，该社首先播发了这条简讯。与此同时，哥伦比亚广播公司记者塔克尔奔跑过马路闯入一家商店，对售货员说：“给 100 美元，打个电话。”他向总部报告完毕后，又叮嘱售货员：“不要让别人用电话，我加倍给你钱。”

2.事件的突发性

从调查研究的项目来看，很多社会调查事先都有计划。新闻采访除了部分项目是事先有计划、有准备的之外，其余大部分事项是带有突发性的，即人们常常在毫无准备的情况下，忽然一个突发性事件发生，要求人们立即传播或赶到现场报道。比如，新华社快讯：“2007 年 2 月 28 日凌晨 1 时 55 分左右，新疆一列客车在吐鲁番境内遭遇特大沙尘暴，列车被狂风吹翻”；“这场大风导致 11 节车厢出轨，造成 3 人死亡，2 名旅客重伤，32 名旅客轻伤。南疆铁路被迫中断行车”；“紧急抢救，千名救援人员赶赴现场；至 28 日 11 时 30 分，南疆铁路已恢复通车”。类似突发性事件时有发生。

3.需要的广泛性

在社会生活中，人们需要获取新闻信息，然而，人们对新闻的内容、形式等方面的需求，因年龄、职业、性别、学历、经历等因素的不同而有所偏爱。人们对新闻多层次、广泛性的需要，就要求新闻报道的题材、体裁等必须具有多样性和广泛性。相比之下，其他类型的调查研究因调研项目和社会需要都比较单一，因此一般没有新闻采访那样复杂。

4.知识的全面性

正因为新闻报道要适应人们多层次、广泛性的需要，加上要紧跟社会生活和现代技术的发展，这就要求新闻从业人员的知识素养要广博些、全面性，成为“杂家”。而对其他社会科学、自然科学的调查研究人员知识全面性的要求，一般没有新闻从业人员这么显著。

电影《泰坦尼克号》曾轰动世界。世界上第一位报道 1912 年 4 月 15 日“泰坦尼克号”游轮首航沉没的，是《纽约时报》编辑主任卡尔·范安达。范安达是一位事业心极强的杰出的新闻工作者，他在《纽约时报》20 年新闻生涯中，一直上夜班，每天工作 12 小时。他同时还是一位杰出的数学家、历史学家、考古学家等。我国著名记者、《人民日报》原总编辑邓拓，新闻、历史、文学、书法等“十八般武艺，样样精通”，是位名副其实的“杂家”和“专家”。

5. 活动的艰苦性

一般的调查研究，因调研项目和访问对象比较单一、集中，加上时间性要求不是十分紧要，所以其活动的艰苦程度相对较低。新闻采访则不然。报纸天天要出版，电台、电视台日日要播出，网络时时要更新，被采访对象千差万别，突发事件不可预测。所有这些，都给新闻采访增加了艰辛性。

二、"公民新闻"对新闻采访的创新

(一)"公民新闻"的产生

20 世纪 90 年代以来，随着互联网和网络技术的飞速发展，越来越多的人以博客、聊天室、维客、信息板、移动通讯等新的方式对新闻进行传播，从而导致了"公民新闻"的产生。

"公民新闻"产生于 20 世纪 90 年代的美国"公民新闻事业运动"。堪萨斯州《威奇托鹰报》主编戴维斯·梅里特在选举活动中联合当地的电视台 KAKE-TV，对选民所关心的问题进行大量调查和专题报道。与此同时，杰克·斯威夫特主编的《哥伦布记事问询报》对当地的种族主义问题进行认真调查并了解多方意见后，提出了一项旨在改善现状的议案。斯威夫特与梅里特二人被奉为美国新闻界"公民新闻事业运动"的发端者。

伴随着 Web2.0 时代的到来，美国出现了许多供网民自由交流信息的博客与新闻故事的网站。其中最有影响力的"公民新闻"莫过于德拉吉博客网(drudgereport.com)当年率先揭露的克林顿的性丑闻。1995 年，"一个人的网站""德拉吉报道"开张，主持人麦特·德拉吉是一位礼品店老板。1998 年 1 月 17 日，德拉吉发布了震惊世界的消息：克林顿总统与白宫助理莱温斯基发生性丑闻。一夜之间，"德拉吉报道" 一举成名，闻名全球，成为美国家喻户晓的"舆论领袖"，其网站的日点击率由 900 人次激增到一千万人次。

到 21 世纪初，"公民新闻"的应用更为广泛，传播方式和手段更为丰富，不仅仅局限于网络博客。如在 2005 年 1 月的印度洋海啸中，是业余摄影师用手中的 DV 拍摄下了印度洋海啸吞没旅店游泳池扑向人群的全过程。又如 2005 年 7 月 7 日英国伦敦地铁和公共汽车发生爆炸案。在爆炸发生很短的时间内，BBC、ITV、《卫报》(Guardian)等英国主流媒体就陆续收到了来自公民的有关爆炸的图片和录像片段。这些图片和录像片段以手机等现代通信工具拍摄，通过电子邮件的形式传到这些媒体的网站邮箱中，或者通过博客网页直接将这些图片、录像片段以及那些亲历现场的人的所见所闻所感发布到网上。而这些都是当时远离现场的专业媒体和记者难以办到的。

(二)"公民新闻"的定义

综上所述,我们可以把"公民新闻"理解为"公民(非专业新闻传播者)通过大众媒体、个人通讯工具,向社会发布自己在特殊时空中得到或掌握的新近发生的特殊的、重要的信息"。简而言之,"公民新闻"是来自业余新闻工作者的第一手新闻报道。

(三)"公民新闻"的发展机制

在我国,"公民新闻"还刚刚起步,需要建立起应对公民新闻学兴起的健全机制,以避免新闻传播领域的"失控"和风险。

1. 新闻的真实客观机制。新闻的真实性是新闻的惟一原则和生命。真实性同样也是"公民新闻"的生命力。公民记者对自己的言行承担责任。"公民新闻"媒体应在分辨信息的真实性和虚假性之间做好检查与把关工作。

2. 新闻的公开机制。"公民新闻",是由社会大众参与制作的新闻报道,具有公开性。

3. 新闻的民主机制。"公民新闻"是一个民主化的媒体形式,越来越多的"公民记者",借助因特网、可拍照手机、数码相机、摄像机及其他科技工具参与新闻制作。新闻话语权是民主的。

4. 新闻的包容机制。在制造包容环境的同时,应该注意作好对信息的管理和引导工作,"公民新闻"报道,不能成为某些人干扰政府正常运作的工具,不应该是个流言蜚语的集散地,不能成为某些个体发泄私愤的平台,要驱除不正确或扭曲事实的信息,引导"公民新闻"朝正确的方向发展。

三、社会问题是社会调查的重点

人类社会的发展历程,是一个不断发生问题和解决问题的历程。从某种意义上说,没有社会问题的不断发生与解决,就没有人类历史的进步。解决社会问题的前提和基础是社会调查,所以说,社会问题是社会调查的重点。

(一)社会问题的涵义与特征

1. 社会问题的涵义

社会问题,有广义与狭义之分。广义的社会问题,泛指一切与社会生活有关的问题。狭义的社会问题,是指由于社会结构或社会关系失调,导致社会全体或部分成员的正常生活和社会进步发生障碍,需要依靠社会力量加以解决的问题。通常所指的是狭义的社会问题。正确理解这一定义,需要把握以下 4 个方面涵义:

(1)社会问题是一种"客观事实"。就是说,社会问题客观存在于一切社会,并且客观存在于现实社会生活之中。

(2)社会问题是一种“公共问题”。人们在社会生活中,总会遇到许多问题和烦恼,但如果它仅仅是个人或部分人的遭遇或感受,只能属于私人问题。社会问题必然与公众生活密切相关,涉及到相当多的人和较为广泛的社会关系,而且是违背了现存的社会规范和价值原则,直接或间接地危及相当一部分社会成员的正常社会生活及利益,大家共同感到一种威胁或不适。

(3)社会问题是一种“公众认定”。“客观事实”是社会问题得以成立的先决条件,但是只有为相当多的人所认识和确定,才能真正成为问题。也就是说,“公众认定”才是社会问题的本质条件。当然,具体的认定过程中,还有许多因素及环节。一般是由专家、学者或有识之士先行觉察和认识,然后在社会上引起一定反响,逐渐形成社会舆论,从而引起政府或拥有权力决策人物的注意,利用制度和政策力量使这个问题明确化和具体化,使社会公众越来越感到它确实存在,越来越多的人关注它的现状、形成原因、社会危害及消除它的必要性和对策。到此时,这一问题就正式成为社会问题了。

(4)社会问题的解决需要社会行动。社会问题的起因一般是社会性的,并非由个人或少数人负责;社会问题的后果也是社会性的,涉及到相当一部人共同的社会生活。因而它的解决或消除也决不是个别人或少数人能办得到的,要通过社会力量通力合作才有可能,需要动员相当多的人甚至全社会,采取“社会行动”来解决社会问题。

2. 社会问题的一般特征

每一种社会问题都因其具体性质和内容不同,而有着不同的特点。但从宏观角度分析,所有社会问题又有着具有共同性质的一般特征。

(1)普遍性与特殊性。马克思主义认为,问题就是矛盾。所谓社会问题,就是社会矛盾在未得到解决的冲突过程中所表现出来的一种差异或失调。矛盾存在于一切事物,人类社会就是在社会矛盾的不断产生、冲突、转化与解决的无限循环中得以发展的。任何社会时代和任何社会领域,都会存在社会问题。普遍性是社会问题的最基本特征。

但是社会问题的普遍性又以其特殊性体现出来。在时间上,每一种社会问题都烙有时代印记,或者是新时代产生的新问题,比如近些年出现的“青少年沉溺于网络游戏”问题、2007 年初发生的“熊猫烧香”计算机病毒问题等;或者是老问题带上时代新特点,比如我国人口问题在数量过大的基础上又新增了广大农民素质不高和就业难等问题。在空间上,各个国家、民族、地区都有自己特独的社会问题。比如同样是人口问题,我国是人口增长过快问题,而法国则是负增长问题。因此,所有社会问题,在具有普遍性特征的同时,也体现出鲜明的特殊性特征。

(2)复杂性与周期性。社会生活的繁杂丰富决定了社会问题具有明显的复杂性特征,所有社会问题几乎都具有形成的多因性、内容的多元性、表现的多态性和后果的多重性。例如教育问题,成因可能涉及到人口多、基础差、经济落后等方面;内容有教育投资、结构、设备措施等;可以表现为文盲率高、发展不平衡、用非所学等多种问题表现形式;导致的后果更是与政治、经济、文化等多方面甚至整个社会的发展有关。社会问题虽然很复杂,但也表现出比较有规律的周期性。无论是单纯的社会问题还是复杂的社会问题,都有一个由孕育、发展到激化、解决的生长周期。性质较为单纯的社会问题,周期性一般较短,例如2003年我国出现的"非典",从发生到解决,大约只经历了半年时间。性质较为复杂的社会问题,持续时间长,其周期性就会表现为阶段性,以几个阶段性的周期循环构成社会问题发生、发展的全过程。例如我国的人口问题,在明朝以前,是地广人少的问题。公元1578年我国人口总数仅为6979万人。清朝康熙帝在位时,于1712年推行了"滋生人丁,永不加税"的政策,使人口每年平均以25%的速度增长,很快解决了人口问题,到19世纪中期已达4亿人。由此又潜在孕育了人口数量多的问题。当时,马克思指出:中国人口急剧膨胀"将成为这个民族的沉重枷锁"。1949年以后,我们对人口急剧膨胀问题没有引起重视,很快发展为数量过大的问题。据2005年底全国1%人口抽样调查显示,2005年末全国总人口为130756万人。

(3)破坏性与联动性。社会问题一般会给社会运行与社会生活造成破坏性作用。社会问题的破坏性作用比较大,一方面是因为较为普遍和严重的问题才能称其为社会问题,另一方面是因为它具有联动性特征。由于现代社会的社会联系日益密切,强化了社会生活的相关性,使社会问题也具有了相互关联性,往往一动百动,彼此呼应。这种联动性大体以三种方式表现出来。一是因果循环效应。即社会问题内部的各种因素之间、社会问题之间相互影响,往往由这一因素的问题引发其他因素,由这一社会问题演化为另外的社会问题,互为因果,形成循环效应。二是相互激发效应。即一旦几种社会因素都发生问题,就会因相互影响而加剧矛盾冲突,激发出新的问题能量。三是集群衍生效应。即围绕一个或几个核心社会问题而衍生和带动出一连串的社会问题,从而加强了其破坏程度。

(二)公车问题:一次反响较大的新闻采访

1995年6月19日《安徽日报》发表的《烈士后代的车子与房子》,在全国曾引起较大反响,上海《报刊文摘》、广东《羊城晚报》等全国几十家报刊全文转载,被评为第六届(1995 年度)中国新闻奖。这篇作品写的是安徽省民政厅厅长李宏塔(中国共产党创始人之一李大钊烈士的长孙),1981 年担任厅级领导以来坚持骑自行车上下班的廉洁奉公事迹。这篇涉及"领导干部坐车"的作品之所以获得中国新闻奖,是因为它调查报道了具有现实和深远意义的重大社会问题。

公车是指党政机关和国有企事业单位用公款购置的公务用车(一般指轿车),目的是为了提高办理效率,确保公务活动的高效运行。公车是我国行政消费成本最大的"三公"(公车、公宴、公楼)之一。

党中央、国务院对党政机关和事业单位领导干部乘坐公车曾多次作过明文规定,但是,一些地方、部门的领导干部违反规定,超标准乘坐高级豪华公车,乱用公车营私现象严重。"公车腐败"已成为群众反映强烈、党和政府一直关注的社会热点问题。"公车问题"也是历年"两会"上人大代表、政协委员关注的焦点问题。2003 年 3 月,全国人大和政协"两会"期间,全国政协委员提交的"第 0225 号提案"中指出,"八五"期间(1991 年—1995 年),全国公车耗资 720 亿元,年递增 27%,大约超过 GDP 增长速度的 3.5 倍。从 1999 年起,我国官员每年所用公车耗资均在 3000 亿元人民币以上。

据《中国统计年鉴 2000 年》调查资料显示,1999 年,国家财政开支中,军费开支 1076.4 亿元,教育和医疗经费开支 2408.06 亿元。1999 年,我国地方财政收入只有 5594.86 亿元,也就是说全国地方财政收入一半以上用于官员公车开支。当年全国 350 多万辆公车年耗资 3000 亿元开支,平摊到 13 亿中国人头上,每人每年负担 230 多元,有人称公车是"干部屁股底下的一座楼"。

国务院总理温家宝在 2007 年 3 月 5 日十届全国人大五次会议所作的政府工作报告中指出,"公务消费不规范,奢侈浪费,行政成本高;一些地方、部门和少数工作人员还存在着官僚主义、形式主义,脱离群众,失职渎职,甚至滥用权力,贪污腐败。"

公车问题,是我国公务消费中奢侈浪费最严重的问题之一。2003 年 11 月 21 日《现代金报》A14 版报道,"公务车司机揭露车轮上的腐败"——"公车行驶 1000 公里 300 公里是私用,加 50 公升汽油开 80 公升发票,公车维修名目繁多百分之八九十都有回扣"。

新华社提供的资料表明,目前我国内地一辆公车年运行成本(含司机工资福利等)至少在 5 万元以上,是社会出租车的 6 倍多。据媒体提供的数据显示,美国每辆汽车每年消耗 1.8 吨燃油,欧盟 1.5 吨,日本只有 1.1 吨,而中国竟高达 2.3 吨。是什么原因导致中国每辆汽车平均油耗达 2.3 吨?是因为我国政府机构和国有企业,不仅车辆多、排量大,而且有专职司机,汽车的利用率极高,每日行驶里程多,这些必然导致燃油消耗大。

“公车腐败”已引起我国广大民众强烈不满。公车改革已经成为当前全社会普遍关注的问题。浙江省义乌市13个镇(街道)有公车100多辆,每辆公车年均耗资8.4万元。从2003年12月18日起进行了公车改革,不留一辆公车,不留一名驾驶员。“车改”后每年降低费用15%以上。

第三节 社会调查的任务和功能

一、社会调查的任务

社会调查的目的和根本任务是揭示事物的真相和发展变化的规律性,并进而寻求改造社会的途径和方法。

(一)客观地描述社会事实

一些以了解国情、民情为主要目的的社会调查,如普查、民意测验、市场调查等,都是以客观地反映社会事实为主要任务的。它们必须正确地收集调查对象的有关事实材料,并对这类材料进行去粗取精、去伪存真的加工整理,从而能将调查对象的有关情况如实地再现出来。

这一类以描述社会事实为主要任务的社会调查如欲取得成功,关键有两个:一是采用的调查方法要科学,二是调查者所持的立场要客观。

(二)科学地解释社会事实

有许多社会调查,仅仅揭示社会事实真相还不够,还要在此基础上分析该社会现象产生的原因,揭示它的本质以及它发展变化的规律性。这就是社会调查的理论任务,包括检验与修正原有的理论和提出新的理论两个方面。

只有用正确的理论作指导,才能对纷繁复杂的社会现象作出正确的判断和解释,才能透过事物的表象,正确揭示事物的本质及其发展变化的规律性。

(三)系统地进行对策研究

有些社会调查的任务不仅仅要客观地反映社会事实,探求事物发展的内在规律性,而且要在此基础上作较系统的对策研究,这就是社会调查的实践任务。它主要包括:为党和政府决策及制定具体政策提供参考意见,为解决社会矛盾与社会问题提供对策,为企事业单位提供具体的咨询意见等。

这类以较系统的对策研究为主要任务的社会调查,除了要做到前面两项任务所要达到的基本要求以外,还必须特别注意:

1. 所提对策与政策建议必须与调查材料及调查结论有合理的逻辑联系。

2. 必须考虑所提对策与政策建议的可行性和可操作性。

二、社会调查的功能

社会调查作为一种自觉的认识和实践活动，具有多方面的社会功能。

(一)社会调查是正确认识社会的基本途径

人们认识社会的途径有很多，主要有参加社会实践、学习书本知识、进行社会调查等。参加社会实践、学习书本知识是认识社会的基本的途径，但光有这两条途径还不够，还必须加上社会调查这一重要的不可缺少的途径。通过社会调查，人们可以超越自身实践经验的局限性，获得更为广阔的社会生活的知识与经验；可以使我们对事物的认识更符合客观实际；可以透过事物的外部现象而认识事物的本质和发展规律性，从而使我们对社会现象的认识更全面、更深刻。因此，社会调查是正确认识社会的基本途径。

(二)社会调查是科学管理社会的重要前提

科学的社会管理有赖于正确的社会预测和决策，正确地制定政策和执行政策，这些都离不开对国情的正确认识，都离不开社会调查。同样，企业管理也离不开社会调查尤其是市场调查。

(三)社会调查是进行思想教育，提高人的思想水平和认识能力的有效手段

首先，社会调查能够帮助我们的主观认识符合客观实际，在思考问题和分析问题时做到从实际出发，从而避免犯主观主义、教条主义、经验主义和理论脱离实际的错误。

其次，社会调查对于调查对象来说，也能起到启发和引导的作用。

(四)社会调查是端正党风和学风的法宝

首先，社会调查是各级干部改进思想作风、提高工作水平的重要途径。

其次，社会调查是密切干部与群众的有效方法。在改革开放的新形势下，各种不同利益之间的矛盾、不同观念之间的冲突大量存在，人民群众中存在着许多思想问题、现实问题需要得到关心和解决。这就要求各级干部能深入基层，深入到群众中去，了解民意，体察民情，做群众工作。因此，调查研究不仅是一种认识方法，也是一种密切联系群众的工作方法。

第四节 社会调查的历史发展

社会调查作为认识社会的一种活动，其历史源远流长。但是，它作为一种科学方法，主要还是近代的产物。了解它的历史发展，有助于我们进一步认识社会调查的性质、特点、功能与发展趋势。

一、社会调查方法在近代西方社会的产生

社会调查作为一种自觉认识社会的科学方法，是伴随着近代资本主义的产生而形成和发展起来的。其产生的原因主要有以下几个方面。

(一)资本主义社会出现大量社会问题

随着资本主义社会的迅速发展，西方各国出现了大量的社会问题。比如，美国到19世纪下半叶，资本主义经济经历了近百年的积累，达到了空前的繁荣。据统计，1860年全美只有3个百万富翁，到1900年美国已有3800个百万富翁，10%的人口占有全国大约90%的财富。财团老板们控制着国家政治、经济命脉，他们与政界情投意合，致使贪污腐败之风席卷各州，造成社会问题泛滥，如政府运行效率低下，官商勾结，贪污腐败，城市人口急剧膨胀，贫富两极分化，犯罪现象层出不穷等。严重的社会问题激化了阶级矛盾，威胁着资本主义制度的稳定性。一些资产阶级的社会改革家、慈善事业家为了寻找解决社会问题的途径，以缓解阶级矛盾，开始围绕各种社会问题，特别是围绕贫民阶级的生活状况展开了许多专门的社会调查。

同时，一些媒体的新闻从业人员敏锐地注意到了这种社会变化，并尝试用一种更加主动、更加深入的报道形式来揭露和批判这些社会现象，分析其成因，提出自己的建议，以期推进社会的变革。20世纪初，一场被称为"扒粪运动"的揭发黑幕的调查性报道，轰轰烈烈地开展起来。1903年1月，《麦克卢尔》杂志编辑主任林肯·斯蒂芬斯(1866—1936)撰写的《城市的耻辱》、《美国杂志》副主编艾达·M.塔贝尔(1857—1944)撰写的《美孚石油的历史》、《麦克卢尔》杂志记者雷·斯坦纳德·贝克(1870—1946)撰写的《工作的权利》相继发表，分别揭露了市政腐败、石油大王不正当竞争和煤矿业残酷镇压工人罢工的情况。从此，以"揭黑"为主要内容的调查性报道开始兴盛。据统计，1900—1915年间，大约发表了2000多篇"揭黑"文章，其内容涉及美国方方面面的社会问题。由于难以忍受记者们的无休止调查，当时的美国总统罗斯福曾经当面怒斥记者为

"专挖丑闻"的"扒粪者"。这个不雅的称号来自于英国小说《天路历程》中的一个人物,他从不抬头看天,而只是热衷于用铲子捡拾地上的污物。美国新闻界高兴地接受了"扒粪者"这一称呼。

(二)社会调查任务的复杂化

随着早期资本主义社会的迅猛发展,社会急剧分化,社会结构迅速趋向复杂化与异质化。在这种情况下,社会调查所面临的任务也日趋复杂,原来那一套简单的以定性分析为主的方法已不能适应日益繁重而复杂的社会调查任务,迫切需要将定量分析方法运用到社会调查中来。

(三)自然科学方法的渗透

随着数学、物理学等自然科学的长足进步,一些学者主张将自然科学的研究方法运用到社会科学研究中来。例如,社会学的创始人孔德就主张将数学和物理学的研究方法运用到社会研究中,并一度把社会学称为"社会物理学"。

在这一时期,社会调查大多集中在行政统计调查和社会问题调查方面,其间出现了近代西方社会调查研究的三位先驱人物。

第一位是英国著名的慈善家和社会改革家霍华德(1726—1790)。他是使用访谈法进行系统社会调查的先驱。他在"监狱调查"中使用访谈法,直接与犯人交谈,广泛收集英国和欧洲各地监狱的情况。1774 年他用调查中获得的确凿事实,说服了众议院,顺利通过了监狱改革法。后来,他出版了《英格兰和威尔士监狱状况》一书。

第二位是法国著名社会改革家勒·普累(1806—1882)。他主要从事家庭调查,并在问卷调查方法领域作出了卓越的贡献。

第三位是英国的布思(1840—1916)。他曾经是位造船企业家,后来投身于社会调查事业。布思是社区生活调查的创始人,他从 1886 年开始经过 18 年时间,写成了 17 卷本的《伦敦居民的生活和劳动》一书。

霍华德、普累、布思三人所进行的社会调查活动,标志着社会调查科学方法的逐渐形成。

二、现代社会调查方法科学的形成

19 世纪末 20 世纪初,随着社会调查方法的广泛运用,以及数学方法在社会调查领域的长足进步,社会调查方法逐渐演变成为一门专门的方法性学科。

社会调查方法科学形成的主要标志是,数理统计学的发展及其在社会调查中的应用、专门的社会调查机构的出现、电子计算机技术在社会调查中的广泛应用、社会调查方法课程在高校的普遍开设。

随着社会调查方法的发展和广泛运用，一些专业性的调查机构应运而生。1912 年，美国塞基财团设立了以哈里逊为主任的调查机构，并于 1914 年在伊利诺州的春田市进行了小城市状况的调查研究。这是设立专门调查机构的早期尝试。1932 年美国总统选举测验结果失败，迫使人们改进过去由报刊作民意测验的方法，于是产生了科学的舆论调查。像兰德公司等各种各样的民意调查机构纷纷建立起来，承担着越来越广泛的社会调查研究任务。

三、中国社会调查的历史发展

中国社会调查的历史也可以追溯到古代。但将社会调查作为一种认识社会的科学方法，还是 20 世纪的事情。

(一)现代中国学者的社会调查

在 19 世纪末 20 世纪初，西方传教士和学者开始在中国进行实地社会性调查研究活动。1878 年美国传教士史密斯对山东省农村生活进行了调查，并著有《中国农村生活》一书。

20 世纪 20 年代开始，中国的社会调查走向本土化，中国学者成为社会调查的主体。1926 年，中国学术界出现了两个社会调查机构。一个在北京，由陶孟和、李景汉教授主持的中华教育文化基金董事会社会调查部，另一个在南京，由陈翰笙教授主持的国立中央研究院社会科学研究所社会学组。前者开展的影响较大的社会调查有：陶孟和的《北平生活费用之分析》(1930 年)，李景汉的《北京郊外乡村家庭》(1929 年)，李景汉教授出版了《实地调查方法》一书。后者开展的影响较大的社会调查，是陈翰笙于 1927 年 7 月至 1930 年 8 月对无锡、广东、保定进行的三次大规模的农村调查，并出版了《中国地主和农民》一书。

在我国现代社会调查中，最有影响的人物是著名的社会学家、人类学家、社会活动家、民盟中央原主席、全国人大常委会前副委员长费孝通教授。

费孝通(1910 —2005)出生于江苏吴江一个教育世家，他一生重视社会调查，并将社会学、人类学方法运用于中国社会经济调查。他在 1935 年赴英国留学之前，在自己的家乡开展了一个多月的社会调查。这一调查材料经整理后于 1939 年出版，书名为《江村经济》，又名为《中国农民的生活》。该书被他的导师马林诺夫斯基誉为“人类学实地调查和理论工作发展中的一个里程碑”，并且被当时许多大学的人类学课程列为必读参考书。

费孝通先生于 1957 年第二次到江村调查，并在《新观察》上发表了《重访江村》一文。从 1982 年开始，他把调查研究的重点放到作为农村政治、经济、文化中心的小城镇上，于 1983 年发表了《小城镇 大问题》的调研报告。费孝通先生说:“我们只有一条路可走,那就是投身于社会实践,到人民群众的日常生活中去,踏踏实实地从具体的问题调查做起,一步一个脚印,去认识处于社会主义现代化建设时期的中国社会问题。”

费孝通曾多次到浙江省温州、金华等地进行社会调查活动,给浙江留下了巨大财富。1986、1994、1998 年,年过古稀的费孝通先后 3 次来到温州,并在《瞭望》周刊上发表了《小商品 大市场》、《家底实 创新业》、《筑码头 闯天下》这 3 篇影响深远的关注温州的文章。费孝通在温州调研时说,“我的大脑皮层出现了自 20 世纪 30 年代搞江村调查后从未有过的刺激与兴奋”。他对“温州模式”的关注和保护,对浙江经济发展起到了促进作用。

总的来说,在一批老社会科学家的努力下,近现代中国的社会调查有了长足的进步,不仅积累了社会调查的丰富经验,还积累下了大量珍贵的社会调查资料。

(二)毛泽东同志社会调查的实践

1919 年五四运动后,马克思主义开始传入中国,并对中国社会产生了深刻的影响。以毛泽东同志为代表的中国共产党人,以马克思主义为指导思想,开始了对中国社会的科学的调查研究工作。

毛泽东同志一生重视社会调查的理论和实践活动。他在湖南第一师范读书时,就经常利用假期到工厂、农村进行社会调查。他曾在 1917 年暑假用了一个多月时间,步行对长沙宁乡、安化、益阳、浣江 5 县的广大农村进行过社会调查。这些早期的社会调查实践活动为他以后注重社会调查、实事求是的工作方法奠定了基础。

第一次和第二次国内革命战争时期,是毛泽东同志社会调查实践最活跃、最频繁、也是成果最丰富的时期。1927 年 1 月至 2 月,他实地考察了湘潭、湘乡、衡山、长沙等县的情况,于 1927 年 3 月写成《湖南农民运动考察报告》。这个时期毛泽东还在社会调查的理论方面作出了重要贡献。1930 年 5 月,他撰写了《调查工作》一书,科学地论述了社会调查的基本观点、调查研究与中国革命的关系、调查目的和技术问题,初步形成了调查研究的理论。

抗日战争时期,毛泽东对社会调查的指导思想和方法进行了概括和总结,发表了《改造我们的学习》、《关于农村调查》等文章,它标志着毛泽东的社会调查的理论和实践进入了成熟阶段。在这些文章中,毛泽东指出了社会调查的意义、指导思想和具体方法,并且把这些理论运用于自己的工作实践中。在这一时期,他的社会调查理论已被全党所接受。1941 年 8 月 1 日,党中央作出了《关于社会调查的决定》,对全党同志提出了开展社会调查的具体要求,使社会调查成为我们党工作方法的一大法宝。

1949年建国以后，毛泽东仍然重视社会调查。1956年在听取许多部门的汇报和查阅了大量材料之后，写出了《论十大关系》一文，为我国的社会主义建设指明了方向。1961年为纠正大跃进浮夸风，毛泽东又提出了大兴社会调查研究之风的要求。事实证明，毛泽东同志毕生都注重社会调查研究工作，不愧为社会调查研究的典范。

(三)当代中国的社会调查

20世纪80年代以来，我国的社会调查进入了一个崭新的发展阶段，其特点是：调查手段日益多样化，调查方法日益科学化，调查人员日益专业化，调查内容日益广泛化。

在我国改革开放和社会主义市场经济发展中，党和政府越来越重视社会调查工作。为了解我国基本国情，我国于1953年、1964年、1982年、1990年和2000年先后进行了5次人口普查，2005年底又进行了全国1%人口的抽样调查；同时还进行过工业、农业等多项专业普查。2005年1月1日至3月底，我国开展了全国第一次经济普查。除普查外，抽样调查的方法在民意测验、市场调查中被广泛地运用。

以胡锦涛总书记和温家宝总理为代表的新一届中央领导集体，特别重视调查研究，经常深入基层调研，以调查了解到的实情，作为为民施政的着力点和谋划工作的基点。据2007年2月9日《中华工商时报》报道，1月30日至2月8日，国务院总理温家宝在中南海主持召开5次座谈会，征求对即将提请十届全国人大五次会议审议的《政府工作报告》(征求意见稿)的意见。各民主党派中央、全国工商联负责人和无党派人士，经济、社会和自然科学领域的专家学者，科技、教育、卫生、文化、体育界代表，企业界代表和工人、农民等基层群众代表，分别出席了座谈会。新一届中央领导集体在工作中所表现出的以民为本、关注民生、调查研究、求真务实的作风，赢得全国人民的高度赞誉。

广大社会工作者，特别是新闻工作者对社会调查也越来越重视。改革开放以来，我国许多媒体都十分重视社会热点问题的调查，开辟了专刊、专版、专栏，如中央电台的《焦点访谈》、《新闻调查》、《每周质量报告》等，《华西都市报》的“特别报道”、《现代金报》的“中国报告”等等，发表了大量的社会问题调查文章，如2003年1月17日《人才市场报》的“关注中国就业问题”、《钱江晚报》的“黑心肠调制毒卤味——央视记者暗访揭开苍南制熟食黑幕”等。这些调查类新闻作品对解决社会问题、促进社会发展都起到了积极作用。

第五节 社会调查的基本类型

根据不同的标准，可以将社会调查划分为不同的类型。根据调查对象的范围，可以分为普遍调查和抽样调查；根据收集资料的方法，可以分为问卷调查和访问调查；根据社会调查的性质或领域，可以分为行政统计调查、社会问题调查、生活状况调查、市场调查、民意调查和研究性调查。综合起来，社会调查常用的基本类型有以下几种。

一、行政统计调查

行政统计调查主要包括由国家和各级政府部门所进行的人口调查、资源调查、行业调查、社会概况调查等等，其特点是多维宏观的、概况性的，其中一个典型的例子就是全国人口普查。这类调查对于了解一个国家、一个地区或一个行业的基本情况有很重要的作用。

二、生活状况调查

生活状况调查通常是对某一时期、某一社区或某一社会群体的社会生活状况所进行的调查。与行政统计调查不同，它的着眼点主要放在了解人们日常社会生活各个方面的基本状况，以综合地反映一个时期、一个地区或一个群体中人们总的社会生活状况。比如对某市离退休老人生活状况的调查、对某市居民生活质量的调查，等等，就是这种调查的例子。

三、社会问题调查

社会问题调查即针对社会中所存在的各种社会问题进行调查，系统地了解，找出问题的症结，为解决社会问题提供参考意见，就像医生给病人看病一样，对各种社会问题进行“社会诊断”。比如青少年犯罪调查、离婚问题调查、老年社会保障问题调查、独生子女教育问题调查，等等，都是常见的社会问题调查。

四、市场调查

市场调查即为拓展商品的销路，以便更好地为企业的生产和销售服务，而围绕某类产品或某种商品的市场占有率、顾客的购买情况、商标的宣传效果等等所进行的调查。它是随着商品经济的发展而逐渐普及的。目前我国这类社会调查也开始多起来，比如化妆品市场调查、饮料市场调查、服装市场调查、家电市场调查等等。

五、民意调查

民意调查也称民意测验、舆论调查，即对社会中民众的意见、态度、意识等主观意向进行的调查。最典型的民意调查是美国的总统选举民意测验。对社会热点问题的民意调查以及各种大众传播媒体对其读者和听众、观众进行的调查等，都属于这一类调查。

六、研究性调查

研究性调查即广泛应用于社会学、政治学、人口学、教育学、传播学等社会科学学科领域中的社会调查。其目标往往不是针对某一具体的社会现象和社会问题得出结论，而是致力于对某类社会现象所具有的一般规律或普遍法则进行探索和研究。

七、抽样调查

抽样调查是指从全体被调查对象中，按照一定的方法抽取一部分对象作为样本进行调查分析，以此推论全体被调查对象状况的一种调查方式。抽样调查中被调查对象的全部单位总和，称为总体或母体。从总体中抽取出来进行调查的部分单位叫样本。例如，我们从某高校 18000 名大学生中抽取 200 名进行思想政治状况的调查，这 200 名学生就是样本。抽样调查虽然不是一种全面调查，但却可以取得全面调查的作用。

八、典型调查

典型调查是指在对调查对象进行初步分析的基础上，选取若干具有代表性的对象作典型，对其进行周密系统的调查，以认识调查对象的总体情况。典范调查法是一种定性调查，根据调查者的主观判断，选择少数具有代表性的单位进行面对面的调查，它可以节省人力、物力。

九、个案调查

个案调查是指对某个特定的社会单位作深入细致的调查研究的一种调查方法。任何一个社会现象，如一个人、一个家庭、一个团体、一个事件，都可以当作个案来进行详尽的研究，作出社会诊断，并加以治理。

十、新闻调查

新闻调查是一种以较为系统、深入地揭露政府、公共机构以及社会中存在的突出问题，并寻求解决方法为主旨的新闻报道形式，由此可引用为报纸专刊、专版或电视、广播栏目名称。例如中央电视台的《新闻调查》等。

相关链接

烈士后代的车子与房子

他的祖父李大钊烈士、父亲李葆华在中国现代史上都是知名人士，父辈们廉政爱民的优良传统深深地印在他的心中。

他叫李宏塔，自1981年走上副厅级领导岗位以来，在坐车和住房方面一直坚持低标准、严要求。省政府早在1982年对干部住房标准有过这样的规定，“地、市和省直厅、局级以及相当于这一级的干部，每户建筑面积70至95平方米”。而李宏塔一家4口人在建筑面积只有55平方米的旧房里至今已住了12个年头。按照他的干部级别和家离单位较远的实际情况，他上下班可以乘坐单位的小汽车，可他15年来，无论是酷暑严寒，还是风雨雾雪，都始终坚持骑自行车上下班，而且从不迟到或早退。

1987年10月，李宏塔从团省委调到省民政厅担任副厅长，离开团省委那天，他一清早就起来，把单位统一配给的一辆旧自行车擦洗得干干净净，上午将车送还给团省委。有人对他说：“李书记，这辆破车你骑了四五年了，按规定也该归你了，你就推回去骑吧。”他说：“我已经调走了，不能随便把公家的车带走。”当天，他自己掏钱买了一部自行车。

从他家到省民政厅，挤公共汽车要乘3站，还要横穿两条马路步行600多米，上下班不太方便。民政厅办公室的同志准备安排小汽车接送他，他婉言谢绝了。后来，厅里有位领导同志与他同住一个大院，厅办公室的同志又征求他意见，安排一辆小车顺便接送他俩。他笑着说：“我还是骑自行车方便。”

省民政厅小汽车班班长说：“这些年来，李宏塔副厅长上下班不仅不要我们派车接送，就连平时也从未因私事用单位的小车。”去年（指1994年）秋季的一天晚上9点多，李宏塔出差回到家，伏案赶写调查材料，突然，他腹部疼痛难忍，嘴唇发紫，大汗淋漓。他爱人急了，连忙拿起电话想叫司机开车来送他到医院，他一手捂着腹部，一手摇了摇说：“不要麻烦人家，到省立医院路不远，就坐自行车去吧。”他爱人一手推着自行车，一手扶着李宏塔，艰难地来到省立医院急诊室。

今年(指 1995 年)2 月份，李宏塔一连几天都是走着上下班，厅办公室一位负责人在路上遇见后，对他说："你怎么不骑车呀?""车子放在楼下被偷走了。乘公共汽车人太多，还是走路舒服。""路这么远，我安排小车接送你吧?"他笑着，摇了摇头说："不用啦。"就这样，他每天来回 4 趟，步行 10 多公里。他那上高中的儿子见了心疼极了，就把自己的自行车让给他骑。

记者采访李宏塔时，他轻言细语地笑着说："骑自行车上下班这事太平常了，没什么好说的。我父亲当年在北京，每天从家里到人民银行上班都是步行。再说，骑自行车上下班，既能锻炼身体，又能为公家节约，办事还方便，何乐而不为呢。"

李宏塔副厅长在民政厅曾分管办公室工作，乘坐小汽车和分配住房可谓是"近水楼台"，可他来民政厅的 8 年中从未"先得月"。1989 年和 1994 年，他先后两次直接负责单位的建房和分房工作，用民政厅许多干部的话说，"不管哪一次，他要一套新房都是合情合理又合法的。"可他一次又一次地把住新房的机会让给了他人。

他家现在的住房是 1984 年搬进去的，建筑面积 55 平方米，而且位于一幢宿舍楼的最西边，冬天需要阳光时，日照时间却很短，到了夏天的晚上，室内的温度比室外还高。73 岁的老岳母、李宏塔夫妇和 17 岁的儿子在这里已经生活了 4000 多个日日夜夜。李宏塔的儿子今年(指 1995 年)下半年就要上高中三年级了，住的那间朝西又朝北的房子只有 6 平方米，一张 0.8 米宽的旧木床和一张小书桌把房间挤得满满的。单位一些同事有时晚上到他家里来谈工作，影响这名中学生的学习。有一次，他儿子悄悄地对母亲说："妈妈你给我在郊区租一小间民房，让我晚上静下心来复习功课，我就心满意足了。"李宏塔的爱人听后，难过地摇了摇头。

(原载 1995 年 6 月 19 日《安徽日报》 作者：黄奇杰)

本章小结

1. 社会调查，是指人们运用特定的方法和手段，从社会现实中收集有关社会事实的信息资料，并对其做出描述和解释的一种自觉的社会认识活动。社会调查具有实践性、客观性、综合性等特点。

2. 新闻采访是人们为收集新闻素材、报道新闻而进行的特殊的社会调查研究活动。新闻采访具有时间的紧迫性、任务的艰巨性、事态的突发性、需要的广泛性、知识的全面性、活动的艰苦性等特点，所以说它是一项特殊的社会调查。

3. 社会调查的重点是社会问题。马克思主义认为，问题就是矛盾。所谓社会问题，就是社会矛盾在未得到解决的冲突过程中所表现出来的一种差异或失调。社会问题具有普遍性与特殊性、复杂性与周期性、破坏性与联动性等一般特征。

4. 霍华德、普累、布思3人所进行的社会调查活动，标志着社会调查科学方法的逐渐形成。社会调查方法科学形成的主要标志是，数理统计学的发展及其在社会调查中的应用、专门的社会调查机构的出现、电子计算机技术在社会调查中的广泛应用、社会调查方法课程在高校的普遍开设。

5. 在我国现代社会调查中，最有影响的人物是著名的社会学家、人类学家、社会活动家费孝通教授。他的《江村经济》一书被誉为“人类学实地调查和理论工作发展中的一个里程碑”。

6. 20世纪80年代以来，我国的社会调查进入了一个崭新的发展阶段，其特点是：调查手段日益多样化、调查方法日益科学化、调查人员日益专业化、调查内容日益广泛化。

思考与训练

1. 社会调查与新闻采访之间的关系是什么？

2. 请结合人口1%抽样调查、经济普查，谈谈社会调查的功能和作用。

3. 为什么说毛泽东同志不愧为社会调查研究的典范。

4. 针对当前我国社会中存在的最突出的一、二个民生问题，请你简要分析其产生的原因及其治理对策。

推荐读物

费孝通：《从事社会学五十年》，天津人民出版社1993年版。

第二章　我国社会热点问题分析

导入语

"礼之用，和为贵。"——孔子

本章要点

在全球化大潮的波动下，中国社会正发生着复杂的变迁，由计划经济体制向市场经济体制转变，由传统社会向现代社会转型。"全面建设小康社会"、"建设社会主义新农村"、"构建社会主义和谐社会"等重大决策，彰显了中国执政党破解和谐社会难题的决心。当前我国广大群众最关注的社会热点问题是反腐倡廉、扩大就业、控制房价、教育公平、医疗保障等。

全球化浪潮冲击着世界各地的堤岸，并力图将世界的经济和政治连成一片汪洋。在全球化大潮的波动下，中国社会正发生着复杂的变迁，由计划经济体制向市场经济体制转变，由传统社会向现代社会转型。我国社会进步特别是经济发展的成果相当显著，各种社会问题的出现也十分具有挑战性。人与人的关系正在发生重要变化，城乡内部结构以及城乡关系也在各种矛盾的角逐中向人们展示新的格局。当前，我国经济社会发展正进入新一轮高速成长期，在利益格局调整和社会构成发生深刻变化的过程中，不可避免地存在一些新型的社会矛盾，有的矛盾甚至比较突出和尖锐。20 世纪 80 年代以来的中国社会，就是这样一个具有多重色彩的社会。我们正经历着重大的社会变迁，同时也不得不面对更大的风险。

党的十六大提出了"全面建设小康社会"的奋斗目标。党的十六大以来，中国领导人强调"权为民所用、情为民所系、利为民所谋"，相继作出"建设社会主义新农村"、"构建社会主义和谐社会"等重要决定，这些亲民政策和重大决策，彰显了中国执政党破解和谐社会难题的决心。

我国社会存在哪些热点问题？如何理解“全面建设小康社会”、“构建社会主义和谐社会”和“建设社会主义新农村”？这是本章所要学习的重点内容。

第一节 我国社会生活的“十大”巨变

一、我国发展的十大跨越

统计数据表明，改革开放以来，我国的经济实力、综合国力和国际竞争力跃上新台阶，人民生活水平得到大幅度提高，中华民族千百年来丰衣足食的梦想成真，实现了由温饱到总体上达到小康的伟大跨越。

我国经济和社会发展中的十大跨越是：

(一)经济总量从世界第10位跃升为第4位

2006年我国实现国内生产总值(GDP)20.94万亿元人民币，比2005年增长10.7%。1990年我国经济总量在世界上排名第10位，目前跃升为第4位，仅次于美国、日本和德国。

(二)人民生活从“温饱”跨入“小康”

邓小平指出，“所谓‘小康’，从国民生产总值来说，就是年人均达到800美元”。2006年我国人均国内生产总值超过1500美元，人民生活总体上达到了小康水平。

(三)国内市场由“卖方市场”转为“买方市场”

目前我国国内市场上没有供不应求的商品品种，供过于求的商品达86%以上。钢铁、煤炭、电视机、粮食、棉花、水果等产品产量均居世界首位。

(四)经济体制由“计划经济”向“市场经济”转轨

我国目前已初步建立起社会主义市场经济体制，其主要标志是90%以上的商品和服务价格已由市场决定，以公有制为主体、多种所有制经济共同发展的格局已基本形成，特别是非公有制经济发展成为支撑国民经济的重要力量。

(五)外贸总量从第16位升至第3位

2006年我国进出口贸易总额1.76万亿美元，在世界贸易中的排名由1990年的第16位上升到第3位。商务部部长薄熙来在2007年1月15日举行的全国商务工作会议上预计，“2007年中国的出口额有望超过美国和德国跃居世界第一，进出口总额和进口额也将超过德国成为世界第二”。

(六)国家财政由“弱”变“强”

1990年,我国财政收入仅为2937亿元,2006年全国财政收入达3.934万亿元,我国财力大为增强,财政体制由计划经济统一财政向市场经济公共财政转变。

(七)经济结构在调整中升级优化

拉动我国经济增长的主要力量由一产、二产转变为二产、三产。服务业成为经济增长的新亮点和吸纳就业的主导力量。

(八)区域经济协调发展

我国从20世纪80年代优先发展东部地区,到1999年实施西部大开发战略;2003年又提出振兴东北老工业基地战略;2004年国家开始实施“中部崛起”战略,以实现全国区域经济协调发展。

(九)经济增长方式由粗放型向集约型转变

我国全面实施可持续发展战略取得显著成效,人口出生率和自然增长率不断下降,分别从1996年的16.98‰、10.42‰下降到2005年的12.4‰、5.89‰;环境保护投入力度加大;耕地、矿产等资源得到有效保护。

(十)实施科教兴国战略

我国科研成果硕果累累。在基因测序、载人航天等方面取得重大进展。全国已基本普及九年义务教育。我国高等教育快速发展,毛入学率由1990年的3.4%提高到2006年的22%。

二、百姓生活的十大变迁

(一)鼓起来的“钱袋子”

改革开放以来,我国城乡居民生活水平不断提高。2006年,我国城镇居民人均可支配收入为11759元,扣除价格因素,比2005年实际增长10.4%;农村居民人均纯收入为3587元,扣除价格因素,比2005年实际增长7.4%。

城乡居民收入增长突出地反映在储蓄存款的变化上,1978年改革开放之初,我国城乡居民储蓄存款余额为210亿元,人均20元;1989年我国城乡居民储蓄存款余额为5000亿元,到2006年末,我国城乡居民人民币储蓄存款余额为16.158万亿元,比上年同期增加20544亿元,人均存款12300多元,是1978年的60多倍。

(二)降下来的恩格尔系数

恩格尔系数是指食品消费支出占消费总支出的比重,是判断国民生活水平的国际标准。

根据联合国粮农组织提出的标准，恩格尔系数在59％以上为贫困，50％—59％为温饱，40％—50％为小康，30％—40％为富裕，低于30％为最富裕。

据统计，2005年，我国城镇居民家庭恩格尔系数为36.7％，农村居民家庭恩格尔系数为45.5％。其中浙江省城镇居民家庭恩格尔系数为33.8％，农村居民家庭恩格尔系数为38.6％。这说明我国城乡居民已过上小康富裕生活。

(三)精起来的饮食

我国城乡居民的食物消费结构得到显著改善，食品消费方式已由过去的以粮食为主吃饱肚子，转变为现在的讲究营养、风味、保健、方便。城镇居民人均粮食消费量由20世纪80年代的145公斤，下降到90年代末的88公斤；农村居民则由260公斤下降到250公斤以下。另一方面，城乡居民肉、禽、蛋、奶、蔬菜、水果、水产品等消费量成倍增长。

餐饮越来越丰富，饮食消费走向社会化。居民收入水平的提高和飞速发展的餐饮业将人们从厨房中逐渐解放出来，人们从吃饱、吃好转向吃出健康、吃出文化，饮食消费逐步走向社会化，在外用餐消费逐年增加。2004年城镇家庭人均在外饮食服务性消费支出521元，比1997年增长58％。

(四)长起来的寿命

2002年6月18日，四川省乐山市五通桥区居民116岁的老人杜品华拿到了上海大世界吉尼斯总部颁发的“最长寿的人”证书，正式成为世界上最长寿的人。“人生七十古来稀”这句古话已成历史。如今70岁寿命已经是平常事。随着经济、社会的快速发展以及科技进步、医疗卫生条件的改善，中国人平均预期寿命不断提高。到2005年，我国人口平均预期寿命为72.1岁，比世界平均水平高5岁多。

目前，中国60岁以上的老年人已达1.3亿，占总人口的10％以上，其中65岁以上老年人口超过1亿人，占总人口的7.7％，且以年均3％的速度持续增长。根据第五次人口普查结果推测，到2015年，我国60岁以上的人口将超过2亿，约占总人口的14％。我国人口老龄化的发展，必将给中国经济、政治、社会、文化的发展带来深刻影响。

(五)大起来的住房

“小康不小康，关键看住房”。随着改革开放的深入，我国城乡居民居住条件不断改善，住房面积不断扩大，居住质量和配套性能不断提高。1978年，我国城镇家庭人均住房使用面积只有6.7平方米；农村居民人均居住面积8.1平方米。到2005年末，城镇家庭人均住房使用面积达26.11平方米；农村居民人均居住面积达30.0平方米。全国城镇住宅成套率为73%以上，住宅自(私)有率为81.62%。

(六)多起来的私人轿车

中国是自行车的王国。长期以来，"轿车"只有县团级以上官员才能坐得起。1978年以后，越来越多的人开始做起"轿车梦"，并且梦想成真。1990年，我国私人汽车拥有量为81.6万辆，到2005年末，我国私人汽车拥有量达到2365万辆，全国平均每60人拥有一辆私家车。西藏自治区拉萨市每23人就拥有一辆私人汽车，是全国平均水平的5.6倍。

(七)靓起来的服饰

我国城乡居民穿着消费正发生着深刻的变化。过去是"一衣多季"，现在是"一季多衣"；而且衣着消费呈现出个性化、成衣化、多样化、时尚化的趋势。棉麻丝毛、西装革履、穿金戴银，已成为人们的生活时尚。

(八)高起来的文化水平

我国文化教育事业发展快速。到2000年，我国基本上实现了普及九年义务教育和基本扫除青壮年文盲的目标。高等教育已进入大众化的发展阶段。1998年到2007年，全国普通高校全日制招生数从108万人增长到567万人，目前中国高等教育的总规模已经达到了2300万人，毛入学率已经达到了22%，进入了国际公认的大众化发展阶段。我国还将继续推进高等教育大众化，到2020年实现高等教育毛入学率达到40%的目标。

(九)热起来的假日旅游

在物质消费得到基本满足后，城乡居民更加注重精神文化生活。文化体育设施的开发，社区文化娱乐市场的健康发展，为居民休闲娱乐活动创造了良好的环境和空间，带动了文化娱乐消费。其中，旅游已成为城乡居民消费热点和生活新时尚。

1999年，我国开始实行"五一"、"十一"休假制度，到2007年已经是第八个年头。"黄金周"已成了"五一"、"十一"长假的代名词。很多人在"黄金周"出游，选择休闲放松，长城内外，大江南北，游人如织。几年来，黄金周对刺激消费、拉动经济起到了积极作用。过去的14个黄金周全国累计有10.7亿人次出游，累计旅游消费4292亿元，不仅为众多衍生行业提供了巨大发展机会，也使黄金周休假逐步成为中国人阖家团聚、举家出行、游历山水的一个"新民俗"。

(十)快起来的通信方式

唐朝大诗人杜甫的《春望》诗中写道："国破山河在，城春草木深；烽火连三月，家书抵万金。"千百年来，写信是中国人最常用的一种交流方式，现在人们的通信方式变得越来越多样，越来越便捷：固定电话、手机短信、电子邮件，信息沟通变得如此容易，人与人之间的距离越来越缩短。

据国家信息产业部最新统计显示，到2007年初，我国电话用户总数达到8.4亿户，其中，固定电话用户3.9亿户，移动电话用户4.6亿户，2007年手机用户总数有望突破5亿大关。1988年我国开始开通移动电话业务，仅仅18年时间，移动电话用户已经超过了固定电话用户，日发手机短信4亿多条。手机短信已成为继报纸、广播、电视、网络之后的"第五媒体"。目前我国固定电话和手机用户总量均居世界第一。截至2006年底，中国网民人数已达1.37亿，占人口总数的10.5%，居世界第二位。中国网民中通过手机上网的人数已达1700万人。

三、我国正处于社会主义初级阶段

(一)我国社会的主要矛盾

党的十六大报告明确指出，我国正处于并将长期处于社会主义初级阶段，现在达到的小康还是低水平的不全面的、发展很不平衡的小康，人民日益增长的物质文化需要同落后的社会生产之间的矛盾仍然是我国社会的主要矛盾。我国生产力和科技、教育还比较落后，实现工业化和现代化还有很长的路要走；城乡二元经济结构还没有改变，地区差距扩大的趋势尚未扭转，贫困人口还为数不少；人口总量继续增加，老龄人口比重上升，就业和社会保障压力增大；生态环境、自然资源和经济社会发展的矛盾日益突出；我们仍然面临发达国家在经济科技等方面占优势的压力；经济体制和其他方面的管理体制还不完善；民主法制建设和思想道德建设等方面还存在一些不容忽视的问题。巩固和提高目前达到的小康水平，还需要进行长时期的艰苦奋斗。

(二)我国经济社会发展存在的具体问题

国务院总理温家宝在2007年3月5日十届全国人大五次会议所作的政府工作报告中指出，中国经济社会发展中仍然存在不少矛盾和问题，这些矛盾和问题包括：一是经济结构矛盾突出。第一、第二、第三产业比例不合理，城乡之间、地区之间发展不平衡，投资消费关系不协调。二是经济增长方式粗放。突出地表现在能源消耗高、环境污染重。三是一些涉及群众利益的突出问题解决得不够好。食品药品安全、医疗服务、教育收费、收入分配、社会治安、安全生产等方面还存在着群众不满意的问题，土地征收征用、房屋拆迁、企业改制、环境保护等方面损害群众利益的问题仍然未能根本解决。不少低收入群众生活比较困难。四是政府自身建设存在一些问题。政府职能转变滞后，政企不分依然存在，有些部门职责不清，办事效率低；公务消费不规范，奢侈浪费，行政成本高；一些地方、部门和少数工作人员还存在着官僚主义、形式主义，脱离群众，失职渎职，甚至滥用权力，贪污腐败。存在这些问题，根本在于制度不健全、监管不到位。

第二节　全面建设小康社会

一、小康社会概念由来

“小康”一词，最早源于《诗经·大雅·民劳》：“民亦劳止，汔可小康。惠此中国，以绥四方。”[①]意思是说，民众辛苦劳动，期望也理应稍事休息。只有实惠于京城地区的百姓，才能谈得上安抚各地。这里的“小康”是指稍事休息的意思。在《诗经》中还出现了“大康”一词，“无已大康，职思其居”[②]。意思是不要太安逸，应当思考政事。而“小康”作为一种社会模式，最早在西汉《礼记·礼运》中得到系统阐述，成为仅次于“大同”的理想社会模式。

1982年9月，党的十二大首次使用“小康”概念，把它作为主要奋斗目标和我国国民经济及社会发展的阶段性标志。1987年10月，党的十三大正式将实现小康列为三步走发展战略的第二步目标。2000年10月，党的十五届五中全会提出，从新世纪开始，我国进入了全面建设小康社会。2002年11月8日，党的十六大明确了今后20年全面建设小康社会的任务。

二、全面建设小康社会的目标

十六大提出的全面建设小康社会的发展目标，是一个综合性的指标，包括了经济、政治、文化发展的各方面。有关部门参照国际上常用的衡量现代化的指标体系，考虑我国国情，认为全面建设小康社会的基本标准包括10个方面：

(1)人均国内生产总值超过3000美元。这是建成全面小康社会的根本标志。2006年，我国人均国内生产总值为1500美元。到2020年，我国人均国内

① 《毛诗正义》卷十七《大雅·民劳》，见(清)阮元校刻《十三经注疏》(上册)，中华书局，1980年，第548页。

② 《毛诗正义》卷六《唐风·蟋蟀》，见(清)阮元校刻《十三经注疏》(上册)，中华书局，1980年，第361页。

生产总值将超过 3000 美元，达到当时中等收入国家的平均水平。

(3)城镇居民人均可支配收入 1.8 万元(2000 年不变价，下同)。过去 20 多年，我国城镇居民人均可支配收入增长了 3 倍。预计今后 14 年，我国经济将继续快速发展，城镇居民收入水平能够保持过去 20 多年的增长势头，到 2020 年达到 18840 元。

(3)农村居民家庭人均纯收入 8000 元。过去 20 多年我国农村居民家庭人均收入增长了 3.5 倍，其中近 10 年增长 1.6 倍，到 2006 年为 3587 元。可以预计，今后 14 年，随着农村改革的深入和农业现代化水平的提高，农村居民家庭人均收入达到 8000 元，基本实现小康目标，城乡居民收入差距也有所缩小。

(4)恩格尔系数低于 40%。近 10 年，我国城镇居民消费的恩格尔系数下降了 15 个百分点，农村居民消费正处于新的升级过程。2006 年，全国恩格尔系数为 37%。预计到 2020 年前后下降到 35%左右。

(5)城镇人均住房建筑面积 30 平方米。近 10 年每人年均增加 0.5 平方米，2005 年达到 26.1 平方米。预计 2020 年可以超过 30 平方米。

(6)城镇化率达到 50%。我国城镇化率 2000 年为 36.2%。今后 20 年，我国将坚持城镇化战略，城镇化率每年可以提高 1 个百分点，到 2020 年达到 56%。

(7)居民家庭计算机普及率 20%。到 2000 年，我国城乡居民家庭计算机普及率约为 4.2%左右，其中城镇居民家庭计算机普及率为 9.7%。这几年，计算机普及率呈现加快提高的趋势，到 2020 年可以基本实现计算机普及率 20%的目标。

(8)大学入学率 20%。随着科教兴国战略力度的加大，社会力量参与办学，目前，我国大学入学率已达到 22%。到 2020 年有可能达到 25%。

(9)每千人医生数 2.8 人。到 2000 年，我国达到每千人为 2 人，高于世界平均水平，到 2020 年预计每千人超过 3 人。

(10)城镇居民最低生活保障率 95%以上。2001 年，我国城镇居民最低生活保障率达到 71.6%，预计到 2010 年就可以达到小康水平。

第三节　构建社会主义和谐社会

一、和谐社会的基本特征

2004 年 9 月，党的十六届四中全会首次提出“构建社会主义和谐社会”的执政理念，2005 年 2 月 19 日，胡锦涛总书记在省部级主要领导干部“提高构建社会主义和谐社会能力”专题研讨班的开班仪式上发表重要讲话，对社会主义和谐社会的基本特征作了进一步阐述，指出：“我们所要建设的社会主义和谐社会，应该是民主法治、公平正义、诚信友爱、充满活力、安定有序、人与自然和谐相处的社会。”党的十六届六中全会作出了“构建社会主义和谐社会”的重要决定。社会主义和谐社会的基本特征是：

(一)民主法治

就是社会主义民主得到充分发扬，依法治国基本方略得到切实落实，各方面积极因素得到广泛调动。民主法治是和谐社会的政治保障。

(二)公平正义

就是社会各方面的利益关系得到妥善协调，人民内部矛盾和其他社会矛盾得到正确处理，社会公平和正义得到切实维护和实现。公平正义是和谐社会的重要特征。

(三)诚信友爱

就是全社会互帮互助、诚实守信，全体人民平等友爱、融洽相处。诚信友爱是和谐社会的道德基础。

(四)充满活力

就是能够使一切有利于社会进步的创造愿望得到尊重，创造活动得到支持，创造才能得到发挥，创造成果得到肯定。充满活力是社会发展的源泉。

(五)安定有序

就是社会组织机制健全，社会管理完善，社会秩序良好，人民群众安居乐业，社会保持安定团结。

(六)人与自然和谐相处

就是生产发展，生活富裕，生态良好。把人与自然和谐相处作为社会主义和谐社会的基本特征之一，具有特定的含义。其中生产发展是生活富裕的基础和前提，生活富裕是生产发展的动因和目标，生态良好是生产发展和生活富裕的保证和条件。

构建社会主义和谐社会，不仅要正确处理人与人的关系，而且要正确处理人与自然的关系。人是一种具有高等智能的社会动物，是各种社会关系的总和。只有处理好人与人的关系，保持和睦相处，才能使整个社会处于和谐状态。这是不言而喻的。同样明显的道理是，人总是生活在一定的生态环境中，需要不断同自然进行各种物质、能量和信息的交流，并通过改造自然和利用自然来满足自己的需要。如果不能处理好人与自然的关系，就不能实现生产发展、生活富裕和生态良好的统一，即不能实现人与自然和谐相处。这意味着生产落后，生活贫困，生态遭到破坏，或者至少出现其中一种问题，整个社会将不能达到和谐状态。由此还会引发人与人之间的矛盾和冲突，因而也无法处理好人与人的关系。所以，正确处理人与自然的关系，保持人与自然和谐相处，是构建社会主义和谐社会的必然要求。

二、构建和谐社会应着力解决的问题

(一)理顺分配关系　解决社会公平"核心问题"

近年来，我国城乡居民收入在稳步增长的同时，城乡、地区、行业之间的收入差距呈拉大趋势，一些行业收入过高，分配秩序比较混乱，引起了社会各界的广泛关注。

据国家统计局等部门一项研究显示，我国西部居民收入基尼系数已达0.47。基尼系数是一个用来描述收入整体差距程度的重要指标。国际上通常认为，当它处于0.3—0.4时表示收入分配比较合理，0.4—0.5表示收入差距过大，超过0.5则意味着出现两极分化。

收入分配是关系社会公平能否实现的核心问题，建立科学合理、公平公正的社会收入分配体系，已成为构建和谐社会的迫切要求。随着我国经济持续发展，财力日益雄厚，为我们进一步理顺收入分配关系创造了条件。

改革收入分配制度应做到三管齐下：一是坚持和完善按劳分配为主体、多种分配方式并存的分配制度，坚持各种生产要素按贡献参与分配。二是在经济发展的基础上，更加注重社会公平，调整二次分配比例，加大转移支付力度，使全体人民都能享受到改革开放和社会主义现代化建设的成果。三是着力提高低收入者收入水平，扩大中等收入者比重，有效调节过高收入，取缔非法收入，努力缩小地区之间和部分社会成员之间收入分配差距。

(二)解决就业难题　巩固"民生之本"

就业是"民生之本"。党中央、国务院一直高度重视扩大就业工作，出台了一系列支持鼓励扩大就业的政策，并取得了明显成效。但在相当长的一段时期，我国的就业形势依然严峻。据测算，今后几年，全国城镇每年新增劳动力1000万人，另外还有1400万下岗失业人员。即使经济增长保持8%至10%左右的速度，每年城镇劳动力供求缺口仍在1000万人左右。与此同时，农村还有大量富余劳动力需要转移。

我们必须看到，人口多、就业压力大，是我国的基本国情，对我国这样一个人口大国来说，要构建和谐社会，必须把扩大就业摆在经济社会发展更加突出的位置，坚持实施积极的就业政策，强化政府促进就业的公共服务职能。

（三）科学调控宏观经济　转变粗放型增长方式

尽管我国近年来采取了一系列措施来加快经济结构调整、促进经济增长方式转变，但总体上，我国经济增长方式并未实现根本转变，以“高投入、高消耗、高排放和低效率”为特征的粗放型经济增长格局还在继续。

据权威人士介绍，近几年中国国内生产总值仅占世界总量的4.1%，但所消耗的原油、原煤、铁矿石、钢材、氧化铝、水泥分别约为世界总消费量的7.4%、31%、30%、27%、25%和40%。目前，与粗放型增长方式密切相关的乱征土地、环境污染、资源紧缺等问题，已在一定程度上转化成相应的社会风险因素，成为影响社会和谐稳定的重要诱因。构建社会主义和谐社会，必须切实转变粗放的经济增长方式，更加注重人与自然的和谐相处，更加注重经济社会的全面协调可持续发展。

（四）健全社会保障体系 完善“托底”机制

社会保障是维护百姓切身利益的“托底”机制，是一张维护社会安全的“防护网”，对构建和谐社会具有最基本的保证作用。

经过多年努力，我国社会保障体系建设已取得重要进展。到2005年末，全国参加基本养老保险人数达到1.7亿人，参加基本医疗保险人数达1.3亿人，参加失业保险职工达到1.1亿人，参加工伤保险人数达到8000万人。必须看到，我国社会保障的水平仍然较低，覆盖范围也有待扩大，还有大量的人群应尽快纳入到社会保障体系中来。

当前我国社会保障工作应从5个方面进一步加强：逐步建立健全医疗保障体系，引导和帮助最低生活保障对象、学生、儿童等居民参加城市居民医疗统筹，继续全面推行新型农村合作医疗制度；努力解决农民工的工伤保险和大病医疗问题，逐步解决养老保险问题；采取多种方式保障被征地农民的基本生活和长期生计；探索和建立与农村经济发展水平相适应的农村养老保险制度；加强和规范农村特困群体生活救助工作，探索建立农村居民最低生活保障制度。

（五）畅通利益诉求渠道　及时化解社会矛盾

伴随着我国经济社会进入新的发展阶段，一些社会矛盾日益凸显，公民合法权益受侵害等现象时有发生。群众利益无小事。对于新时期的人民内部矛盾，必须采取正确的方式妥善处理，防止其成为不利于社会和谐稳定的因素。要进一步畅通百姓利益诉求渠道，及时化解社会矛盾。

1. 各级党政部门在工作中要反映不同阶层不同方面群众的利益，重视维护人民群众最现实、最关心、最直接的利益,特别是要关心经济社会地位下降明显的群体,使他们的生活得到保障、生产得到发展。

2.要建立健全社会利益的沟通渠道和协调机制,引导各个利益群体以理性、合法的形式表达利益诉求。

3.要引导广大干部群众正确处理个人利益和集体利益、局部利益和整体利益、当前利益和长远利益的关系,增强主人翁意识和社会责任感。

(六)经济社会并重 克服发展"短腿"现象

发展科技、教育、文化、卫生、体育等各项社会事业,是构建和谐社会的重要组成部分。但长期以来,我国重经济发展、轻社会发展,形成了经济发展与社会发展"一条腿长,一条腿短"的不协调现象。许多群众反映强烈的"看病难、看病贵"、"上学难、上学贵"和"买房难、房价贵"等问题,在相当程度上都与发展中的"短腿"现象有关。

和谐社会的一个重要含义,就是经济发展和社会发展要协调。构建和谐社会,必须克服经济社会发展中的"短腿"现象。应解决三方面的问题:一是要加大社会事业投入,着力解决社会公益事业发展滞后的问题。二是要加大中西部地区特别是农村的社会事业投入力度,着力解决城乡之间、不同区域之间公益事业发展不均衡的问题。三是要加强对社会事业的监督管理力度,着力解决一些行业片面追求经济效益、一切向钱看等偏离公益目标的问题。

(七)把反腐制度落到实处 防止"权力寻租"

党中央一直高度重视反腐败斗争,近年先后出台了一系列重大举措,不断把反腐败斗争引向深入。据中央纪委有关负责人介绍,仅2005年,全国就有11071人因为贪污贿赂行为受到开除党籍处分,其中7297人移送司法机关处理。

腐败现象是和谐社会的大敌,它严重损害了党和政府在人民群众心中的形象,违背了公平正义的社会准则,削弱了全社会的凝聚力。党中央清醒地看到了腐败现象对党、国家和社会的严重危害,一直高度重视反腐败斗争,注重从源头上采取措施防治腐败现象。反腐败斗争必须坚持标本兼治、综合治理、惩防并举、注重预防的方针,进一步建立健全教育、制度、监督并重的惩治和预防腐败体系,使各项反腐败措施真正落到实处。

进一步开展反腐败斗争的三点建议:一是要进一步发扬人民民主特别是党内民主,进一步健全监督制约机制,从制度上防止"权力寻租"。二是要坚持公开、透明,使监督贯穿于权力运行的全过程,从机制上防止"暗箱操作"。三是要进一步加强思想道德教育和法纪教育,增强全社会特别是领导干部反腐倡廉的自觉性,进而形成反腐倡廉的良好社会风气。

三、建设社会主义新农村

(一)中央9个"1号文件"

2005年10月8日至11日,党的十六届五中全会通过的《中共中央关于制定国民经济和社会发展第十一个五年规划的建议》,明确了今后5年我国经济社会发展的奋斗目标和行动纲领,提出"建设社会主义新农村"的重大历史任务。

2006年2月21日,中共中央、国务院发出《关于推进社会主义新农村建设的若干意见》。

中共中央、国务院2007年1号文件《关于积极发展现代农业 扎实推进社会主义新农村建设的若干意见》。这是2004年之后连续4年,也是改革开放以来第9个关于"三农"问题的中央"1号文件",足以说明党和政府对"三农"问题的高度重视。

(二)新农村建设"20字方针"

"生产发展、生活宽裕、乡风文明、村容整洁、管理民主",这既是中央对新农村建设的要求,也是其总体目标。这"20字方针"包含的内容极为丰富,涉及农村政治、经济、文化、社会管理等方方面面。

1."生产发展"——新农村的物质基础

新农村建设的首要任务是生产发展。要达到生产发展的目的,就要激活生产力中最活跃的因素——劳动力。在新农村建设过程中,要把培育新农民作为一项根本措施来抓,通过提高农民的科技文化素质和致富能力,为增产增收和改变乡容村貌提供有力的人才保障。首要的是加快实行免费义务教育;其次,培养新型产业农民和进城务工农民,大力实施以农村实用技术、务工职业技能培训为主要内容的"阳光工程",有针对性地举办相关技术培训。

非农产业为农村经济的发展提供了空间,也包含在"生产发展"的要求之中。发展农产品加工业,拉长产业链,可以使农民在加工增值的过程中增加收入。在非农产业不发达的地区,要进一步加快农村工业化的进程。

城市发展吸纳农村劳动力,也是"生产发展"的渠道之一。要促进农村富余劳动力的有序转移,就要对现行的一些政策措施进行清理,疏通农民进城的渠道。

2."生活宽裕"——新农村建设的核心目标

要达到生活宽裕的目标,首先要通过开辟各种增收渠道,增加农民收入。从宏观层面来讲,农民增收可以激发广大农村的巨大消费潜力,使农民的需求成为一种有效需求，从而增强消费对国民经济的拉动力。

建设与改善农民生活直接相关的基础设施，是农民生活宽裕的条件之一。统计数据显示，目前全国一半的行政村没有通自来水，60％以上的农户还没有用上卫生厕所。水、电、道路、信息通讯等基础设施条件的改善，需要发挥各方面积极性，引导社会力量共同参与。

目前城乡社会保障覆盖率之比高达22∶1，占全国总人口近60％的农村居民仅享用了20％左右的医疗卫生资源，九成左右农民是无保障的自费医疗群体。从这些数字可以看出农村公共事业滞后的现状。在新农村建设过程中，政府要通过公共财政补贴，帮助农民建立起包括合作医疗、农村养老保障等农村社会保障体系。

目前，农村商品市场总量不足，分布不尽合理，同时假冒伪劣产品较多，这给农民的生活带来诸多不便。专家指出，建立健全农村市场体系，形成现代流通方式下的农村消费经营网络，是新农村建设中不可或缺的方面。

3.“乡风文明”——提高农民整体素质

乡风文明本质上是农村精神文明建设问题，内容包括文化、风俗、法制、社会治安等诸多方面。近年来，虽然一些地区的农村经济发展较快，但文化生活却单调乏味，同时一些不良文化有所抬头。农村文化建设与经济社会的协调发展还不适应，与农民群众的精神文化需求还不适应，主要问题是文化基础设施落后，现有资源尚未得到有效利用，文化体制不顺、机制不活。因此，如何使广大农民过上丰富多彩的精神文化生活，是新农村建设的重要任务。

移风易俗是乡风文明的表现之一。一方面，随着经济的发展，在城市中出现的人情淡漠等现象，在农村地区已经有出现的苗头；另一方面，传统的陋习在一些农村地区还广泛存在。一些地方攀比修造坟墓，甚至出现豪华的活人墓。这些都与新农村“乡风文明”的要求格格不入，亟待改变。

4.“村容整洁”——改善农民生存状态

新农村建设中“村容整洁”的要求，最主要的是为农村地区提供更好的生产、生活、生态条件。长期以来，大部分农村地区的人居环境不能令人满意。“露天厕、泥水街、压水井、鸡鸭院”是对农民生活居住环境的形象描述。农村的房舍、街道建设缺乏规划，浪费大量土地；通行条件差，给农民的生产生活带来诸多不便；由于缺少硬件设施，加上农民的不良生活习惯，垃圾污染严重。另外，随着一些农村地区非农产业的发展，工业污染问题凸显，亟待改变。因此，在新村镇建设过程中，要特别注意两点：一是要尊重农民意愿，在国家、社会力量的支持下，根据当地经济发展水平量力而行，避免搞成形象工程、政绩工程；二是要根据当地的文化传统等，做一个长期规划，在规划过程中不能搞一刀切。

5.“管理民主”——健全村民自治制度

目前,我国农村地区实行村民自治制度。从全国来看,各地具体情况差别比较大,但基本制度已经确立起来。完善农村基层民主自治制度是实现乡村管理民主的关键所在。

2006年我国已全面取消农业税,在“后农业税”时代,转变乡镇政府职能是“管理民主”的要求之一。乡镇政府要为本地经济发展创造条件,要担负起社会管理的职责,为乡村提供公共服务。同时,乡镇政府要对村民自治进行正确引导。另外,农村基层党组织要紧紧围绕服务群众这个中心,切实发挥服务群众、凝聚人心的作用。

在市场经济条件下,干部耗费的精力经常得不到应有的回报,这严重影响了基层干部带动农民致富的积极性,因此,基层民主建设与市场经济有机结合起来是新农村建设中一个很大的课题。

第四节 “两会”:百姓关注热点问题解读

一年一度的全国人大和全国政协“两会”,是中国政治生活中的大事,是共商国是、畅所欲言的盛会,是智慧火花碰撞的论坛,是亿万民众关注点的汇集地。“两会”上的每一份议案提案,每一次发言讲话,每一场分组讨论,都来自基层,源自实践,影响决策。其中的热点话题,更是反映了社会各界对“两会”的期盼。随着社会的不断发展,每年“两会”百姓关注的热点问题会有所变化,但是,社会问题的普遍性、特殊性、周期性、联动性等特征客观存在,百姓关注的热点中既有老问题,也有新的热点。

一、“两会”百姓关注十大热点问题

(一)2006年“两会”十大热点问题

从2002年起,《人民日报》每年在“两会”前就群众关注的话题展开网上调查,2006年2月14日以《2006“两会”调查:老百姓关注什么?》为题,网上调查列举了政治、经济、社会、教科文四大类共51个问题。随后短短10天里,几万名网友踊跃投票,选出了10个最为关注的问题:

1. 反腐倡廉,严惩腐败;
2. 关注社会公平,缩小贫富差距;
3. 建立健全医疗保障体系,解决看病难看病贵;

4.杜绝教育乱收费和地域歧视，警惕教育腐败；

5.稳定物价，降低房价，解决住房难题；

6.重视信访，解民疾苦；

7.依法行政，建设法治政府；

8.扩大就业、再就业，完善社会保障体系；

9.推进国企改革，防止国有资产流失；

10.加快农村基础设施建设，推进现代农业建设。

(二)2007年"两会"十大热点问题

2007年1月26日，《人民日报》国内政治部与搜狐网等以《2007"两会"调查·百姓关注热点》为题，列举了40个问题开展网上调查，其中百姓最关注的是涉及民生和公平的"十大热点"问题：

1.关注社会公平，解决就业歧视；

2.反腐倡廉，力惩贪官；

3.稳定、控制房价；

4.健全"医保"体系，解决看病难看病贵；

5.促进就业，破解就业难；

6.杜绝教育乱收费；

7.关注工资体制改革；

8.反对"台独"，维护祖国统一；

9.完善社保体系，保障公民生存发展；

10.依法行政，建设法治政府。

二、"两会"十大热点问题解读

从2006、2007年"两会"百姓关注的十大热点问题来看，腐败、就业、房价、教育、医疗等，连续2年被列入百姓关注的十大热点问题之中，可见其严重性。

(一)腐败问题

腐败现象是中国社会中最具有破坏性的社会问题之一，也是广大人民群众反映最强烈的社会问题之一。腐败是指一个社会中握有权力者利用职权获取非法私利的现象，简而言之，就是以权谋私。其本质是社会公共道德及行为的退化和堕落。它对整个社会秩序和伦理准则的影响是直接的，具有极大的破坏性。

1.腐败现象在当今中国社会的滋生

腐败现象，古今中外都客观存在。腐败在我国成为比较严重的社会问题，是20世纪80年代开始出现的。随着改革开放的深入，特别是各种权力下放进程的延伸，腐败现象首先在各级党政机关领导干部中出现并快速滋长。1983年，党中央在全国开展了严厉打击严重经济犯罪的声势浩大的运动，对领导干部腐败问题，在司法上定性为"经济犯罪"。

我国正式部署反腐败工作是从1993年开始的。改革开放20多年来，我国尽管出台了很多党纪法规，反腐倡廉也年年讲、月月讲，但揭露出来的党政机关官员腐败案件数量越来越多，涉案金额越来越大，在显示反腐败成就的同时，也显示出腐败现象的严重化。

2. 现阶段我国腐败现象的类型

从1978年党的十一届三中全会到21世纪初的几十年时间，也就是从计划经济体制向市场经济体制过渡的整个时期，中国社会将处于腐败现象的高发期和多发期。根据中国近50多年来的传统是非标准，有的学者把腐败分子分为4类：政治上的、经济上的、权力上的和道德上的腐败。有的学者把现阶段中国腐败现象概括为7种类型：拜金、拜物、聚宝、享受、徇私、徇情、贪色等，主要是贪污金钱，滥享美色。

3. 现阶段中国腐败现象的程度

衡量一个社会腐败的主要指标，是腐败官员数量的多少和涉案干部级别的高低。中国社会现阶段腐败问题的严重性，表现在以下几个方面：一是被查处的腐败官员总人数逐年递增；二是贪污受贿的金额越来越大；三是高级党政官员腐败案件有增无减；四是"一把手"贪污受贿形成的"窝案"增多；四是司法腐败现象越来越严重；五是贪官外逃现象也十分严重。

4. 反腐力度加大

当下我国经济体制、社会结构、利益格局、思想观念正在发生深刻变化，这使得中国现阶段既是发展的机遇期，又是矛盾的凸显期。及时抓紧进行政治制度化建设，防止制度"被俘获"和经济建设成果走样，已成为现实的选择。

2005年，党中央颁布了《建立健全教育、制度、监督并重的惩治和预防腐败体系实施纲要》。2005年10月27日，十届全国人大常委会第十八次会议批准《联合国反腐败公约》决定。2006年12月28日，国家食品药品监督管理局原局长郑筱萸因严重失职渎职、以权谋私一案曝光，让人们再次思考如何杜绝"权力寻租"现象。随着2006年多名党政高官被查处，中央、地方一些主管部门的整顿，以及纪委书记产生机制的变革，中国反腐格局形成一个新的高度。

(1)党和政府加大从源头上防治腐败的力度。随着我国反腐倡廉法规制度体系基本框架的构建，各级监察机关已会同政府有关部门把预防腐败的措施落实到各项改革和制度建设中，正通过改革和制度建设解决导致腐败现象的深层次问题。

(2)专项治理的力度加大了。征收征用土地、房屋拆迁、教育乱收费、药品回扣等这些损害群众利益的不正之风被频频曝光，治理力度不断加大，群众对纠风工作的满意度稳步提高。

(3)责任追究的力度加大了。各级纪检监察机关以查办发生在领导机关和领导干部中滥用权力、谋取非法利益的违纪违法案件为重点，严肃查办利用人事权、审批权违纪违法的案件，追究了一批干部的责任。

(4)监督的力度加大了。积极筹建国家级的预防腐败的专门机构，组建成立国家预防腐败局，已获中央编委办批准。成立国家预防腐败局的动议已有一年多的时间。组建国家预防腐败局是认真履行《联合国反腐败公约》所规定的义务，是借鉴国际上预防腐败的有效做法。在国家预防腐败局成立之后，将来还要成立地方级的预防腐败机构。党内监督、行政监察、司法监督、舆论监督等各类监督主体加强了对重点环节和重点部位权力行使的监督，整体监督作用进一步显现。

(二)就业问题

1. 我国劳动力供大于求的矛盾长期存在

中国是一个人口大国，劳动年龄人口还在继续增长。国家人口发展研究战略课题组 2007 年 1 月 11 日发布“国家人口发展战略研究报告”中的数据表明，我国劳动年龄人口规模庞大。15 岁至 64 岁的劳动年龄人口 2000 年为 8.6 亿人，2016 年将达到高峰 10.1 亿人，比发达国家劳动年龄人口的总和还要多。目前农村剩余劳动力仍有 1.5 亿至 1.7 亿人，按人口城镇化水平年均增长 1 个百分点测算，今后 20 年将有 3 亿农村人口陆续转化为城镇人口。单从数量上看，劳动力资源近乎无限供给，这既是中国参与国际竞争的一大优势，也会给中国的经济增长速度、产业技术选择和就业保障体系构成巨大的压力。

“十一五”时期，我国进入新的劳动力增长高峰，5 年新增劳动力总供给将达到 5000 多万人。按照目前的就业弹性计算，“十一五”时期如果经济年均增长 7.5%，5 年内只能增加 4000 万个就业岗位，会新增 1000 万的就业缺口。另一方面，由于素质、技能等因素，劳动力结构性短缺也将长期存在。劳动和保障部的数据显示，当前，我国技能劳动者占从业人员总量比重较低，全国技能劳动者总量占全国城镇从业人员的 33%，与发达国家技能劳动者占从业人员总量的比重在 50%以上的情况相比，有很大差距。技能劳动者结构不合理，特别是高技能人才比例偏低，我国高级技工以上包括技师和高级技师占技能劳动者总量的 21%，与发达国家高技能劳动者比例一般为 30%的情况相比，更存在较大差距。

特别是制造、加工等传统产业和电子信息、航空航天等高新技术产业以及现代服务业领域，高技能人才严重短缺。

2007年，我国就业再就业形势严峻。国有企业下岗职工基本生活保障制度向失业保险制度并轨后，目前没有就业的下岗职工还有100多万人，再就业难度大。国有企业关闭破产，2006年至2008年将涉及职工351万人。部分已再就业人员特别是灵活就业人员就业不稳定。2007年高校毕业生近500万人。随着进城务工政策和环境的不断改善，农村劳动力转移就业仍将保持较大规模。根据中央经济工作会议部署，我国2007年的就业再就业工作目标任务已确定，即继续保持城镇新增就业人员900万人，下岗失业人员再就业500万人，其中就业困难对象再就业100万人，城镇登记失业率控制在4.6%以内。

2. 追求经济增长与扩大就业的良性互动

城乡居民的充分就业是以人为本科学发展观的最直接体现，也是经济增长的重要价值取向。2006年全国累计实现城镇新增就业1184万人，超额完成了全年目标任务。这也是自实施积极就业政策以来城镇新增就业首次突破1000万人。

2007年1月10日召开的国务院常务会议，讨论并原则通过了《中华人民共和国就业促进法(草案)》，对促进就业的原则、工作机制、政府职责和政策支持体系，以及人才和劳动力市场秩序、职业教育和培训、就业服务和就业援助、监督检查和法律责任等内容作了明确规定。这将是我国首次以法律的形式对劳动者的就业问题做出规定。

(三)民生问题

1. 民生问题内涵

民生问题，即公民生存、生活问题，是百姓的根本。“民生”一词最早出现在《左传・宣公十二年》，所谓“民生在勤，勤则不匮”。这里的“民”，就是百姓的意思。《辞海》中对于“民生”的解释是“人民的生计”，是一个带有人本思想和人文关怀的词语。在现代社会中，民生和民主、民权相互倚重，而民生之本，也由原来的生产、生活资料，上升为生活形态、文化模式、市民精神等既有物质需求也有精神特征的整体样态。

2. 我国当前三大民生问题

2007年“两会”前夕，“看病难、住房难、上学难”这三大民生问题，分别以76%、65%和50%的得票率，位居新华网“两会”热点调查中网民关注率榜首。一方面，这些问题具有“公共”性。它们不是困扰着一两个人的私人问题，而是涉及千家万户、属于公民的共同问题。另一方面，这些问题具有“服务”性。公众聚焦就医、住房、教育等主题，想要表达的是获得公共服务的渴望。

公民关注的这些民生问题，涉及公民的受教育权、生命权、健康权、社会保障权等生存权与发展权，它们都是人的基本权利，是宪法赋予公民的人权。我国宪法明确规定："国家尊重和保障人权。"而政府要尊重和保障人权，提升公民价值，就必须集中精力解决这些"日常问题"。

(1)"看病难"解读

医疗卫生问题和老百姓的生活息息相关。人吃五谷，孰能无病？2004 年，我国医疗机构诊疗达 22 亿人次，13 亿人平均每人至少看过一次病。群众反映看病难、看病贵是客观存在的。"辛辛苦苦几十年，一病回到解放前"。这个段子在我国各地已流传很久、也很广。新华网"两会"热点调查显示，尽管政府进行了多次药品降价，但 83.4%的调查者依然觉得药价过高，93%的调查者对目前我国医改状况表示不满，而医疗保障体系不健全，被网民视为我国医疗卫生体制中的突出问题。

据统计资料显示，发达国家的医疗卫生开支均占 GDP 的 10%以上，而我国只占 2.7%。现在中国城镇居民医疗保险覆盖面只有 1 亿多人，不到全部城镇人口的四分之一，新型农村合作医疗覆盖面仅为 19.94%。中国个人年均医疗费用支出由 1980 年的 14.51 元上涨到 2006 年的 512.5 元，26 年增加了 30 多倍。有 48.9%的群众有病不敢上医院，很多人因无力支撑高额医药费只能选择"小病扛着，大病拖着"。现在医疗费用的上涨幅度与经济发展水平不相符，"到了老百姓难以承受的地步"。

目前，"看病难、看病贵"的主要原因：一是城乡之间、区域之间服务条件和水平差距较大，农村卫生和城市社区卫生薄弱；二是公共卫生体系不够健全，疾病预防控制体系和应对突发事件的处置能力不强，一些重大疾病仍在严重威胁人民群众身体健康；三是公立医疗机构缺乏稳定的财政经费保障，靠服务收费维持运行和发展，部分医疗机构存在过分追求经济利益的倾向。

据 2006 年 3 月 8 日《新京报》报道，有关人士认为，"看病贵"的直接原因是药价虚高，而药价虚高总源头是官员腐败。比如，按照正常程序，一、二类新药审批总费用是 4.8 万元，批文评审通过至少需要 5 年。但目前，一些新药批文的速度从一个星期到几个月不等，批文价格低则数百万元，高则上千万元。药品主管部门少数官员腐败是药品价格虚高的总源头。药品流通环节层层加码也是药价虚高的一个重要因素。药品流通要经过很多环节，最后都会加到病人身上。一种药品从生产到拿到老百姓手里，价格可能会几十倍、甚至几百倍地翻。截至 2006 年，药价已经 17 次降价，但老百姓并未感到实惠。因为一旦限定价格，厂家就对该药停产，然后老药翻新，做成新药加价。有的地方实行药品招标,结果是"招标招标,越招越高"。一些医院给科室分经济指标,药房为了多卖药,与医生暗中联系;很多医生开"大处方"拿药品回扣。这些也直接导致了"看病贵"。

群众"看病难、看病贵"问题,已引起政府部门高度重视,突出抓好三个方面的工作,一是加快农村医疗卫生服务体系建设;二是大力发展城市社区卫生服务;三是深化医疗卫生体制改革,深入整顿和规范医疗服务、药品生产流通秩序。2007 年,中央财政安排医疗卫生支出 312.76 亿元,比 2006 年增加 145.36 亿元,增长 86.8%;新型农村合作医疗制度试点范围将扩大到全国 80%以上的县市;城镇居民基本医疗保险试点也将从 2007 年拉开序幕,城镇职工以外的城镇居民也将纳入基本医疗保险的覆盖范围。

(2)"住房难"解读

我国房地产价格进入快速上升轨道,已持续六七年时间,先是北京、上海等大城市,之后是二三线城市房价持续上扬。统计数据显示,2006 年 10 月全国 70 个大中城市房屋销售价格同比上涨 6.6%,北京以 10.7%涨幅居全国之首,中心城区二手房单价突破万元关口。房价的非理性上涨,明显表现出泡沫特征,且有愈演愈烈之势。

中国社会科学院发布《2007 年中国服务行业发展报告》,报告论及我国房地产行业问题,一是房价过高、上涨过快;有的年份超过居民可支配收入,有的年份甚至以 30%至 50%的速度上涨。按照国际经验标准,合理的城镇房价与家庭年收入比在 2.6∶1 左右,而如今中国的城镇房价与家庭年收入比平均高达 7.6∶1,有的地方甚至超过 10∶1。二是总量过剩、结构失衡。房地产总量大于有效需求,商品房空置率远超过国际警戒线。据国家统计局数据显示,2005 年 10 月末,全国商品房空置面积 1.12 亿平方米,其中商品住宅空置面积 6204 万平方米。全国空置率已达到 26%,大大超过国际公认的 10%的警戒线。房地产过剩与短缺并存,一方面,1 亿多平方米的商品房空置积压,另一方面大量迫切需要住房的居民买不起房子;一方面高档公寓、别墅的空置率高、发展过快,另一方面普通住宅尤其是经济适用房供给短缺、增长缓慢。"住房难"问题已成为全社会严重关注的热点问题。

自 2005 年初房地产"新政"启动以来,中央政府推出了一系列疾风骤雨式的密集调控措施。2006 年 5 月 11 日,国家七部委联合出台《关于做好稳定住房价格工作意见的通知》。同年 7 月 24 日,国家六部委又联合发布《关于规范房地产市场外资准入和管理的意见》等。近年来,国家对房地产市场调控措施越来越细、力度越来越大,但效果一直不理想。全国住房价格呈现出"边控边涨"的复杂、多样的态势。

国家宏观调控政策执行不到位，被认为是房价上涨的主要原因之一。而政策执行不到位，源于地方政府和房地产商，以及银行的利益冲动。一些地方政府“创富”心切。房地产商囤积居奇，哄抬房价。比如，对于国家“严把土地关，停止别墅类房地产项目供地和办理相关用地手续”这一规定，房地产商模糊别墅这一概念，地方政府“睁只眼闭只眼”。比如，按照规定，从2006年6月1日起，个人住房按揭贷款首付款比例不得低于30%，但实际执行中，这一限制几乎是一纸空文等。与此同时，城市化进程加快拉动了住房消费。改革开放以来，我国城市化的水平年平均增长0.6个百分点，而世界同期城市化的水平每年只提高0.25个百分点。2004年中国城市人口达到了5.23亿，比1998年增加1.42亿，平均每年增加2000多万。城市人口的急剧增长带来了巨大的住房需求。我国住房制度改革也刺激了房地产市场的需求，一些非自住需求者参与“炒房”投资，推动房价上涨。

2007年3月5日，国务院总理温家宝在政府工作报告中提出：首次要建立具有中国特点的住房建设和消费模式；明确房地产重点发展面向广大群众的普通商品住房，建立健全廉租房制度，改进和规范经济适用房制度；要抑制价格过快上涨，强化房地产市场监管。切实解决低收入家庭住房困难问题，确保困难群体居有其所。

(3)“上学难”解读

农民工子弟在城市上学难，城市的孩子择校难，贫困学子上大学难。“上学难、上学贵”，已经成为我国社会民生焦点问题之一。

我国新《义务教育法》的实施，从法律上确定了流动人口子女居住地政府要为他们提供平等接受义务教育的条件。然而，现实是生活在城市的农民工子女仍然遭遇“择优入校”、变相收费、公办学校资源匮乏等三大障碍。

据报道，近20年来，我国高校学费平均上涨了25倍。很多贫困家庭学子拿到录取通知书，首先是高兴，紧接着就是伤心流泪，因为拿不出高昂的学费。同时，1999年我国高校扩招以后，高等学校本科教学质量有待进一步提高。

针对我国社会存在的“上学难”问题，各级政府正尽职尽责地加以解决。

一是坚持教育公平。我国教育改革和发展的总体布局：普及和发展九年义务教育，大力发展职业教育，提高高等教育质量。

二是全面实施农村义务教育经费保障机制改革。2007年，国家将免除1.5亿全国农村义务教育的学生学杂费，同时对其他家庭贫困的孩子提供免费书本、住宿的生活保障补助。

三是关心农民工子女上学的问题。按照政策，对符合规定进城务工的农民工子女，实行“两个为主”，即流入地政府为主，由公办全市中小学为主，接受农民工子女的上学问题。

四是合理配置教育资源。新《义务教育法》实施后，同一地域教育资源分配不均导致的择校之风，将是2007年教育部门解决的重点。

五是坚持高等教育发展速度、效益和改革同步。教育部和财政部联合2007年1号文件《关于实施高等学校本科教学质量与教学改革工程的意见》，明确提出切实把高等教育重点放在提高质量上。

六是实行师范生免费教育。国家决定在教育部直属师范大学实行师范生免费教育，希望培养一批优秀教师，这些教师将来能够有一段时间到西部、农村服务，支援农村的教育，这是优秀教师成长的一条重要道路。

知识问答

1. 国内生产总值与国民生产总值有何区别与联系？

国内生产总值（GDP）与国民生产总值（GNP）都是反映宏观经济的总量指标，但它们既有联系又有区别。

国内生产总值（GDP）是指一个国家或地区范围内的所有常住单位，在一定时期内生产最终产品和提供劳务价值的总和。所谓“常住单位”，其内涵与“常住居民”相同。一国的“常住居民”包括：（1）居住在本国的本国公民；（2）暂居（一年以内）外国的本国公民；（3）长期（一年及一年以上）居住在本国的外国居民。也就是说，在一国领土范围内，其居民无论国籍如何，只要符合本国常住居民定义，在一定时期内所生产的最终产品和提供劳务价值都可算作本国的生产总值。生产总值的价值形态是指国民经济各部门增加值之和，增加值等于国民经济各部门的总产出减去中间产品和劳务价值后的余额。

国民生产总值（GNP）是指一个国家或地区的所有常住单位在一定时期内在国内和国外所生产的最终成果和提供的劳务价值。它等于生产总值加上来自国外的净要素收入。国外净要素收入是指从国外得到的生产要素收入减去支付给国外的要素收入。

可见，国民生产总值与国内生产总值之间的区别就在于国外的净要素收入。生产要素的提供者不一定都是本国居民，有时也有外国居民，本国居民也有向外国的经济活动提供要素的。国内经济活动所创造的收入，作为要素收入，既分配给本国居民，也分配给外国居民，相反，国外的经济活动所创造的收入也分配给本国居民，这两项的差额就是国外净要素收入。

由此可见，国内生产总值是“领土”概念，国民生产总值是“生产要素”概念；国内生产总值是“生产”概念，国民生产总值是“收入”概念。在经济封闭的国家或地区，国民生产总值等于国内生产总值；在经济开放的国家或地区，国民生产总值等于国内生产总值加上国外净要素收入。因此,国内生产总值和国民生产总值是两个不同但又有联系的指标。

2.什么是恩格尔系数?

1857年,世界著名的德国统计学家恩格尔阐明了一个定律:随着家庭和个人收入增加,收入中用于食品方面的支出比例将逐渐减小,这一定律被称为恩格尔定律,反映这一定律的系数被称为恩格尔系数。恩格尔系数是指购买食物的人均支出在消费总支出中的比例(即食品消费支出占消费总支出的比重),是判断国民生活水平的国际标准。其公式表示为:

恩格尔系数(%)=食品支出总额/家庭或个人消费支出总额×100%。

恩格尔定律主要表述的是食品支出占总消费支出的比例随收入变化而变化的一定趋势,揭示了居民收入和食品支出之间的相关关系,用食品支出占消费总支出的比例来说明经济发展、收入增加对生活消费的影响程度。众所周知,吃是人类生存的第一需要,在收入水平较低时,其在消费支出中必然占有重要地位。随着收入的增加,在食物需求基本满足的情况下,消费的重心才会开始向穿、用等其他方面转移。因此,一个国家或家庭生活越贫困,恩格尔系数就越大;反之,生活越富裕,恩格尔系数就越小。国际上常常用恩格尔系数来衡量一个国家和地区人民生活水平的状况。根据联合国粮农组织提出的标准,恩格尔系数在59%以上为贫困,50%—59%为温饱,40%—50%为小康,30%—40%为富裕,低于30%为最富裕。

3.什么是基尼系数?

基尼系数是国际上用来综合考察居民内部收入分配差异状况的一个重要分析指标,由意大利经济学家于1922年提出。其经济含义是:在全部居民收入中,用于进行不平均分配的那部分收入占总收入的百分比。

基尼系数最大为"1",最小等于"0"。前者表示居民之间的收入分配绝对不平均,即100%的收入被一个单位的人全部占有了;而后者则表示居民之间的收入分配绝对平均,即人与人之间收入完全平等,没有任何差异。但这两种情况只是在理论上的绝对化形式,在实际生活中一般不会出现。因此,基尼系数的实际数值只能介于0—1之间。

目前,国际上用来分析和反映居民收入分配差距的方法和指标很多。基尼系数由于给出了反映居民之间贫富差异程度的数量界线,可以较客观、直观地反映和监测居民之间的贫富差距,预报、预警和防止居民之间出现贫富两极分化,因此得到世界各国的广泛认同和普遍采用。按照国际惯例,基尼系数在0.2以下,表示居民之间收入分配"高度平均";0.2—0.3之间表示"相对平均";在0.3—0.4之间为"比较合理";同时,国际上通常把0.4作为收入分配贫富差距的"警戒线",认为0.4—0.6为"差距偏大",0.6以上为"高度不平均"。

相关链接

新"三座大山"为何总是"两会"焦点?

2007年"两会"前夕,被人们称作新"三座大山"的"看病难、住房难、上学难"问题,再次成为民众关注的焦点。新华网"网民关注的'两会'热点问题"调查显示,新"三座大山"分别以76%、65%和50%的得票率位居前列。

无论是新华网此次的"两会"热点问题调查,还是前些天全国人大办公厅资深官员透露的"两会"提案情况,皆将事关民生切身利益的"看病难、住房难、上学难"问题,再次列为"两会"和民众关注的"焦点"。

在我的印象中,"看病难、住房难、上学难"问题,是历年"两会",确切地讲,至少是近几年"两会"期间,代表们始终关注和热议的"焦点"问题,这种情况的出现,势必让人们感到喜中带忧。欣喜的是,事关民生问题屡屡提上议事日程,表明国家和民众都很重视,公众有理由相信,总有一天会解决;忧虑的是,尽管不能说这"新三座大山"近些年毫无改进,但是没有彻底地啃掉这三块"硬骨头"却是可以肯定的。

那么,公众不禁要问,为何"新三座大山"总是每年不变的"两会"的中心议题呢?对于这个问题,我无法给出一个绝对准确的答案,但对这些年来,在这些领域为何总是民怨沸腾,没有实质性的突破,笔者则有着自己确信无疑的看法。

首先,民意的严重缺席。以对社会和谐关系重大的医疗改革为例,当初在设计改革方案时,很多部门都可以参与,却偏偏不让患者与老百姓的代表参与。可以说,改革新方案是由相关部门和专家学者联手"操办"的,像医疗改革与每个人的利益切切相关,直接影响到每一个家庭的实际生活水平的提高。而相关部门和专家们,高居"庙堂",不能深刻体会到广大民众及生活在最低层的百姓对医疗服务这个公共产品的具体需求和承受底线。因而,医疗改革不成功也在意料之内,情理之中。

其次,政令不畅通。前教育部副部长张保庆接受记者采访时说的一句名言:中国目前最大的问题是政令不通,中南海制定的东西有时都出不了中南海,像解决困难学生助学贷款的事情,下边根本就不听嘛,连这样的政策都不执行,还说别的吗?像政令出不了中南海的情况,也同样出现在房地产领域。比如说中央政府对于房价问题,早已意识到,并连续出台严格的宏观调控政策,来规范房地产市场。可是,令人匪夷所思的是,中央的政策遇到地方政府的"软抵制",国家的"组合拳"被地方的"太极手"化为乌有,导致目前国内的房价长期居高不下，百姓住房梦变得“遥遥无期”。

最后，医疗、教育过度市场化。近年来，医疗、教育之所以丧失了其公共品的本质，甚至沦为赢利的工具，其根源在于医疗和教育的过度市场化，把公共品和准公共品的运作被托付给市场机制，从而导致制度失灵和监管失灵。其结果，让普通百姓承担了过于高昂的医疗成本，也让学生家长为昂贵的教育成本埋单，“上学难，看病贵”也就成为困扰百姓的最大难题。

如此看来，要想彻底改变“看病难、住房难、上学难”，屡次成为“两会”的中心议题的“怪圈”，其一，要建立起一整套相对平衡的、有制度保障的民意利益表达机制。因为，事关公民的切身利益的改革，百姓理应充当主角，只有这样，才有可能找到合适的改革方案。其二，动用铁的“手腕”，加大问责力度，以保障中央政策走出中南海。其三，从根本上改变医疗教育事业市场化、商业化乃至企业化的倾向，彻底减轻人民群众的经济负担，建立一个公平正义、安定有序的社会。如果真能做到这些，我们走向“和谐中国”将指日可待。

（原载 2007-03-01 红网　作者：吴睿鸫）

本章小结

1. 在全球化大潮的波动下，中国社会正发生着复杂的变迁，由计划经济体制向市场经济体制转变，由传统社会向现代社会转型。我国社会进步特别是经济发展的成果相当显著，各种社会问题的显露也十分具有挑战性。人与人的关系正在发生重要变化，城乡内部结构以及城乡关系也在各种矛盾的角逐中向人们展示新的格局。

2. 党的十六大提出“全面建设小康社会”的奋斗目标。并相继作出“建设社会主义新农村”、“构建社会主义和谐社会”等重要决定，这些亲民政策和重大决策，彰显了中国执政党破解和谐社会难题的决心。

3. 社会主义和谐社会的基本特征是：民主法治、公平正义、诚信友爱、充满活力、安定有序、人与自然和谐相处。

4. 社会主义新农村建设的“20 字方针”是：生产发展、生活宽裕、乡风文明、村容整洁、管理民主。

5. 当前我国广大群众最关注的社会热点问题是：反腐倡廉、扩大就业、控制房价、教育公平、医疗保障等。

思考与训练

1. 和谐社会的基本特征有哪些？

2. 结合实例，谈谈我国社会生活的“十大巨变”。

3. 分析“三大民生”问题产生原因,并提出解决对策。

4. 如何理解“人均 GDP3000 美元是一个国家和地区在现代化进程中的一道绕不过去的‘坎’”。

推荐读物

陆建华:《中国社会问题报告》,石油工业出版社 2002 年版

朱贻庭:《儒家文化与和谐社会》,学林出版社 2005 年版

第三章　社会调查的选题与组织

导入语

“提出一个问题往往比解决一个问题更重要。”——爱因斯坦

本章要点

社会调查过程大体可以分为准备、调查、研究、总结等四个阶段。社会调查课题是对特定领域经过精心选择的所要说明和解决的问题。选题应该依据重要性、创造性、可行性、合适性等标准。调查总体方案的内容是确定调查目标、选择调查单位、选择调查方法、使用调查工具、组织调查人员、筹措调查经费、安排调查时间、安排其他有关工作等。调查人员应具有坚定正确的政治方向，客观、公正的态度，一定的调查研究技能，吃苦耐劳的精神等素质。

第一节　社会调查的程序

社会调查过程，按时间的推移和任务的不同，大体可以分为四个阶段：准备阶段、调查阶段、研究阶段、总结阶段。

一、准备阶段

1. 准备阶段的任务

准备阶段是整个社会调查的开始阶段，准备工作的好坏直接影响整个调查的效果。准备阶段主要任务包括确定调查任务，设计调查方案，组织调查队伍等。

2.精心选择调查课题

确定调查任务首先是精心选择调查课题。调查者必须依据丰富的知识和科学的创造力,从社会实践的需要出发,谋划出一个恰当的课题,并通过对这一课题的调查对象、调查内容,调查课题的科学价值、社会价值及可行性进行充分论证。

3.设计调查方案

设计调查方案包括三方面的内容:

(1) 设计调查提纲、调查表和问卷表。

(2) 设计调查总体方案。明确调查目标、调查对象、调查方法、时间安排,确定调查的组织形式,以及调查研究经费的筹措和物质准备。

(3) 对调查方案进行可行性研究。主要是研究调查方案是否切实可行,即对调查方案与客观实际是否一致,能否达到预期的效果,在实施过程中是否具有可操作性等进行认真细致的分析研究。

4.组织调查队伍

组织调查队伍,主要包括调查人员的选择与培训,建立调查人员的管理机构,制定调查纪律和调查注意事项,筹备供调查人员使用的各种物资等。

准备阶段是整个社会调查的基础阶段。正确确定调查任务是搞好社会调查的前提;调查方案的科学设计,是社会调查获得成功的关键环节;认真组建调查队伍是调查任务顺利完成的基本保证。

二、调查阶段

调查阶段是社会调查方案的执行阶段,其主要任务是根据调查方案中确定的调查方法,以及调查设计的具体要求,进入调查现场收集各方面的资料。

进入调查现场与调查对象直接接触,是获取第一手资料的重要途径。调查者进入调查现场一般采取两种方式:一种是通过被调查者的上级领导介绍,另一种是通过自我介绍或熟人朋友介绍。无论采取哪一种方式,都必须真诚、客观地向被调查者说明调查的目的、内容和方法等,以取得对方的支持与协助。

调查者进入调查现场调查可以采取多种方法收集资料。比较常用的有文献资料收集法、访谈法、观察法、问卷法等。无论采取哪一种方法,都要做好记录,做到勤问、勤看、勤记。既要做好口头资料的收集,还要做好文字资料的收集。同时要及时集中、整理调查资料,做到边收集资料边进行资料审核工作,以便随时发现问题,及时进行资料补充调查和修正工作。

为了组织众多的调查人员按照统一的要求顺利完成收集材料的任务,必须加强调查阶段的组织管理。一是要加强调查队伍的内部指导工作,使调查人员尽快打开调查工作的局面。二是要注意总结和交流调查工作的经验，及时发现和解决调查工作中出现的新情况、新问题，促进调查工作的平衡发展。三是要搞好外部的协调工作，即努力争取被调查单位的支持与帮助，合理地安排调查工作的任务和进程。同时，也要认真搞好与被调查者的密切联系，争取他们的充分理解与合作。实践证明，做好内、外部的协调工作，是保证调查阶段工作顺利进行的必要条件。

三、研究阶段

在实地调查结束之后，就需要对新收集的资料进行整理和分析，此时调查就进入了研究阶段。其主要任务是鉴别、整理资料，进行统计分析和开展理论研究。

1.资料的鉴别整理

资料的鉴别整理分为两个部分：一是资料的鉴别，即将调查阶段收集到的资料进行全面审核，分清真、伪，消除假、错、缺、冗，以保持资料的真实、准确和完整。二是资料的整理，即将鉴别后的资料进行汇总和加工，使之系统化和条理化，并以集中、简明的方式反映调查对象的总体情况。

2.资料的统计分析

资料的统计分析，就是运用统计学的原理和方法，对所获得的调查资料进行数量关系的研究分析，从中揭示调查对象的发展规模、水平及其与其他事物之间的内在联系。为了提高统计分析的精度和效度，要尽可能利用电子计算机来处理各种数据。

3.开展资料理论研究

开展资料理论研究，就是运用逻辑思维方法以及与社会调查相关的各学科的科学理论与方法，对经过鉴别整理后的事实材料和统计分析后的数据，进行科学思维加工，揭示调查对象的内在本质，说明调查对象的前因后果，预测调查对象的发展趋势，有针对性地提出对实际工作的具体建议。

研究阶段是社会调查的深化、提高阶段，是从感性认识向理性认识飞跃的阶段，整个社会调查是否最终出成果，在很大程度上取决于研究阶段。因此，社会调查的领导者和组织者，要花更多的时间和更大的精力，抓好这一阶段的工作。

四、总结阶段

总结阶段的主要任务是：撰写调查报告、总结调查工作和评估调查结果。

调查报告是整个社会调查研究成果的集中体现。调查报告要侧重说明调查结果或研究结论，并对调查过程、调查方法、调查成果等进行系统的叙述和说明，同时提出政策性的建议和解决存在问题的方式方法，使调查报告在理论研究或实际工作中发挥应有的作用。

总结调查工作，是对整个社会调查研究过程的回顾与总结，包括整个社会调查工作的总结和每个参与者的个人总结。总结的目的是既要积累成功的经验，又要吸取失败的教训，为今后进行类似的社会调查研究提供必要的经验教训。

评估调查研究成果，主要包括学术成果评估和社会成果评估。从学术成果评估来看，主要是对社会调查所提供的事实和数据资料、理论观点和说明，以及所使用的调查研究方法，进行客观的评价。从社会成果评估来看，主要是对社会调查结论的采用率、转引率和对实际工作的指导作用，作出实事求是的估计。对社会调查成果的评估，必须以实践为基础，在实践中应用调查结论和检验调查结论。

总结阶段是社会调查的最后阶段，认真做好总结工作，对提高调查研究的能力和水平，深化对社会的认识，以及对制定解决社会问题的方针、政策和措施，都具有十分重要的意义。

第二节　社会调查的选题

社会调查课题，是对特定领域经过精心选择的所要说明和解决的问题。它包含一定的求解目标和范围。一项具体的社会调查往往开始于对调查课题的选择。社会调查的课题常常是现实生活中的某种社会现象或某种社会问题。

一、调查课题的类型

社会调查研究必须从社会需要出发，社会需要是多种多样的，因此，社会调查的研究课题也是多种多样的。归纳起来，社会调查研究的课题可分为以下几类。

（一）理论研究课题和应用研究课题

根据社会调查的不同目的，可以将调查课题分为理论研究课题和应用研究课题。

1. 理论研究课题

理论研究课题是指为检验和发展某些理论或假设而从事的社会调查研究

课题。这种研究不是为了解决当时的社会问题,而是揭示某种社会现象的本质及其发展规律。

2. 应用研究课题

应用研究课题是为了解决当前的社会问题而提出的研究课题。它的目的是为了满足社会实际应用的需要。在社会现实中,一些新变化、新现象的出现,需要得到陈述、澄清;一些迫切需要解决的问题,需要通过研究其原因,进而制定可行的对策等。

3. 两者异同点

(1)应用研究课题与理论研究课题的研究目标不同。应用研究注重实用性,主要目的是解决社会实践中紧迫的社会问题。应用课题主要有两类:一类是一般性的应用课题。它研究一些较长时间内普遍存在的社会问题,如人口问题、婚姻问题、生态平衡问题、社会管理问题等。另一类是特殊的应用问题,即在一定时期或在某种特定的情况下存在的问题,如民生问题、城市化问题、社会保障制度改革问题、农民工问题、就业问题等。

(2)理论研究课题与应用研究课题相互渗透和关联。无论是理论性还是应用性的课题,有关的研究结果都往往能既有助于社会实际问题的解决,又可以在理论上作出贡献。例如,人口学家调查研究如何控制生育率问题,其调查研究结果既可以供政府机构在制定人口政策时参考,也有助于人口理论的发展。

(二)描述性研究课题和解释性研究课题

根据对社会现象的揭示程度和认识要求的不同,可以将调查课题分为描述性研究课题和解释性研究课题。

1. 描述性研究课题

描述性研究课题,是指那些为弄清发生了什么事而提出的调查研究课题。其目的在于探明和详细描述社会已发生的现象。研究这种课题,研究者必须大量收集各种有关情报和信息,以便能够充分地回答调查研究中需要解答的问题并作出详细的描述。例如,市场调查的目的是对购买或将要购买某种产品的消费倾向进行描述等。

2. 解释性研究课题

解释性研究课题,是试图进一步对现象产生的原因和过程作出解释或说明。解释性课题研究与描述性课题研究相比较,能进一步深化人们对社会现象的了解。在解释性研究课题中还可以进一步延伸出预测性研究课题。预测性课题是在说明社会现象的现状及其因果联系的基础上,进一步推测社会现象发展趋势的课题。

(三)自选课题和委派课题

根据调查课题的来源,可以分为自选课题和委派课题。

1. 自选课题

自选课题指的是研究者根据自己所从事的科研、教学或实际工作的需要,或者是根据自己的专业领域、研究方向或研究兴趣,并结合社会的某种需要,自己选定的课题。研究者具有很大的主动性和决定性。

2. 委派课题

委派课题指的是那种由有关的机构、部门、单位或个人根据他们的某种需要所确定并委托或指派给研究者进行调查的课题。

上述调查课题的分类只具有相对的意义。在实际调查研究中,不少调查课题常常是理论性研究与应用性研究、描述性研究与解释性研究兼而有之,只是其侧重点不同而已。

二、选题的重要性

著名科学家爱因斯坦曾经说过:"提出一个问题往往比解决一个问题更重要,因为解决一个问题也许仅是一个数学上或实验上的技术而已。而提出新的问题、新的可能性,从新的角度去看旧的问题,都需要有创造性的想象力,而且标志着科学的真正进步。"爱因斯坦的看法虽然主要是针对自然科学研究而言的,但对于社会科学研究以及社会调查来说,同样也是适用的。它说明选择一个恰当的调查课题,对于整个调查工作和调查过程具有重要的意义。

(一)决定调查的方向

社会调查研究同日常生活中人们对社会的了解有着质的差别。日常生活中人们对社会的了解是零碎的和不系统的,往往止于对社会现象的感触和感悟,而且它感触什么体验什么,是随着生活的展现自然而然地进行的。社会调查研究则是要通过对社会现象的考察,揭示社会运行的规律,指出社会问题的症结,并提出改进的方案。因此,它考察什么、研究什么,必须具有明确的目的性和方向性。

一项调查所要达到的主要目的或要完成的主要任务,就是研究者所要达到的目标。可以说调查课题就是目标,而选择课题就如同确定我们所要达到的目标。目标一旦确定,方向也就确定,整个社会调查的基本道路也就随之确定。实践证明,课题选择得好,事半功倍,可以迅速取得研究成果,反之,会使研究工作受到影响,甚至半途而废,造成人力、物力、财力和时间的巨大浪费。所以说,选择调查课题所要解决的是整个调查活动的基本方向问题。

(二)体现调查的水平

社会调查作为一种社会认识活动,有层次深浅、质量高低等差别。有的社会调查能够在比较深入的层次上揭示社会现象的内在联系,而有的则只能在比较浅显的层次上一般地描述社会现象的表面特征;有的社会调查能够及时回答人们在社会中遇到的、普遍关心的焦点问题,而有的则只能再次重复人们早已明了的事实、状况和结论。所有这些差别的形成,虽然有着多方面的原因,但是,课题选择的恰当与否,却往往是其最重要的原因。可以说,课题选择上的“差之毫厘”,常常会造成调查水平和质量上的“失之千里”。

之所以课题的选择能体现调查的水平,这主要是因为,在选择和确定调查课题的过程中,既需要用到研究者所掌握的专业理论知识、调查研究方法知识和各种操作技术,又需要研究者具有比较开阔的视野、比较敏锐的洞察力、比较强的判断能力,同时,还需要研究者具有一定的社会生活经验。比如,如果缺乏专业理论知识,所选择的课题在内涵上就可能不够深入,课题的立意也可能缺少理论依据;如果缺乏比较敏锐的洞察力,常常会对社会生活中的许多现象“视而不见”,白白放过许多既值得研究又能够研究的课题。

(三)制约调查的过程

对于社会调查来说,调查课题的确立,也就意味着调查目标的确立和调查方向的选定,而这种目标和方向的确定,又同时意味着社会调查的“特定道路”的确定。不同的调查课题,对所走“道路”的要求不同。这种不同的要求,主要体现在社会调查过程中的对象选择、内容选择、方法选择、规模确定、方案设计等方面。

比如,对于下面三个不同的调查课题来说,它们通往目的地的“道路”受着怎样的影响和制约呢?

课题一:当前我国农民工生活质量现状研究

课题二:宁波大学应届毕业生择业倾向调查

课题三:杭州市城区老年人生活状况调查

对于第一个调查课题来说,它所要求的必须是在全国所有城市这一范围中进行抽样,抽样的程序比较复杂,而且样本的规模也必须相当大。又由于生活质量所涉及的内容比较多,因而其调查问卷也相对复杂些。资料收集方法可能既包括自填问卷,也包括结构访问。这样,进行这一调查课题所需要的经费、人员、时间和管理等,也就相对比较多。它所走的是一条“大规模、多内容、高投入”的道路。

课题二所要求的只是在一所大学中的小范围抽样,抽样程序相对简单,样本规模也要小得多。资料收集方法只需自填问卷，问卷内容也比较单一。因而，少数调查人员在很短时间内就能完成，花费也很小。

课题三在规模、范围、内容复杂程度等方面，都介于前面二者之间，它所要求的资料收集方法也与课题二不同。由于课题所要求的调查对象是老年人，他们的文化程度相对较低，因而不能采用自填问卷的方法，而只能采用结构访问的方法。这意味着需要较多的调查人员、较长的调查时间、较高的研究经费投入，以及比较复杂的组织管理。

(四)影响调查的质量

造成现实生活中一些社会调查质量较差的原因是多方面的，其中除了调查课题本身的层次比较低，调查人员的素质、技能比较差，或者调查工作进行得比较粗糙等原因以外，研究者所选择的调查课题不恰当、不可行，也往往是一个十分重要的原因。而一些质量比较高的社会调查成功的原因，就是调查课题对于研究者来说十分恰当、合适。这是因为，调查过程或路径的确定，从客观上规定了课题所应该具备的各种条件，如果这些条件不能满足，调查课题的进行必然会遇到较大的障碍，调查成果的质量自然就得不到保证。

调查课题影响到调查质量的一个很重要的方面，就是调查课题对于从事这一课题的研究者来说是否合适、是否可行。在同样的条件下，一个年轻的大学生研究者选择诸如“中年离婚者的心理冲突与调适”这样的调查课题，其调查结果的质量往往比他选择做一个“大学生择业倾向”方面的调查课题的质量要差。因为他对婚姻生活、对中年人的人生经历和体验的熟悉程度、对与这一课题有关的背景知识，以及他从事这一课题研究所具有的和可利用的资源、条件等，都不如后一课题。不合适、不可行的调查课题，从一开始就包含着调查成果质量不高的内在因素，包含着研究者难以克服的一些困难和障碍。因此，要提高社会调查成果的质量，首先就要慎重选择调查课题。

许多优秀的科学家之所以取得成功，对社会作出较大的贡献，其中一个重要的原因就在于抓准了调查研究的课题。如费孝通关于“农村经济”和“小城镇建设”的研究等。这些社会调查成功的典型都说明课题选择对于整个社会调查来说是关键的一步。

总之，选择调查课题是社会调查最重要的决策，它对整个社会调查研究工作的成败具有决定性的意义。

三、选题的标准

为了选好题、选准题，必须明确进行选题时应该依据的标准。这几条标准是:重要性、创造性、可行性、合适性。

(一)重要性

重要性是指调查课题所具有的意义或价值。任何一项调查课题,首先必须具有某种意义或价值。当然,不同的调查课题,其意义或价值会有大有小。这种意义既可以是理论方面的,也可以是实践方面的,或者是理论与实践两方面兼而有之。理论方面的意义或价值,主要体现在调查课题对一门学科的发展、对某种理论的形成或检验、对社会规律的认识、对社会现象的解释等所能作出的贡献;而实践方面的意义或价值,则主要体现在调查课题对现实社会生活所提出的各种具体问题能否进行科学的回答和能否提供合理的解决办法。

在众多可供选择的调查课题面前,要思考或评价一项社会调查课题是否具有重要性,就在于做这项调查课题有没有用处?有什么用处?有多大的用处?越有用处的课题越是好课题,用处越多的课题越是好课题,用处越大的课题越是好课题。

(二)创造性

创造性也可以称作创新性或独特性,指的是调查课题应该具有某种新的东西,具有某种与众不同的地方,具有自己独特的特点。作为一种科学的认识活动,每一项具体调查必须能够在某些方面增加人们对现实世界的认识,能够为人们了解、理解、熟悉和掌握现实社会生活中的各种现象、各种问题、各种规律提供新的东西,而不能总是在同一领域、同一范围、同一层次上重复别人的研究,重提已有的结论。最具创造性的课题当然是那种全新的、前人从没有做过的课题,这也就是人们常说的属于“填补空白”的课题。

(三)可行性

可行性指的是研究者是否具备进行或完成某一调查课题的主、客观条件。在许多情况下,越是具有重要价值和创新性的调查课题,它所受到的主、客观限制往往也越多,可行性往往也越差。要进行或完成这样的课题常常十分困难,有时甚至是完全不可能进行。

主观限制是指研究者自身条件方面的限制。它包括调查者在生活经历、知识结构、研究经验、组织能力、操作技术等方面的限制,甚至还包括调查者的性别、年龄、语言、体力等等纯粹生理因素方面的限制。

客观限制是指进行一项调查课题时受到的外在环境或条件的限制。如调查时间不够,调查经费不足,有关文献资料不能取得,所涉及的对象、单位和部门不能给予必要的支持和合作,调查课题违反国家有关政策法令,或者违反社会伦理道德,或者与被调查者的生活习俗、宗教信仰相违背等,都是导致一项调查课题无法进行的客观障碍。因此,选择调查课题时,还必须把可行性这条标准放到非常重要的地位。一项不具备可行性的调查课题,无论其多么有价值,多么有新意,最多也只能是一项"伟大的空想"。

(四)合适性

合适性指的是所选择的调查课题最适合研究者的个人特点。这种个人特点主要包括研究者对该调查课题的兴趣、研究者对与调查课题相关的社会生活领域的熟悉程度、研究者与所调查的对象之间的相似性程度,以及研究者所具有的各种资源、条件与该课题的要求相符合的程度等。

合适性与可行性不同,可行性所解决的是有关课题的"可能性"问题,而合适性所涉及的则是有关课题的"最佳性"问题。可行性是关于这项课题"能不能做"的问题,而合适性则是关于这项课题对于研究者来说"是不是最好"的问题。

四、选题的方法

掌握了选题的标准,并不能保证就一定能选择到一个恰当的调查课题,就像有了渔网和船并不一定就能打到鱼一样,我们还需要解决"哪儿有鱼"、"到哪里才能打到鱼"的问题。对于选择调查课题来说,就是要解决"到哪里去找课题",以及"用什么方法去找课题"的问题。这就是调查课题的来源问题、选择调查课题的途径问题以及选择调查课题的方法问题。

(一)从现实社会生活中寻找

每个调查者始终生活在现实的社会中,而千姿百态、形形色色的社会生活又是各种社会调查课题最丰富、最经常的来源,关键是要善于观察、勤于思考。在日常生活中,要养成对各种社会现象、社会行为、社会心理、社会问题经常问个"为什么"的习惯。这样做往往可以使人们从纷繁复杂的生活大潮中、从变化无穷的社会现象中,抽出值得研究和探讨的调查课题来。处处留心皆"课题"。

一项好的调查研究课题的发现,也和作家写小说一样,既需要"深入生活",也需要"灵感和火花"。这里所说的"深入生活",主要指的是广泛地接触社会,而"灵感和火花"则指的是那些可以发展成为调查课题的最初的想法和思路。没有广泛地与现实社会生活的密切接触,这种"灵感和火花"也就成了无本之木、无源之水。

(二)从个人经历中寻找

个人经历和经验是人们观察各种事物、理解各种现象的基本视角和出发点,因此,对于以观察和理解社会现象为目的的社会调查来说,同样也离不开个人经历和经验的帮助。同时还可以向有关领域的专家询问、请教。某一研究领域的专家一般对该领域有专门的研究，对该领域的研究现状也比较了解，向他们请教课题的研究价值、可行性以及重点、难点等方面会得到十分有益的启迪。

(三)从现有文献中寻找

即了解前人或他人对有关研究课题的调查研究成果和研究过程。通过查阅文献资料，可以了解到围绕某一课题，前人或他人已经研究过哪些问题，研究到什么程度，有哪些领域还没有人研究或研究得不够，有哪些领域出现了与已有研究不同的新情况、新变化等。弄清了这些情况，可以避免重复劳动和无效劳动；可以保证课题的新意或深度；可以明确调查课题的起点和重点。

(四)从实地考察中寻找

即选择与调查课题有关的具有代表性的少数单位和对象进行座谈、访问，以了解与课题有关的实际情况。特别是了解那些受到人们普遍关注的、迫切需要研究解决的现实问题。实地考察可以使调查者的思想更符合实际情况，使课题更具社会价值，使研究方向更为明确。

五、调查课题的明确化

在实际选择一项调查课题时，初学者或缺乏经验的研究者经常犯的一个毛病，就是往往只选择某一个比较宽泛的或者是比较笼统的课题领域，甚至是某一类社会现象或社会问题，而不是一个明确的、具体的调查课题。比如，“我国社会中的青少年犯罪问题调查研究”；“农村青年的价值观研究”；“当前我国社会中的家庭问题调查研究”。这几个课题都具有很重要的意义，但是在内涵上过于宽泛，过于一般。要使这种一般性问题转变成为焦点集中的、切实可行的调查课题，必须使调查课题明确化。

所谓调查课题的明确化，指的是通过对调查课题进行某种界定，给予明确的陈述，以达到将最初头脑中比较含糊的想法变成清楚明确的调查主题，将最初比较笼统、比较宽泛的研究范围或领域变成特定领域中的特定现象或特定问题的目的。

第三节　社会调查的组织

社会调查的组织主要包括设计调查总体方案，组建社会调查队伍等工作。

一、调查总体方案的设计

调查总体方案是整个社会调查工作的行动纲领，是保证社会调查顺利进行的重要前提。因此，设计调查总体方案是整个社会调查设计工作的重要一环。调查总体方案的内容是：

（一）确定调查目标

调查目标包括研究成果的目标（要解决什么问题）、成果形式的目标（调查的成果用什么形式来反映）和社会作用的目标（调查究竟要起到什么样的社会作用）。目标明确一方面可以使参加调查的人员统一认识、协同工作，另一方面又可使被调查者能够自觉主动地与调查者密切配合。

（二）选择调查单位

即社会调查的对象是谁，在什么地区进行，调查的范围有多大。调查单位的选择要做到“三个有利于”，即有利于达到调查的目的；有利于实地调查工作的进行；有利于节约人力、物力、财力和时间。

（三）选择调查方法

调查研究的方法很多，最主要的是资料收集的方法和研究资料的方法。调查方法应适应调查课题的客观需要，对同一调查课题可以采取不同的调查方法，同一调查方法也可以适用于不同的调查课题。因此，如何选择最有效的调查方法，就成为调查总体方案设计中的一个重要内容。

（四）使用调查工具

调查方法确定之后，还要确定收集资料和研究资料的工具。调查工具包括两大类：一类是器具性的，如录像机、摄像机、照相机、录音机、计算机、交通工具等。另一类是文书性的，如访问提纲、问卷表、统计表、卡片等。

（五）组织调查人员

除个人单独进行的调查外，任何社会调查都存在着调查人员的选择和组织问题。包括课题负责人的确定，分组及分组负责人的确定，调查人员的选择、培训和管理等。

（六）筹措调查经费

没有经费是很难进行调查的，因此，调查经费如何进行筹措和使用，是调查总体方案中一个十分重要的问题。

（七）安排调查时间

不同的调查课题有不同的最佳调查时间。例如农村调查要避开农忙阶段；

企业调查要避开年终结算阶段;人口调查要在人口流动最少的时间进行等。

(八)安排其他有关工作

包括利用报纸、杂志、广播、电视、网络等各种宣传工具,对调查工作的重要性和必要性进行宣传,以引起人们对调查工作的注意等。

二、制定调查总体方案的原则

要使调查总体方案做到科学实用,必须遵循以下基本原则:

(一)可行性原则

即调查方案要从实际出发,根据自身的能力选择适当的调查课题,确定调查的范围和地点。例如,在校大学生的调查,可选择与大学生有关的校内外调查课题,从内容、对象和时间上都比较切实可行。又如政府部门组织的、由专门学者参与的调查,可选择社会生活中群众普遍关心的重大课题。因为这种大型的调查一方面在人力、物力上有政府的大力支持,另一方面也能够在学术探讨和现实对策上有所突破。

(二)完整性原则

即调查的总体方案设计要尽量做到面面俱到,对调查过程中可能出现的问题要有所预料,并能事先提出预防的措施和解决问题的办法。调查过程中的点滴疏忽,都会给实际调查带来困难,并会影响调查结论的正确性。

(三)时效性原则

即调查总体方案的设计必须充分考虑时间因素,尤其是一些应用性很强的调查课题,更要注重其时效性。例如,市场需求变化调查、本学年毕业生供需状况调查等都是时效性很强的调查,如果调查不注重时效,成为“马后炮”式的调查,就失去了调查的本来意义。

(四)经济性原则

即调查总体方案的设计,必须努力做到用最少的人力、物力和财力的投入,取得最大的效果。

(五)留有余地的原则

任何调查方案都是一种事前的设想和安排,它与客观现实之间总会存在或大或小的距离。在实际调查过程中,又常常会遇到一些意想不到的新情况、新问题。因此,在设计调查方案时,一定要留有余地,保持一定的弹性。只有这种具有一定弹性空间的调查方案,才是科学实用的调查方案。

三、调查方案的可行性研究

对调查总体方案的可行性研究，其基本的方法有三种：

（一）逻辑分析方法

即用逻辑学的方法来检验调查设计的可行性。例如，调查某地区居民的学历结构，而设计的调查指标却是“文盲”和“半文盲”，这样调查出来的数据是不能说明问题的。因为“学历”与“文盲”、“半文盲”是不同的概念，它们的内涵和外延有很大的差别。这样的设计违背了逻辑学上的同一律，因而对于调查所要说明的问题是无效的。

（二）经验判断法

即用以往的实践经验来判断调查设计的可行性。例如，根据以往的经验，在调查地点的设计上，当人力财力不足时，选点不宜过远；在调查时间的设计上，如果已近年底，不宜到工矿企业调查；在调查工具的设计上，如果物质手段不够，就不宜设计用计算机来处理资料。总之，请有经验的人对调查方案的可行性进行研究和判断，这是使调查能够取得预期效果的一个有效方法。

（三）试验调查法

即通过小规模的实地调查来检验调查设计的可行性，并根据试验调查的结果来修改和完善原设计的方案。试验调查主要是检验调查目标的设计是否恰当，调查指标的设计是否正确，调查人员的能力是否适应，调查工作的安排是否合理，等等。

这里必须指出的是，逻辑分析法和经验判断法虽然简便、易行，但还不能最终说明调查设计的可行性，只有试验调查才是对调查设计进行可行性研究的最基本、最重要的方法。

第四节　调查活动的管理

社会调查的管理是为了实现调查的目的和任务，而对调查活动所采取的一系列协调和指导工作。具体包括对调查人员的选择、培训、组织和使用。

一、调查活动组织管理的必要性

加强组织管理是搞好调查研究的重要环节，其重要性和必要性表现在以下几方面：

1.组织管理是协调调查人员活动的必要条件

现代社会调查研究一般都不是单个人的调查活动，而是由若干人甚至许多人参加的群体性活动，需要群体成员的分工合作和密切配合。有效的组织管理是保证这种合作和配合的必不可少的条件。

2.有组织的调查活动是取得被调查者支持与配合的重要保证

我国是一个具有高度组织性的社会，开展调查活动必须通过组织与组织之间的联系与配合。无组织的调查活动在我国是很难顺利进行的。在调查过程中，调查的组织者都必须及时处理调查者与被调查者之间出现的矛盾与问题，协调两者之间的关系，以取得被调查者的支持与配合。

3.组织管理能为调查活动提供必要的后勤保障

调查研究不仅是一项群体性的活动，而且它必须深入实际，深入基层，因此它需要提供交通、食宿等必要的后勤保障。没有这种后勤保障工作，调查工作就很难顺利进行。而有效的组织管理能为社会调查提供这种必要的后勤保障。因此，在整个社会调查过程中，有效的组织管理工作是十分重要和必要的。

二、调查活动组织管理的内容

调查活动的组织管理包括如下主要内容：

1.成立社会调查的组织

首先，规模较大的社会调查要成立指导社会调查的专门机构，规模较小的社会调查要成立调查小组。调查小组中必须有负责人或领导小组。负责人应当由有威信、事业心强、精通该调查研究课题的人担任。其次，调查成员应合理分工，明确职责。分工时既要考虑到各个调查成员的兴趣与特长，又要考虑到整体的协调配合和调查工作的方便。

2.选择和培训调查员

调查人员的素质是影响调查质量的关键，应当选择那些有正确的政治观点、作风踏实，具有一定科学文化知识和专业知识并有一定社会调查技能的人担任调查员。调查人员选择好以后，还必须根据调查的目的和要求对调查员进行必要的培训。培训的内容主要包括：思想和作风的培训；与调查课题有关的党和国家的方针政策的培训；与调查课题有关的专业知识的培训；社会调查研究方法的培训等。

3.联系调查单位

联系调查单位应该是调查活动的一部分，如果参加调查的人数比较多，规模比较大，则联系调查单位有必要成为组织管理工作的一部分。

由于组织具有较高的权威性和可信度，故由组织出面联系调查单位容易取得对方的支持与配合。组织出面联系调查单位可以通过下列途径进行：

(1)对口联系。即跟与调查内容有关的单位直接联系，这样做容易取得对方的支持与配合，效率较高，效果较好。如调查妇女问题找妇联，调查社会保障问题找民政局等。

(2)通过主管部门贯彻调查任务。这种做法是与我国现行政治体制与管理体制相适应的。基层单位都有主管部门，受主管部门的领导，因此，通过主管部门展开调查工作往往特别有效率。

(3)在组织联系的同时可恰当利用一些私人关系。同学、同事、同乡、老师、学生等私人关系可以成为联结组织之间关系的方便的可信赖的纽带，可以给组织之间的关系起补充作用，有利于社会调查的顺利进行。

4.筹措调查经费，提供后勤保障

"兵马未到，粮草先行。"在社会调查活动中，尤其在参加调查的人数较多的情况下，物质条件的准备十分重要。调查活动正式开始前，必须落实好调查活动所需经费，必须对交通、食宿等作好具体的安排。这些都是社会调查的组织管理工作所不可缺少的环节。

5.解决矛盾，协调关系

组织管理不仅体现在调查活动正式实施前，而且贯穿于调查活动的整个过程中。在调查活动的整个实施过程中，调查活动的组织者和领导者一方面必须及时处理调查者内部出现的各种矛盾与问题，协调调查者之间的关系，另一方面必须及时处理调查者与调查对象之间出现的各种矛盾与问题，协调调查者与调查对象之间的关系，只有协调好这两方面的关系，才能保证整个调查活动的顺利完成。

三、调查员必须具备的素质

要搞好社会调查，保证调查研究的质量，决不是轻而易举的事，它对调查人员的素质有较高的要求。

1.政治方向要坚定正确

社会调查的根本目的是为了正确地认识社会和有效地改造社会，为广大人民群众服务。因此，全心全意为人民服务，为我国社会主义现代化建设服务，是每一个调查人员必须把握的根本政治方向。

2.要有甘当小学生的精神

毛泽东曾反复强调，搞社会调查，"没有满腔的热忱，没有眼睛向下的决心，没有求知的渴望，没有放下臭架子、甘当小学生的精神，是一定不能做，也一定做不好的"。要搞好社会调查，应该深入到生产和工作第一线，深入到工人、农民、知识分子等普通群众中去，把群众当作先生，恭恭敬敬地向他们学习，使他们做到知无不言、言无不尽，这样才有可能调查到真实客观的情况，掌握第一手材料。

3.要有客观、公正的态度

在调查过程中，要一切从实际出发，客观地反映真实情况，坦率地面对实际问题。对上级领导，要敢说真话，决不察颜观色、见风使舵。在调查中，对自己要严格自律，既要勇于表明自己的观点，也要敢于修正自己的不正确看法；对所调查的事实，要如实描述，决不加油添醋；对所分析的问题，要客观公正，不要肯定一切或否定一切。

4.要有一定的科学文化知识和调查研究技能

社会调查是一项需要多学科知识和技能的活动，它要求调查人员要具备一定的知识水平、阅读能力、文字表达能力和计算能力。只有具备了这样的知识和技能，调查人员才能正确地理解调查提纲、表格、卡片和问卷上的内容；才能准确地记录调查过程中所获得的实际情况；也才能用简单的数学运算进行初步的统计分析。

对于社会调查的组织者和领导者来说，则要有较深厚的马克思主义哲学的基础，要掌握社会学和与社会调查课题有关的知识。在具体的调查工作中，调查的组织者和领导者还要对党和国家的有关路线、方针、政策、法律、法规等，有比较全面深刻的理解；对与调查课题有关的情况有更多更深入的了解；对社会调查的相关理论和方法，有较强的灵活运用能力。

5.要有吃苦耐劳的精神

社会调查是一项相当艰苦的工作，没有吃苦耐劳的精神，是不可能取得成功的。尤其是在农村做实地调查，经常要翻山越岭，走村串户，有时还要顶风冒雨、忍饥挨饿。遇到的困难有时是难以想象的。因此，要求调查人员要有不怕吃苦的精神，才能在艰苦恶劣的环境中做好调查工作。

6.要具备一定的社会经验和实际工作经验

社会调查是一项群众性的工作，它要求每一位调查人员都应该有一定的社会经验，对民情、民风、民俗、民心、民意要有相当的了解。同时还要有一定的工作经验，包括人际交往的经验、灵活处理问题的经验和实地观察的经验。对于社会调查的领导者和组织者来说，还必须具有一定的组织能力和管理经验。

总而言之，一个合格的调查人员，必须在品德、知识技能和体力三方面都符合一定的条件。调查人员素质的好坏，将直接影响调查工作能否顺利地进行。

相关链接

浙江农村农民媒介接触状况调查报告

我国是一个传统的农业大国，农村人口占全国总人口的80%左右。构建社会主义和谐社会，建设社会主义新农村必须发展现代农业，而发展现代农业最终要靠有文化、懂技术、会经营的新型农民。传统媒介和新兴媒介则是培养新型农民的有效载体。为了了解农村农民和外来进城务工农民使用媒介、接受信息以及农民文化水平和媒介素养等状况，为传媒业发展和新农村建设提供决策参考，我们于2007年1月至2月利用寒假，历时2个月对浙江省海宁市伊桥镇、杭州淳安县左口乡、丽水百山祖乡、宁波象山县石浦镇、鄞州区邱隘镇、慈溪市白沙和浒山街道等6个市县的农村进行农民媒介接触状况问卷调查。

本次调查共发放问卷600份，回收有效问卷578份，有效问卷回收率为96.3%。被调查者的各项比例为：男性48.5%，女性51.5%；小学及以下23.8%，初中23.7%，高中及中专25.8%，大专15.6%，本科及以上11.1%；农业生产者22.6%，企业职工(进城务工农民)24.2%，乡镇干部、党政机关工作者15.2%，个体经营者企业管理者(包括私营企业主及企业中的领导、管理层人员)14.9%，农村各类在校学生14.8%，其他职业8.3%。另外，我们还对海宁市伊桥镇金龙村、宁波市象山县金鸡山村等5个行政村的部分村干部和12位村民进行面对面访谈，以保证问卷调查的客观性和可信性。

一、农民阶级发生新变化

本次调查选择了浙江省有代表性的经济较发达的6个县市农村作为调查对象。我们是以户为单位进行调查的，在我们回收的578份问卷中，问卷的填写者以家庭中的主要劳动力和学生为主。通过调查发现，新形势下农民阶级结构发生了新的变化。其中，在职业一项中，以务农为家庭主要收入的占到22.6%，企业职工(包括进城务工农民)占到24.2%，乡镇干部、党政机关工作者占到15.2%，个体经营者、企业管理者(包括私营企业主及企业中管理层人员)占到14.9%，农村各类在校学生占到14.8%，其他职业占到8.3%。

综上所述，传统意义上的单纯从事农业生产的农民只占到农村总人口的1/5，而企业职工、个体经营者、知识分子等新型农民占到了农村总人口的4/5。

据了解，发生这种变化的原因主要表现在以下几个方面。第一，浙江省民营企业十分发达，工业化和城镇化的进程迅速，农村的经济主体已经不仅仅是农业。大量企业的创办吸收了大批富余劳动力。

第二，随着“科教兴国”政策在农村的落实，农民的素质有了一定的提高，其中包括文化素质、科技素质、人文素质等。对科技知识和经营理念的掌握，拓宽了农民的收入渠道。

第三，农村可耕地面积的减少，农产品产出不高使得大量的农民寻求新的致富道路。

第四，国家对农村的政策放宽，农民的自主权加大。

二、农民媒介接触率：电视最高，占84.7%；广播最低，占11.3%

根据调查走访，我们了解到农民每周平均接触最多的媒介是电视，最少的是广播(见图一)。

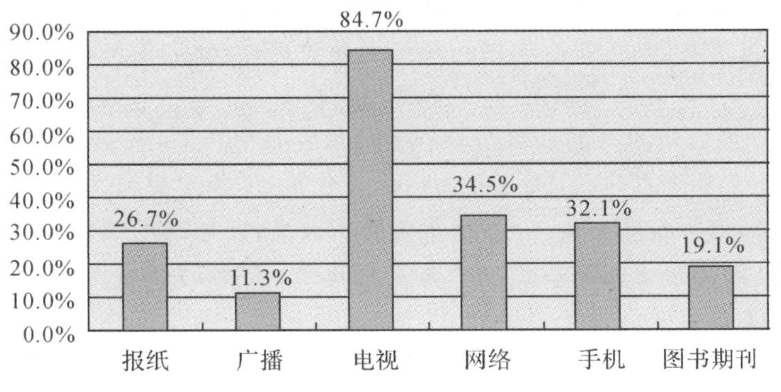

图一　农民接触各类媒介的情况

农民每周接触媒介的顺序，依次是电视、网络、手机、报纸、图书、期刊、广播。同时，在被访问者中，居住在农村的各类学生表示平时接触的媒介是手机、网络和电视为主；企业职工接触较多的媒介主要是电视、报纸；乡镇干部主要接触的是报纸、图书、期刊、网络等；个体私营业主较多接触手机、电视等；而单纯从事农业生产的农民接触最多的媒介是电视和广播。

电视在农民接触的媒介比例中居于首位，占84.7%。我们在调查中发现，农村家庭中拥有黑白电视机的占27.8%，彩色电视机的占88.9%，其中拥有一台电视机的家庭21.2%。拥有两台或两台以上电视机的家庭有78.8%。一些被访问者在下班、放学或在家休息时首选电视，是因为它娱乐性大，内容丰富，接受信息自主权较高，通过视觉、听觉可以满足多方面的需求(具体见表一)。

表一　农民接触电视媒介的主要目的

看电视的主要目的	所占百分比
了解新闻时事	61.2%
娱乐消遣,消磨时光	51.7%
增长见识,提高个人修养	41.9%
了解农村政策,获取致富信息	23.3%
了解农技知识或其他知识	20.0%
其他	5.0%

农民接触媒介比例居第二位的是网络,占34.5%。随着网络技术的快速发展,电脑网络被越来越多的人所需要,人们通过网络获取各种信息,或是浏览新闻,或是发布消息,或是娱乐休闲。经过调查和访谈,我们了解到目前农村电脑拥有量不太高,目前农民家庭中已安装电脑的占45.6%,而其中可以上网的仅为37.9%。经常使用电脑网络的农民年龄主要集中在15至45岁之间,他们上网的场所也主要是在网吧,或是在他们的工作单位,其中原因主要有三点:农民因居住分散,网络线路安装不方便;上网费用太高;文化程度偏低。

农民接触媒介比例居第三位的是手机媒介,占32.1%。据统计资料显示,到2006年底我国手机用户已达4.32亿户,并且这一数字还在持续增长。以手机移动终端为载体的手机短信等作为新的传递信息的媒介,因其使用的便利性和移动特征很快赢得了大众的亲睐,也成为农民日常生活、工作、娱乐中不可缺少的媒介之一。居住在农村的各类学生与个体私营业主,更是手机用户中的一个庞大群体。

农民接触媒介比例居第四位的是报纸,占26.7%。报纸作为传统媒介的代表,一直以来就在人们的生活中扮演着重要的角色,是政策宣传、舆论导向、社会监督的重要形式。由于电视、网络等媒介的迅速发展和人们工作繁忙等因素,报纸在生活的位置已经逐渐被电视、网络、手机等新媒介赶超。在农村,农民反映订阅报纸不方便,另外由于年轻人外出打工、老年人在家务农,使得报纸在农村家庭的订阅比例相对较低,他们主要阅读其乡村和企业等工作单位订阅的报纸。

农民接触媒介比例居第五位的是图书、期刊,占19.1%。在访谈交流中,我们了解到他们很少阅读图书、期刊,其中原因主要有以下几点:一是由于工作原因,没有太多空余时间阅读;二是图书、期刊的价格普遍偏高,对农民而言这类支出能省则省;三是农民的文化水平较低,在休闲时间他们通常会以玩麻将和打牌来度过;四是农村文化设施不完善,如村里没有图书馆、阅览室等文化设施，即使有图书馆和阅览室，但其图书、期刊等种类太少，更新不及时等。

农民接触媒介比例居最后一位的是广播，仅占11.3%。作为典型的传统媒介，广播曾经是农村家庭广泛使用的媒介，但在新形势下，由于传播、接收等多种原因，农村广播在新农村建设、培养新型农民中的作用没有得到很好发挥，这一问题值得深思。

三、农民接触各种媒介的目的

（一）广播：获取信息，消遣娱乐

在接触广播媒介的农民中，其目的较为集中，主要是获取信息、休闲娱乐、学习知识、消磨时间。其中，休闲娱乐所占的比例最大，为77.2%，而获取信息为57.4%，学习知识为45.3%，消磨时间为19.8%。从以上数据可以看出，农民收听广播的首要目的是休闲娱乐，而获取信息则成为第二选择。

农民收听广播节目的类型，收听新闻节目比例最高，为75.2%。另外，经济信息节目为27.6%，科普常识节目为25.5%，法制节目为14.1%，广播剧为23.7%，歌曲戏曲节目为41.8%，农业技术节目为10.3%，谈心节目为11.2%，医药讲座节目为5.7%，交通节目为4.7 %，其他为1.2%。

在收听时间上，早上收听广播节目的农民占调查总人数的29.9%，中午为17.5%，傍晚为28.6%，睡觉前为27.9%。因此，农民在中午收听广播的时间是最少的，其余时间差别不大。

（二）报纸：关注社会，民生新闻

农民在选择通过何种方式阅读报刊时，单位订阅成为他们的首选，为34.4%；其次是私人订阅和报摊零售，分别为28.2%和23.6%；借阅和在村图书阅览室所选人数最少，分别为15.8%和3.7%。我们了解到，农民中大部分为企业职工，还有较多的学生和乡镇干部，他们因为日常工作学习较忙，所在单位或学校已经订阅了报纸，又由于农村购买报纸不方便和少有订阅报纸的习惯，所以现在许多农民一般会选择在单位阅读报纸。

在所阅读的报刊中，农民喜欢阅读的报纸依次为晚报、都市类报纸、党报和其他报纸，其中，他们接触最多的报纸是《钱江晚报》，占61.4%；其次是《都市快报》，占43.7%；再次是《浙江日报》，37.9%，《人民日报》，19.3%（具体见表二）。

表二　农民阅读各类报纸的情况

报纸	人民日报	农民日报	钱江晚报	浙江日报	都市快报	南方周末	其他
比率	19.3%	8.3%	61.4%	37.9%	43.7%	5.2%	12.1%

从上述农民选择阅读的报刊比率中可以看出，像《钱江晚报》、《都市快报》这种都市类晚报，比较受广大农民的欢迎，这与报刊的读者对象定位是有关的。调查发现，大部分农民平时在选择报纸时，主要会考虑其内容的真实、贴近程度和休闲娱乐程度。他们认为这类报纸所报道的新闻和所提供的信息与自身的生活工作关系比较密切，可以了解社会的最新变化；在范围的选择上，他们会偏向于选择与自己所在居住地较贴近的地域性报纸，以海宁为例，当地农民比较偏向阅读《南湖晚报》、《海宁日报》、《都市快报》等。

在新农村建设的宣传中，农民也时刻关心报纸上对于新农村建设的报道，因此他们也会选择《浙江日报》和本地的党报来阅读，了解政府在新农村建设中的方针政策。另外，一些农民也选择阅读其他报纸，如《上海一周》、《申江服务导报》、《青年时报》以及娱乐报纸等。

(三)电视:首先是电视剧，其次是新闻，第三是天气预报

农民在收看电视的过程中，收看最多的是电视剧和新闻节目。其中，电视剧的收视率最高，为64.6%；其次是新闻节目57.4%，娱乐综艺节目33.2%，天气预报44.7%，体育节目19.3%，专题节目11.3%，农村和农业节目15.7%，戏剧电影节目14.5%，生活服务节目5.6%，法制节目29.8%，教育节目12.8%，其他类节目7.7%。

电视是农民平时接触最多的媒介。我们了解到电视对于农民而言，除了获取信息以外，更有休闲娱乐的作用，而选择电视剧是因为它的故事性、连续性和贴近性等。对于从事有种植、养殖业的农民来说，天气的变化也是他们最为关心的，因此天气预报也成为农民较多收看的节目。

(四)网络:获取新闻的主要途径之一

他们在选择上网目的时，认为主要是获取新闻信息的为64.7%，其次是获取农技知识46.2%，消遣娱乐57.5%，满足好奇23.8%。

网络技术的快速发展，以及教育水平的逐渐提高，令会上网的农民越来越多，他们通过使用电脑，获取最新的新闻、信息，提高自身素质，同时也在一定程度上利用网络作为增加收入的一种途径。

(五)手机:通讯、娱乐为主，“手机报”应加强宣传

手机，作为一种通讯工具，它的便利性和可移动特征在进入人们生活的同时，也改变着人们的日常生活方式，随着手机报纸的出现，手机以“第五媒介”的姿态进入人们的视野。

现在，农民生活水平不断提高，而技术的快速发展也使手机价格逐渐降低，手机的拥有量达到92.4%，其中大多数人曾有过收到手机骚扰短信的经历，但

只有25.3%的人听说或正在使用手机报纸。这也是手机报纸在发展过程应该加强宣传的原因之一。

另外,很多被访问者表示,他们都有过收到骚扰短信的经历,其中包括广告、色情、传销等内容,而手机的服务商也会在未征得用户同意的情况下自动为其开通某项短信信息服务。这些也是手机作为第五媒介在发展过程中应注意的方面,有关部门也应加强监督和管理。

四、CCTV-7的涉农节目需要改进,媒介广告受人排斥

尽管目前农民能接触到的媒介类型越来越多,而电视仍是农民接触率最高的媒介,在农民的日常生活中扮演了重要的角色。因此,电视传播中存在的问题不容忽视。

调查中我们发现了一个奇怪的现象,即专门为农民朋友开办的涉农栏目(如CCTV-7的涉农节目)受到了农民受众的"冷落"(具体见表三)。

表三　农民收看CCTV-7的情况

您喜欢收看CCTV-7吗	百分比%
喜欢	32.2
不喜欢	43.2
没看过	20.8
未选	3.8

数据显示,能接收到CCTV-7(中央电视农业频道)的家庭占到90.8%,但是表示喜欢收看这个频道的只占到32.2%,而近半(43.2%)的被调查者表示不喜欢收看这个频道,20.8%的被调查者表示根本没收看过这个频道。另外,大多数人表示没看过甚至没有听说过中央电视台农业频道的"聚焦三农"、"科技苑"、"生活567"等金牌涉农栏目。这些现象表明,虽然近年来媒介加大了对"三农"问题的关注度,但是其主观愿望和所达到的客观效果还是有很大的出入(具体见图二、图三)。

访谈中我们了解到,造成这一现象的原因主要有以下几个方面。

首先,电视在浙江农村已经得到了普及,一个家庭一般能接收到30个左右的电视频道,数量较多,而涉农栏目只能接收到一个,即CCTV-7,这在电视节目播出的比例中显得微不足道,而且针对性不够强,社会影响力也不够。

其次,在电视为了经济效益而片面追求收视率和广告收入的大背景下,涉农节目内容的制作没有完全满足农民的需要。现在大多数的涉农节目都是仅

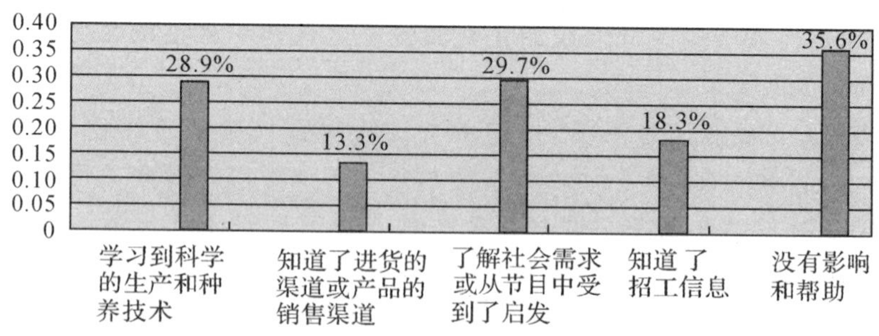

图二　涉农栏目对农民的影响和帮助

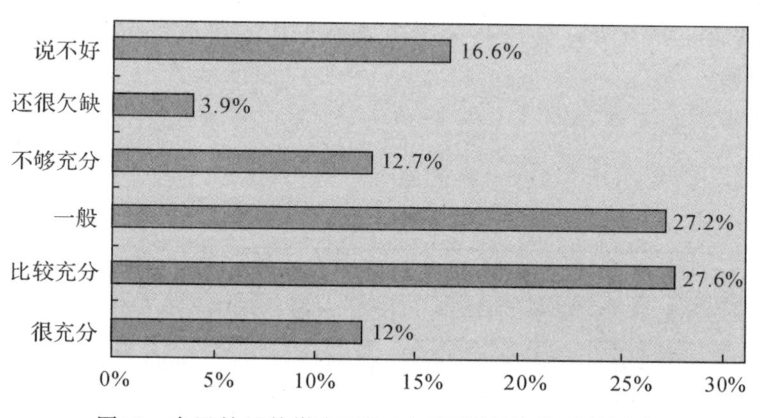

图三　农民就目前媒介对“三农”问题关注状况的评价

仅从经济角度上考虑，传播致富信息，传授致富技术。只有不到20%的受众表示经常收看农村和农业节目。在随后的访谈中，一位来自四川的务工农民告诉我们，他最希望媒体能多关注留守儿童问题及外来民工子女就学等问题。

再次，浙江农村地区随着工业和第三产业的发展，农业已经不是农村的主要经济活动，许多农民已经不是传统意义上单纯从事农业生产的农民。因此，有关农业活动的信息与浙江农村大多数受众的经济活动的相关度大大降低，只对少数如养殖户或种植户有较大意义。

第四，我国农民的消费习惯阻碍了涉农栏目的发展。中国大部分农村的农民在购买消费品时会受广告的影响不大。一位养鹅户就表示他们选购饲料一般是通过同行、饲料销售者的推荐或是专业书籍的介绍，而媒介广告的影响并不大。

根据数据统计显示，大多数受众对狂轰烂炸的电视广告都持有排斥心理(见表四)。

表四 农民对新闻媒介广告的态度

对新闻媒介广告的态度	百分比%
广告数量太多	72.7
多数广告都是“王婆卖瓜，自卖自夸”	69.1
好的广告给人以美的享受	38.8
广告信息对生产和经营没有多少作用	27.4
广告引导了人们的合理消费	16.8
广告信息对生产和经营有相当大的作用	13.9

在“谈谈对当前农村报纸、广播、电视等媒介传播的意见和建议”这一开放题中，近3成的被受访者都表示目前新闻媒介广告太多，希望减少虚假广告的数量。电视方面，农民对于节目中随意插播的广告，认为其数量太多并连续重复播放，而且很多广告存在虚假欺骗内容，并误导消费者进行盲目性的购买。据统计，农民排斥广告的原因主要是其太多、太滥、太假。以上现象表明新闻媒介要在农村的发展进程中必须解决好广告宣传问题。

五、本次调查的问题思考与建议

一是媒介在农村有广阔的市场信息空间，不是农村没有受众，农民不愿读书看报收听广播等，而是如何让他们订得起，收得到，听得明，用得上。

二是要形成政府加大投入、社会力量支持、农民积极参与的多元化农村媒介发展、使用投入保障机制。

三是转变“重城市、轻农村”观念，多出版发行、报道农村和进城务工农民需要的文化产品和节目。

四是“农家书屋”等农村文化基础设施建设应重点破解建设标准、资金、管理体制、恒久发展等问题。

五是手机短信和网络在培养新型农民中的作用日益明显，在技术、内容上能“又好又快”地促进农村报刊图书出版发行。

六是媒介在农村的传播中要从农民的实际需要出发，贴近农民的实际生活，真正起到服务“三农”、构建和谐社会的作用。

七是加强广播、电视等媒介在农村的覆盖率，增强农业刊物在村级基层的订阅率，有条件的可免费向农民发放一些农业刊物。根据农民的实际需要，提高对农节目的趣味性、实用性、贴近性。

八是要切实加强对媒介广告的监督和管理，减少虚假违法广告的数量，提高广告的质量，使广告能真正服务于“三农”。

（作者：黄奇杰、余丹、王超男、顾丹清）

本章小结

1. 社会调查过程大体可以分为准备、调查、研究、总结等四个阶段。

2. 社会调查课题是对特定领域经过精心选择的所要说明和解决的问题。选题应该依据重要性、创造性、可行性、合适性等标准。

3. 社会调查的组织主要包括设计调查总体方案、组建社会调查队伍等工作。

4. 调查总体方案是整个社会调查工作的行动纲领，是保证社会调查顺利进行的重要前提。调查总体方案的内容是：确定调查目标、选择调查单位、选择调查方法、使用调查工具、组织调查人员、筹措调查经费、安排调查时间、安排其他有关工作等。

5. 调查人员应具有坚定正确的政治方向、有甘当小学生的精神、有客观、公正的态度、有一定的科学文化知识、调查研究技能、有吃苦耐劳的精神、有一定的社会经验和实际工作经验等素质。

思考与训练

1. 社会调查选择课题的意义表现在哪些方面？
2. 社会调查研究课题分哪几种类型？
3. 制定调查总体方案必须遵循哪些基本原则。
4. 请结合社会调查实践活动，谈谈社会调查对调研人员的素质要求。

推荐读物

董广安、纪元：《中国高级记者成名作透视（通讯卷）》，河南人民出版社 2003 年版

边燕杰：《市场转型与社会分层：美国社会学者分析中国》，北京三联书店 2002 年版

第四章　抽样调查与问卷设计

导入语

"知己知彼,百战不殆。"——孙子

本章要点

抽样调查是指从被调查对象总体中,按照一定的方法抽取一部分对象作为样本进行调查分析,以此推论全体被调查对象状况的一种调查方式。它适用于市场调查、民意调查、普查后复查等。抽样调查分为两大类:随机抽样和非随机抽样。

问卷作为社会调查活动中一种中介物,在社会调查过程中占有十分重要的地位。所有问卷的结构一般都包含封面信、指导语、问题、答案、编码等部分。问卷的回收率是影响问卷调查质量的一个关键问题。

第一节　抽样调查

一、抽样调查的涵义

抽样调查是指从被调查对象总体中,按照一定的方法抽取一部分对象作为样本进行调查分析,以此推论全体被调查对象状况的一种调查方式。

抽样调查中被调查对象的全部单位总和,称为总体或母体。总体可分为有限总体和无限总体两种。有限总体是指在一定单位时间内有被调查对象一个确切数量,例如,要研究某一城市农民工生活状况,虽然农民工较多,但总是有限的。人们称这种总体为有限总体。而火车站、汽车站来往客流量,很难有一个确切数量,即使观察若干个单位时间,其数量也很可能各不相同,这样的总体被称为无限总体。

从总体全部单位中抽取出来进行调查的部分单位叫样本。例如,从某高校20000名大学生中抽取600名进行大学生媒介接触状况调查,这600名学生就是样本。它代表着某高校20000名大学生这一总体。

抽样调查的目的,是从全部单位中抽取部分单位加以调查分析,根据调查所得的样本资料估计和推断被调查对象的总体特征。抽样调查虽然不是一种全面调查,但却可以起到全面调查的作用。

二、抽样调查的特点

(一)它以足够数量的调查单位组成"样本"来代表和说明总体

这一特点使它既区别于普查,也区别于典型调查。抽样调查既不需要对全体调查对象展开调查,也不是用个别单位来代表总体。它是通过数目有限、能够代表总体的样本的调查,对总体的状况作出推断。抽样调查所依据的是概率论原理,所谓"概率",就是某种事件在同一条件下发生的可能性大小的量。在抽样调查总体中,被抽作"样本"的个别单位虽然各有差异,但当抽取的样本单位数足够多时,"样本"的平均数会接近总体平均数,以部分可以说明总体。

(二)按随机原则抽取调查单位

这是抽样调查最主要的特点。所谓随机原则,即同等可能性原则,是指在抽取调查对象进行调研时,完全排除人们主观意义上的选择,在全体被调查对象中,每一个对象被抽取的机会是均等的。严格遵守抽样的随机原则,才能使得样本对总体具有必要的和充分的代表性,不致出现倾向性误差。

(三)以样本推断总体的误差可以事先计算并加以控制

抽样误差是指用样本统计值推算总体参数时存在的偏差。任何调查研究都不可避免地会出现误差,抽样调查也是如此,它的准确性是相对而言的。但是,它的抽样误差可以事先计算出来,并可以通过调整样本数和组织形式来控制误差大小,因而在推及总体时,也就可以知道总体数据是在怎样的一个精确度范围之内,从而使调查研究的准确程度比较有把握。这是其他调查所做不到的。

(四)节省人力、物力和时间

抽样调查的单位在总体中所占的比重,通常最大不超过三分之一,而在一些大的总体中,有时只有百分之几甚至千分之几。调查单位少,使调查收集和综合样本资料工作量小,提供资料快,结论具有时效性。总之,抽样调查比起普查，需要的调查人员少，费用低，可以大大节省人力、物力、财力和时间。

三、抽样调查的应用

抽样调查在现代社会调查中，是一种应用最广泛、最有科学根据的调查方法，它适用于市场调查、民意调查、普查后复查等。具体地说，抽样调查主要适用于以下几种情况：

(一)总体范围较大，调查对象较多

因为只有在总体单位数量相当大、抽取的样本单位足够多的情况下，抽取的样本平均数才接近总体平均数。比如，对全国大中城市农民工生活水平调查，因范围广、人数多，一般使用抽样调查法来进行分析。

(二)实际工作中，不可能进行全面调查，而又需要了解其全面情况的调查

有的产品质量检查对产品具有破坏性或损耗性，如对电灯泡的寿命、药品的成份、轮胎的行程等进行检验，只能从所有产品中抽取一定样本进行检验，抽样的单位数以尽可能少为好。

(三)虽可以但不必要进行全面调查的事物

许多社会现象的单位数是有限的，可以对其进行全面调查。但是，进行全面调查，常常需要花费大量的人力、物力和财力。采用抽样调查，可以取得事半功倍的良好效果。比如，对城乡居民收支情况调查，市场购买力调查，居民消费倾向调查，人口流动调查等，通过抽样调查都可以取得接近实际的全面资料。

(四)对普查统计资料的质量进行检验、修正

由于普查的范围广、对象多，以及调查过程中种种因素的干扰，故普查结果难免有误差。普查的误差，在总体单位数目较多的情况下，难以确知，通常只能用抽样调查来测定。世界上所有国家在人口普查、工业普查、农业普查之后，都要对调查结果进行抽样分析，以确定普查误差。在许多情况下，可以把抽样调查与普查结合起来使用。

四、抽样调查的分类

按照抽样调查的理论依据和特点，抽样调查基本方法可以分为两类：随机抽样和非随机抽样。随机抽样又叫概率抽样，是按照概率理论来抽取样本的。它包括简单随机抽样、等距抽样、分层抽样和多级抽样。非随机抽样又叫非概率抽样，它是根据研究者个人的方便，以人的主观经验、设想有选择地抽取样本并进行调查的。非随机抽样的方式主要有判断抽样、偶遇抽样和定额抽样。

(一)随机抽样

1.简单随机抽样

简单随机抽样方法就是从调查总体中任意抽取预定的单位个数作为样本,通常采用的抽签、摇奖、投掷硬币等形式都属于这种抽样法。这种抽样方法严格遵守每个单位都有同等被抽中机会的随机原则。这种方法简便易行。但要求在总体单位数目不大、总体单位之间差异程度较小的情况下才能使用。否则,所抽取的样本可能缺乏代表性,抽样误差较大。如果在大范围内使用这种方法,抽取的样本分布有可能很分散,会给实际调查工作带来困难。

2.分层抽样

分层抽样又称分类抽样。它是把调查总体按一定的标准分为若干类型,然后从每一类中按照相同或不同的比例随机抽取样本。例如,调查农民媒介接触状况,可以划分为生活在农村单纯从事农业的传统农民和进城务工的产业农民工人;按媒介类别分,可以分为报纸、期刊、图书、广播、电视、网络、手机短信等。然后,在每个结构、每种类型中随机抽取若干农民、若干媒介进行调查。

分类的基本原则,一是要使每一类型内部的差异尽量缩小,而各类型之间的差异尽量增大。二是要有清楚的界限,在划分时不致发生混淆或遗漏。分类的具体做法又可以分为分类定比抽样和分类异比抽样。

(1)分类定比抽样。是指按各类型在总体中所占的比例,从各类型中随机抽取样本。例如,某高校一、二、三、四年级学生共20000人,其中四年级学生占35%,三年级学生占30%,二年级学生占20%,一年级学生占15%。要了解四个不同年级学生的媒介接触状况,分层抽样所用的样本比例应与上述比例相符,由此推论总体的特征才有意义。根据各类型的抽样比例,即可求得需要抽取的各类型的样本单位数:如要抽取1000人进行调查,一、二、三、四年级学生样本数目,应为1000×35%等于350人,1000×30%等于300人,1000×20%等于200人,1000×15%等于150人。

(2)分类异比抽样。是指当某个类型所包含的个案数在总体中所占比例太小,为了使该类型的特征能在样本中得到足够的反映,需要适当加大该类型在样本中所占的比例。例如,上例中若需充分了解一年级学生媒介接触状况,就可放宽抽样比例至20%。

3.系统抽样

系统抽样又称机械抽样或等距抽样。基本做法是在随机排列的对数总表(如学生点名册、电话号码簿等)中,任意选取一个样本,其他样本按一定间隔加以抽出即可。使用系统抽样时,调查总体的单位数不能太多。因为这种方法要有一个按某一标志排列的完整的花名册，如果总体单位数太大时就难于实施。

4.整群抽样

利用现成的集体，随机一群一群地抽取集体单位，由此推断总体的情况，这种抽样叫整群随机抽样，简称整群抽样。例如，要在某市范围内调查在校大学生的思想状况，可从若干学校中抽取若干班级作调查。由于调查的对象相对集中在一个群体中，所以调查起来方便，节省人力和物力。整群抽样的缺点在于样本分布过于集中，会降低其代表性。

5.多级抽样

多级抽样又称多阶段抽样。这是在调查对象数目庞大、分布很广的大规模调查中经常采用的方法，就是把抽取样本单位的过程分为两个或两个以上的阶段进行。如抽样调查某市居民户生活状况，可按区——街道——居委会——居民户的顺序，分四个阶段抽样。第一阶段，从全市所有的区中抽出若干个区。第二阶段，从已抽出的区中抽出若干个街道。第三阶段，从已抽出的街道中抽出若干个居委会。第四阶段，从已抽出的居委会中抽出若干个居民户。每一阶段都必须严格按随机原则抽取样本。这里总共有四个抽选阶段，就叫做四阶段抽样。其中前三个阶段是过渡性的，只有第四个阶段才能抽到调查单位。

多级抽样方法的优点：一是抽样前不需要总体各单位的完整名单，各阶段的名单数较小，故抽样工作比较简便易行。二是使用这种方法抽出的样本相对集中，便于调查的组织和调查工作的展开，节省人力、物力、财力和时间。多级抽样法的不足之处：由于每个阶段都有产生误差的可能，经多阶段抽样得到的样本，出现误差的可能性也相应增大。

(二)非随机抽样

非随机抽样，又称非概率抽样，它是指根据研究者个人的方便或以个人的主观经验、设想有选择地抽取样本的方法。非随机抽样的方法主要有四种。

1.判断抽样

判断抽样又称目的抽样，是由调查者根据主观判断来选取样本，凡总体中具有代表性的单位都可作为样本，个别单位被抽取的概率无法确定，因此其抽样结果的精确度也无法判断。这种抽样的准确程度取决于调查者对调查对象的了解程度以及调查者的判断能力。如果调查者具备相应的能力，则判断抽样可望有代表性，因而有利用价值；反之，样本可能会出现各种偏差。

2.偶遇抽样

偶遇抽样又称任意抽样，即指调查者根据其方便，任意抽选样本。调查者可在车站附近、办公楼前、街道路口等公共场所访问群众，取得资料。采用这种方法，调查者所遇到的每一个分子都有可能成为样本。可以由同一个人在不同地点使用，也可以由不同的人在同一地点使用。这种方法简便灵活，是进行市场调查和民意测验时最常用的一种较好方法。它的缺点是样本的代表性差，有较大的偶然性。

3. 滚雪球抽样

这种方法是找出少数个体，通过这些个体了解更多的个体。就像滚雪球一样，了解的个体越来越多，越来越接近于总体，便可以在不清楚总体的情况下了解总体。使用这种方法的前提是个体之间应具有一定的联系。如果个体之间缺乏联系，那就缺乏滚雪球的依据。

4. 定额抽样

定额抽样又称配额抽样，是由调查者事先按照一定的标准，从符合标准的调查单位中随意地抽取样本单位进行调查。例如，某高校教师的学历分布为：博士、硕士研究生、大学本科生分别占教师总数的30%、45%、25%。如果要对这个学校不同学历的教师的工作业绩进行定额抽样调查，当样本总数为50人时，样本分配如下：博士研究生15人，硕士研究生22人，大学本科生13人。依此，调查者可根据方便与可能，按上述四类人员的样本数额展开调查。定额抽样可以以一个标准配额，也可以以几个标准配额。例如，在上例中，除按学历配额外，还可以年龄、性别等标准配额。

定额抽样简便易行，快速灵活，在民意测验、市场调查中经常使用。由于这种方法在抽样前将总体各单位作了分类，故其样本的代表性比简单的判断抽样要大些。定额抽样并不遵循随机的原则，主要凭调查人员的主观能力，故其结论用来推算总体指标的代表性不强。

五、抽样调查的步骤

1. 界定总体

界定总体就是在具体抽样前，事先对从中抽取的样本的总体范围与界限作出明确的界定。这是由抽样调查的目的所决定的。抽样调查虽然只对总体中的部分个体实施调查，但其目的是为了描述与认识总体的状况与特征，以发现总体中存在的规律性，所以必须事先明确总体的范围；同时，界定总体也是达到良好抽样效果的前提条件。只有明确界定总体的范围与界限，才能抽出对总体有代表性的样本来。

2. 选择适当的抽样方法

抽样方法可分为随机抽样法和非随机抽样法。调查者可根据调查目的和要求，结合要调查的总体情况，选取不同的抽样方法。

3.制定抽样框

抽样单位是总体中每一个最基本抽样对象。在一个总体中,各个抽样单位必须互不重迭并且能合成总体。制定抽样框就是依据已经明确界定的总体范围,收集总体中全部抽样单位的名单,并通过对名单进行统一编号,建立起供抽样使用的抽样框。一个完整的抽样单位一览表叫做抽样框。样本是从抽样框架中抽取出来的。

4.确定样本大小

样本大小是指样本中含有单位的多少。确定抽取多少样本,是一个非常重要的问题。抽样数目过多,就会多花人力、物力、财力,造成浪费;抽样数目过少,又会使调查结果发生较大的误差,不能保证样本对总体的代表性,也就不能对总体作出正确的推论。确定样本大小需考虑的因素主要有:

(1)调查总体的规模大小。一般来说,调查总体的规模越大,所需样本数量就越多。

(2)调查总体内部的差异程度。总体内各单位的差异程度较大的,样本数量应多一些;反之,样本数量就可少一些。

(3)对调查结果的可信度与精确度的要求。要想使调查结果有较高的可信度(把握程度)和较小的偏差度,样本数量应多一些;反之,则可少些。总之,在确保样本数能足够代表总体的前提下,应以选择较小样本容量为宜。

5.评估样本质量

抽出样本并不是抽样过程的结束,完整的抽样过程还包括对抽出的样本进行评估工作。样本评估就是对样本的质量、代表性、偏差等进行初步的检验和衡量,其目的是防止由于样本的偏差过大而导致调查的失误。评估样本的基本方法是将可得到的反映总体某些重要特征及其分布资料与样本中同类指标资料进行对比。如果两者之间差距很小,则可以认为样本的质量较高,代表性较大;否则,则相反。例如,如果从一所有2万名学生的大学中抽取400名学生作为样本,学校统计数据:全校男生占学生总数60%,女生占40%;本省学生占65%,外省占35%。如果所抽取的400名学生样本的性别和生源指标与学校统计数据的差距比例在10%以内,说明样本的质量和代表性比较高。

6.整理样本资料

通过抽样调查,获取到样本资料后,应着手进行审查、整理、分析,通过电子计算机进行编码整理,运用数理统计手段来分析样本资料,进而推断总体,形成调研成果。

第二节 问卷设计

抽样调查得到的反映社会现象的真实资料，一般是以问卷作为工具从被调查者那里获取的。作为社会调查活动中一种中介物——问卷，其质量好坏，直接影响到调查资料的真实性、适用性，影响到问卷的回收率，进而影响到整个调查的结果。同时，社会调查中所涉及的问题必须事前周密谋划好，一旦问卷发出，就难以更改和补救。所以，问卷设计在社会调查过程中占有十分重要的地位。

一、问卷的涵义与结构

（一）问卷是一种中介物

问卷是社会调查中用来收集资料的一种工具。它在形式上是一份精心设计的问题表格，其用途是用来收集有关社会现象和人们社会行为的各种资料。

由于社会调查中调查的目的、调查内容、调查方式各不相同，使用的问卷也存在差异。按照问卷填写方式，可以把问卷分为自填式问卷和访问式问卷两种不同类型。

自填式问卷，是由调查机构或者调查人员送发或邮寄给被调查者，由被调查者自己填写的问卷。自填式问卷按照问卷的不同传递方式，可分为报刊问卷、邮政问卷和送发问卷。报刊问卷是将问卷刊登在报刊上，随着报刊发行传递到读者手中，请读者书面回答报刊问卷并在规定时间邮寄或传真给调查机构。邮政问卷是通过邮局、报刊发行公司将印制的“调查问卷”邮寄或者投送给被调查者，请被调查者按问题回答，并在规定时间邮寄或传真给调查机构。送发问卷是调查机构派人或者调查者本人将问卷直接送给被调查者，由被调查者当面填写后，交调查者当场收回。

访问式问卷，是由调查员按照问卷向被调查者提问，并根据被调查者的回答进行填写的问卷。自填式问卷和访问式问卷在设计程序、设计原则、内容与结构等方面都是相似的，只是在设计方法与使用方法上有一定差别。

（二）问卷的结构

所有问卷的结构一般都包含封面信、指导语、问题、答案、编码等部分。

1. 封面信

封面信是一封给被调查者的短信，主要是向被调查者介绍和说明调查的目的、调查单位或调查者的身份、调查的内容、调查的目的和意义、调查对象的选取方法和对结果保密的措施等。

封面信的语言要简明扼要、谦虚朴实，篇幅短小，一般以二三百字为宜。封面信应该包含以下几方面的内容。

(1)“我是谁。”即说明调查机构或者调查者的身份，比如“我们是浙江万里学院在校学生，为了……”调查机构或者调查者的身份也可以通过落款来说明，比如落款为“浙江万里学院《大学生自主创业》调查组”。但是，落款不能只写“大学生自主创业调查组”，必须注明具体单位，最好能附上单位的地址、电话号码和联系人姓名等，以便消除被调查者的疑虑，体现调查的正式性。

(2)“调查什么。”即要说明调查的内容。对调查内容的说明既不能过于详细，也不能含糊其词或避而不谈，通常的做法是用一两句话概括地指出其内容的大致范围。比如，“我们这次调查主要想了解大学生对自主创业的看法及其现状”等。

(3)“为什么调查。”即要说明调查的主要目的。说明调查的目的时应强调全局性和贴近性，尽可能说明其对于整个社会，尤其是对于包括被调查者在内的群众的实际意义。比如，“我们这次调查主要想了解大学生对自主创业的看法及其现状，目的是为政府部门制定有关政策和学校根据市场需求办学提供科学依据”。

(4)“如何调查。”为了消除被调查者的戒心，争取被调查者的合作，应该在封面信中简要说明调查对象的选取方法和对调查结果保密的措施。比如，“我们按照科学的方法挑选了一部分大学生作为代表，您是其中一位。本调查以不记名方式进行，根据国家统计法，我们将对统计资料保密，所有个人资料均以统计方式出现。本次调查不用填写姓名和单位，答案无对错之分，请您不必有任何顾虑”。

封面信的结尾处，一定要真诚地感谢被调查者的合作与帮助等，并署上调查机构、课题调查组的名称以及日期。

下面是一份实际调查问卷的封面信。

宁波市民营企业职工媒介接触状况调查问卷

尊敬的职工朋友：

您好！我们是浙江万里学院文化与传播学院新闻系2003级学生，为了全面地了解宁波市民营企业职工接触媒介信息的情况，我们结合《社会调查与分析》课程教学开展这次问卷调查，希望能得到您的支持和帮助。

这次调查的目的，是要切实了解民营企业职工接触媒介状况，为有关单位更好地丰富广大职工精神文化生活提供合理化建议。

本次调查严格按照国家统计法规的要求进行，不用填写姓名，所有回答只用于统计分析，对于您的答案我们一定会保密。您只需要根据自己的实际情况，在这份调查表每个问题所给的答案中选择合适的打“√”即可，或者在____中填上适当内容。占用了您的宝贵时间，向您致以诚挚的谢意。

祝您身体健康、工作顺利！

浙江万里学院文化与传播学院

《宁波市民营企业职工媒介接触状况》调查组

2005年6月6日

地址：浙江万里学院文化与传播学院

电话：0574—88222025　邮编：315100

2. 指导语

指导语是指用来指导被调查者填答问卷的解释和说明，也称“填表说明”，其作用是对填表的方法、要求、注意事项等作一个总的说明。有些问卷的填答方法比较简单，指导语很少，常常只在封面信中用一两句话说明即可。有些指导语则集中在封面信之后，并标有“填表说明”的标题，下面是一份社会调查的“填表说明”。

填表说明

①请在每一个问题后适合您自己的情况和想法的答案号码上划上“√”，或者在____中填上适当的内容。

②问卷每页右边的数码及短横线是供计算机用的，您不必填写。

③若无特殊说明，每一个问题只能选择一个答案。

④填写问卷时，请不要与他人商量。

另外，有些指导语则分散在某些较复杂的调查问题后面，对填答要求、方式和方法进行说明。

3. 问题与答案

问题与答案是问卷的核心内容。调查问卷中的问题形式，可分为开放式问题与封闭式问题两种。

(1)开放式问题。就是那种对问题的回答不提供任何具体的答案,而由调查者根据自己的情况自由填答案。简而言之,就是只提问题不给答案。例如:

"请您谈谈对当前农村文化建设的意见和建议?答:＿＿＿＿＿＿＿＿＿＿"。

开放式问题的优点是灵活性较大、适应性较强,有利于被调查者充分发表自己的意见。因而,所得资料丰富生动。其不足之处是,由于被调查者文字表达能力、学识水平、阅历等局限,容易出现答非所问、不准确、无价值的信息,从而降低问卷的有效率。开放式问题还有资料难以编码和统计分析等缺点。一份调查问卷,设计开放式问题一般不宜过多,二三个即可,如果只有一个,通常放在问卷问题的最后。

(2)封闭式问题。就是在提出问题的同时,给出若干个一切可能答案或主要答案,要求回答者根据实际情况进行选择。比如,"你最喜欢看哪类电视节目"就是一个开放式问题。但是,当我们在这个问题下面列出若干个答案,要求被调查者选择其一作为回答时,就变成了封闭式问题。例如:

你最喜欢看哪类电视节目?

①新闻节目　②体育节目　③文艺节目　④其他节目

封闭式问题的优点是填答方便,省时省力,资料易于作统计分析。其缺点是资料失去了自发性和表现力,回答中的一些偏误也不易发现。

根据开放式问题与封闭式问题的不同特点,调查人员常常把他们用于不同的调查中。比如在探索性调查中,常常用开放式问题构成的问卷;而在大规模的正式调查中,则主要采用以封闭式问题构成的问卷。

4.编码及其他资料

在较大规模的统计调查中,调查者通常采用以封闭式问题为主的问卷。为了将被调查者的回答转换成数字,以便录入计算机进行处理和定量分析,往往需要对回答结果进行编码。所谓编码,就是给每一个问题及其答案编上数码。编码既可以在问卷设计的同时就设计好,也可以等调查完成后再进行。前者称为预编码,后者称为后编码。在实际调查中,研究者大多采用预编码,因此,预编码也就成了问卷中的一个部分。编码一般放在问卷每一页的最右边,有时还可用一条竖线将它与问题及答案部分分开。

例如:

(1)您的年龄:＿＿＿＿岁　　1—2 ＿＿

(2)您的性别:①男　②女　□　　3 ＿＿

(3)您的文化程度:

①小学　□　　4 ＿＿

②初中 □
③高中或中专 □
④大专 □
⑤本科 □
⑥研究生 □
(4)您每月的收入为多少? ________元 5—8 ____

以上第一个问题,一般人们的年龄往往在 100 岁以内,所以编码中给出两栏,序号为 1—2(对于极个别大于 99 岁的人往往记为 99 岁)。第二、第三个问题都只可能选择一个答案,且答案数目小于 10,分别只给一栏。第四个问题的答案往往处于 10000 之内,所以给四栏。

除了编码以外,有些调查问卷还需要在封面印上调查员姓名、调查日期、审核员姓名、被调查者住地等有关资料。

二、问卷设计的原则

1. 目的性

抽样调查作为社会调查的一种主要形式,是调查者通过问卷这一中介向被调查者收集资料、了解情况的过程。对于任何一项问卷设计工作来说,调查的目的都是其灵魂,因为它决定着问卷的内容和形式。抽样调查目的不同,问卷的内容和形式设计也不同。问卷设计要紧紧围绕着调查目的来进行,问卷中必须问什么,不必问什么都将受到调查目的的制约。

2. 简明性

调查问卷是要让被调查者在有限的时间内作出正确的回答。设计问卷时,必须注意问卷的简明性,尽量为被调查者提供一份简明扼要的问卷,使被调查者能在较短的时间内一目了然地了解和理解问卷中所提出的问题并比较容易地作出回答。如果问题数目多、难度高、繁杂、填写时间长,这样就不能保证调查的顺利进行,也不能保证资料的质量。

3. 适应性

问卷设计既要适应调查者的需要,紧紧围绕调查目的所需要的资料来进行设计;同时也要适应被调查者心理和思想上的要求。一般来说,在问卷涉及敏感性问题时,被调查者容易产生种种顾虑,担心如实填写会给自己带来不利的影响,会损害自己的切身利益。因此,问卷的设计要避免给调查者造成心理上和思想上的压力,尽量设计出适应被调查者心理和思想要求的问卷。

4. 针对性

由于被调查对象自身的能力、条件各不相同,调查问卷中如果出现有些被调查者看不懂的问题、或者需要被调查者进行一定的回忆、思考和计算甚至难以回答的问题，这样势必影响被调查者的合作。因此，要设计出不同被调查对象基本都能回答出来的问卷，并针对被调查对象可能出现的答题障碍，给予必要的提示。对于自填式问卷来说，设计应该尽量简单明了，便于阅读，便于理解，便于填写；用于邮寄方式进行调查的问卷，要特别注意封面信的设计。总之，要设身处地为被调查对象考虑各种困难，避免被调查对象因问卷造成的困难而放弃应答，以保证调查问卷的回收率，保证调查的质量。

除上述各种因素外，当然还不能忽视调查经费多少、调查人员多少、调查时间长短等对问卷设计工作的限制。

三、问卷设计的步骤

1. 摸底探索

所谓摸底探索，是指在设计调查问卷之前，要先熟悉、了解被调查对象的基本情况，以便对问卷设计中遇到的各种问题的提法和可能的回答有一个初步的认识。摸底探索工作的常见方式是进行初步的非结构式访问，即问卷设计者围绕所要调查的问题，自然地与各种被调查对象交谈，并留心观察他们的特征、行为和态度，从中熟悉和了解他们对某一问题的看法。经过初访，能够根据实际情况恰当地设计出有关问题的各种答案，从而避免在设计问卷时出现含糊不清的问题和不符合实际情况的答案。

摸底访问是设计问卷之前必须进行的一项重要工作，它既是进行问卷设计的基础，又是整个调查研究工作从调查准备阶段向资料收集阶段的必经环节。

2. 设计初稿

经过摸底探索工作，对所要调查的各种问题及其可能的答案有了初步印象，就可以动手设计问卷初稿了。设计问卷一般采用以下两种具体方法。

(1)卡片法。卡片设计的具体操作过程是：第一步，根据摸底探索工作所得到的印象和认识，把每一个问题和答案写在一张卡片上，一题一卡。第二步，根据卡片上问题的主题内容，将卡片分成若干类，即把询问同类事物的问题的卡片放在一起。第三步，在每一类卡片中，按询问的先后顺序将卡片进行前后排序。第四步，根据整张问卷的逻辑结构排出各类卡片的前后顺序，使卡片联成一个整体。第五步，根据被调查者填写问卷是否方便、是否会形成心理压力等角度，反复检查问题前后顺序及连贯性，对不当之处逐一调整和补充。最后把调整好的问题卡片依次写到纸上或者录入电脑，形成问卷初稿。

(2)框图法。框图法和卡片法不同，第一步，根据研究假设和所需资料的内容，在纸上画出整个问卷的各个部分及前后顺序的框图。第二步，具体地写出每一个部分中的问题及答案，并安排好这些问题相互间的顺序。第三步，根据被调查者阅读和填写问卷是否方便等方面，对所有问题进行检查、调整和补充，将调整的结果整理成文。第四步，将调整的结果重新抄写在纸张上，形成问卷初稿。

卡片法与框图法的差别在于：前者是从具体问题开始，然后到部分、整体；后者是从总体结构开始，然后到部分、到具体问题。这两种方法各有优缺点，为了避免二者的缺点，可以将两种方法结合起来使用。先根据调查内容的结构，在纸上画出问卷总体的各个部分及其前后顺序；然后将每一部分的内容编成一个个具体的问题，写在一张张小卡片上；最后，调整问题间的顺序，并将整理好的问题卡片打印出来，形成问卷初稿。

3. 试用修改

问卷初稿设计出来之后，必须经过试用和修改这两个环节定稿后，才能用于正式调查。问卷初稿的试用修改有两种方法：

(1)客观检验法。将问卷初稿打印 30—100 份左右，然后在正式调查的总体中抽取一个小样本，用这些问卷初稿对他们进行调查。最后认真检查和分析调查的结果，从中发现问题和缺陷并进行修改。检查和分析的内容包括：回收率、有效回收率、填答的内容和方式是否错误、填答是否完整等。如果回收率低于 60%，说明问卷的设计中有较大的问题；如果填答内容的错误多，答非所问，就要仔细检查问题的用语是否准确、清晰，含义是否明确具体；如果填答方式错误较多；要检查问题形式是否过于复杂或指导语不明确等；如果是问卷中某几个问题普遍未做回答，要仔细检查分析原因，然后加以改进。

(2)主观评价法。将设计好的问卷初稿抄印 3—10 份，分别送给该研究领域的专家、研究人员以及典型的被调查者，请他们阅读和分析问卷初稿，并根据他们的经验和认识对问卷进行评论，指出存在的问题和改进的意见。比如，调查城市交通问题的，设计好调查问卷后，可以将复印的问卷初稿分别送到城市交通管理部门、公交公司售票人员、公安交通民警等人手中，请他们对问卷中的问题进行检查和评论，提出他们的具体意见。

上述两种方法，各有其适应范围，一般来说，小型调查大多采用主观评价法，大型调查大多采用客观检验法，有的调查则两种方法一起采用。

4. 定稿印制

根据上述方法找出问卷初稿中所存在的问题后，逐一对问卷初稿中的毛病进行认真分析和修改，最后才能定稿。在对修改后的问卷进行印制的过程中，同样要十分小心和仔细。无论是版面安排上的不妥，还是文字上、符号上的印刷错误，都将直接影响到最终的调查结果。只有经过了试用和修改，并对校样反复检查后，才能把问卷送去印刷，并用于正式调查中。

四、问题及答案的设计

（一）问题的形式

1.“一选一”填空式

即一个问题只有一个答案，被调查者在问题后面的横线上（或空白处）直接填写一个准确答案。

例1 请问您家有几口人？ ____口

例2 您的年龄多大？ ____周岁

例3 您有几个孩子？ ____个

例4 您每天上班在路上需要多少时间？ ____分钟

填空式一般只用于那些既容易回答又容易填写的问题，通常只需填写数字。

2.“二选一”选择式

即一个问题有两个答案，只有“是”和“不是”（或其他肯定形式和否定形式）两种，回答者根据自己的情况选择其一。这种形式的问题有两种不同的情形：一是问题所能列举的答案本身就只有两种可能的类别。比如询问人们的性别时，答案只可能有“男”、“女”两种，例5、例6、例7就是这种问题的例子。另一种是在询问人们的态度或看法时进行的两极区分，例8、例9就是这种问题的例子。

例5 您是共青团员吗？ 是□ 不是□

例6 您是否住在本市？ 是□ 不是□

例7 您家有电视机吗？ 有□ 没有□

例8 您是否同意民主选举厂长？ 同意□ 不同意□

例9 您是否同意“主观为自己，客观为他人”的说法？同意□ 不同意□

“二选一”选择式，这一问题形式在民意测验、市场调查所用的问卷中用得最多。其特点是答案简单明确，可以严格地把被调查者分成两类不同的群体，可以简化人们的回答分布，便于集中、明确地从总体上了解被调查者的看法。它的缺点是：对于态度问题它所得到的信息量太少，两种极端的回答类型不能很好地测量出人们在态度上的程度差异，因而不便于了解和分析被调查者中客观存在的不同的态度层次。另一方面，这种问题形式也会使得原本处于中立状态的回答者违心地偏向一方，因而它在一定程度上带有强迫选择的性质。

3.“多选一”单选式

即一个问题给出的答案至少在两个以上，被调查者根据自己的情况选择其一作为回答。这是各种社会调查问卷中采用最多的一种问题形式，其答案特别适合于进行频数统计和交互分析。在设计上，这种问题形式的关键之处是要保证答案的穷尽性和互斥性。在具体表达方式上，“多选一”单选式又有以下几种不同类型。

例 10　您的文化程度是：（请在合适答案号码上打√）

①小学以下　②初中　③高中或中专　④大专以上

例 11　您的婚姻状况是：（请在合适答案后的方框中打√）

①未婚 □　②已婚 □　③离婚 □　④丧偶 □　⑤其他 □

例 12　您最喜欢看哪一类电视节目？（请在合适的答案后的括号里打√）

①新闻节目（　）　②电视剧（　）　③体育节目（　）

④广告节目（　）　⑤其他（请写明）________（　）

4.“多选多”限选式

与“多选一”式有所不同的是，可以在所列举的多个答案中，要求调查者根据实际情况从中选择若干个答案。比如，将例 12 改成“多选多”限选式，就变成例 13。

例 13　您最喜欢看哪些电视节目？（请从下列答案中选择三项在括号内打√）

①新闻节目（　）　②电视剧（　）　③体育节目（　）

④广告节目（　）　⑤教育节目（　）　⑥歌舞节目（　）

⑦少儿节目（　）　⑧其他节目（请写明）________（　）

“多选多”限选式的优点是，比“多选一”式更能反映被调查者的实际情况。人们在很多方面实际上存在着不止一种选择，比如例 13。“多选多”这种形式就给了调查者更充分地表达自己情况的机会。需要注意的是，此时的问题编码已不是 1 个，而是 3 个。对这种问题的答案，我们可以作频数统计，以比较不同答案被选择的比例。但另一方面，我们却无法从这种形式的问题回答中看出被调查者选择的顺序，即当统计结果显示选择答案 1 和答案 3 的比例均为 25%时，我们只能得出这两个动机在被调查者中是同等重要的结论，而无法区分和比较它们之间实际存在的程度差别。

5.多项排序式

这种方式要求被调查者在所给出的多个答案中选择两个以上的答案（数量有限），同时又要求被调查者对他所选择的这些答案进行排序，比如例 14。

例 14　您认为作为一名企业领导最重要的三条素质是什么？（请将答案号码填入下表中）

第一重要	第二重要	第三重要

①大公无私　②坚持原则　③敢想敢干　④以身作则　⑤团结群众
⑥思想敏锐　⑦业务熟悉　⑧文化程度高　⑨其他(请写明)____

例 15　您认为当前国家公务员腐败最严重的表现是什么?(请按腐败程度,把下列问题的编号填写在后面的空格内,最严重的填在左边第一格,然后依次向右填写)

①贪赃枉法　②行贿受贿　③包养情妇　④公款旅游
⑤公款吃喝　⑥公款赌博　⑦买官卖官　⑧拉帮结派

□ □ □ □ □ □ □ □

这种回答方式,适用于要表示一定先后顺序或轻重缓急的定序问题。

6. 多项任选式

多项任选式则是在所提供的答案中,被调查者可以任意选择各种不同数目答案的一种问题形式。比如,例 16。

例 16　在以下各种家用物品中,您家有哪些?(请在您家有的物品答案上打√)

①彩色电视机　②录像机　③影碟机　④空调器　⑤洗衣机
⑥电冰箱　⑦计算机　⑧微波炉　⑨电话

需要注意的是,这种形式的问题实际上已不再是"一个"问题了,它在某种意义上已经变成了"多个"类似的问题。即针对每一个具体答案而提出的多个问题。因此,在对问题进行编码的时候,不能像多项选一式那样只给一个编码,而是要将每一个答案都看成一个变量,都给一个编码。这样,此例中的"变量"就有 9 个,编码时也就要给 9 个码了。

7. 矩阵式

将同一类型的若干个问题集中在一起,构成一个问题的表达方式。比如,例 17。

例 17　你觉得下列现象在你们学校是否严重?(请在每一行适当的方框内打√)

	很严重	比较严重	不太严重	不严重	不知道
①迟到	□	□	□	□	□
②早退	□	□	□	□	□
③请假	□	□	□	□	□
④旷课	□	□	□	□	□

矩阵式的优点是节省问卷篇幅，由于同类问题集中在一起，回答方式也相同，因此也节省被调查者阅读和填写的时间。

8. 表格式

表格式是矩阵式的一种变体，其特点和形式都与矩阵式十分相似。比如，与上述矩阵式问题对应的表格式问题就是：

例 18　你觉得下列现象在你们学校是否严重？（请在每一行适当的空格中打√）

	很严重	比较严重	不太严重	不严重	不知道
①迟到					
②早退					
③请假					
④旷课					

表格式的问题除了具有矩阵式的特点外，还显得更为整齐、醒目。这两种形式虽然具有简单集中的优点，但也容易使人产生呆板、单调的感觉，在一份问卷中这两种形式的问题不宜用得太多。

（二）问题的用语

语言是问卷设计的基本材料，要设计出含义清楚、简明易懂的问题，必须注意问题的措辞用语。其基本原则是简短、明确、通俗、易懂。

1. 问题的语言要简单

设计问题要尽可能使用简单明了、通俗易懂的语言。如果问题用语概念抽象，被调查者不清楚，甚至从未听说过，收回的问卷就会造成虚假的资料或者成为无效问卷。比如，

例 19　从总体上看，你认为我国的政治体制如何？（请在合适答案号码上打√）

①基本合理　②存在一些弊端　③存在严重弊端　④不了解

国家"政治体制"是一个抽象的概念，多数被调查者不太清楚，因而也就无法作出合适的回答。

2. 问题的陈述要简短

问题的陈述越长，就越容易产生含糊不清的地方，回答者的理解就越有可能不一致；而问题越短小，产生这种含糊不清的可能性就越小。

3. 问题要避免带有双重或多重含义

双重（或多重）含义指的是在一个问题中，同时询问了两件（或几件）事情，

或者说，在一句话中同时问了两个(或几个)问题。比如，

例20 您的父母退休了吗？

①已经退休 ②没有退休

这是一个带有双重含义的问题，实际上同时询问了"您的父亲退休了吗"和"您的母亲退休了吗"这两件事情。由于一题两问，就使得那些父母中只有一个退休的被调查者无法回答。

4. 问题不能带有倾向性和诱导性

在问句设计中，所提问题应持中立立场，不要对被调查者产生暗示和诱导作用，不能使被调查者感到应该填什么，或者感到调查者希望他填什么。比如，

例21 很多同学都认为××老师课讲得好，你认为如何？

①好 ②不太好 ③一般 ④差

这个问句就带有一定的倾向性，应改为"有的同学认为××老师课讲得好，也有的同学认为××老师课讲得不太好，你认为如何？"

5. 不要问被调查者不知道的问题

如果向被调查者询问一个他们一无所知的问题，那么被调查者是无法回答的。比如，如果在调查进城农民工生活状况时提出的问题是"您对我国目前恩格尔系数是否满意"，那么，农民工中的大部分人将无法回答。因为他们并不知道什么叫恩格尔系数。

6. 不要直接询问敏感性问题

在调查过程中和问卷设计中，不要提问敏感性问题。敏感性问题包括涉及个人利害关系的问题、个人隐私问题、人们对上司的看法、各地风俗习惯、社会禁忌等问题。比如，"您家有多少存款？""您离过婚吗？"等等。对这些敏感性问题，人们往往具有一种本能的自我防卫心理。因此，如果直接提问，则将会引起很高的拒答率。所以对这些敏感性问题，最好采取某种间接询问的形式，并且语言要特别委婉。比如，"对婚姻关系中的第三者，有些人认为不道德，有些人认为无所谓，您同意哪种看法？"

(三)问题的数目与顺序

1. 问题的数目

一份问卷应该包括多少个问题，这要依据调查的内容，样本的性质，分析的方法，拥有的人力、财力、时间等各种因素来决定，没有固定的标准。但一般来说，问题不宜太多，问卷不宜太长，通常以回答者在15分钟以内完成为宜，最多也不要超过20分钟。问卷太长往往引起回答者心理上的厌倦情绪或畏难情绪，影响填答的质量和回收率。

如果调研经费和人员比较充足，能够采用访问式问卷，由调查者提问并根据被调查者回答进行填写，并付给每位被调查者一份报酬或赠送一份纪念品，问卷本身的质量又比较高，调查的内容又是被调查者熟悉、关心、感兴趣的事，那么，问卷的问题数目多一点也无妨。

2. 问题的顺序

问卷中问题的前后顺序及相互间的联系，既会影响到被调查者对问题的回答结果，又会影响到调查的顺利进行。问卷中各种问题的先后次序，一般来说，有下列常用的规则。

（1）简单在前，复杂在后。即把简单易答的问题放在前面，把复杂难答的问题放在后面。问卷开头的几个问题一定要相当简单，回答起来一定要非常容易。这样可以给回答者一种轻松、方便的感觉，以便于他们继续填答下去。

（2）有趣在前，思考在后。即把能引起被调查者兴趣的问题放在前面，把容易引起他们紧张、产生顾虑或者需要思考的问题放在后面。如果开头的一些问题能够吸引被调查者的注意力，引起他们对填答问卷的兴趣，那么调查便可能比较顺利地进行。

（3）熟悉在前，生疏在后。即把被调查者熟悉的问题放在前面，把他们感到生疏的问题放在后面。任何人对自己熟悉的事物总能谈些看法，说出些所以然来；而对不熟悉的事物，则往往难以开口，说不出什么来。如果以被调查者熟悉的内容开头，就不至于使调查一开始就卡住而无法进行。

（4）行为在前，认识在后。一般先问行为方面的问题，再问态度、意见、看法方面的问题。由于行为方面的问题涉及的只是客观的、具体的事实，因此往往比较容易回答。而态度、意见、看法方面的问题，则主要涉及到被调查者的主观因素，多为被调查者思想内心深处的问题。如果一开始就问这些问题，常常引起被调查者心理上的戒备情绪和反感情绪，就会出现较高的拒答率。

（5）个人特征，可前可后。个人背景资料一般放在结尾，有时也可以放在开头。个人特征（如年龄、性别、文化程度、婚姻状况、职业等），也属较敏感的内容，所以不宜放在开头，而适合放在末尾。但是，由于个人背景资料都是社会调查中最常用、最主要的自变量，如果一份资料缺少这些变量也就成了废卷。因此，只要调查的内容不涉及比较敏感的问题，并在封面信中作出较好的说明和解释，这一部分问题也可以放在问卷的开头。

（6）开放式问题在后。如果有开放式问题，则应放在问卷的最后面。因为回答开放式问题，比回答封闭式问题需要更多的思考和书写，无论是把它放在问卷开头，还是放向中部，都会影响回答者填完问卷的信心和情绪。将它放在问卷最后，由于仅剩这一两个问题，绝大多数被调查者是能够完整地填答完。

即使被调查者不愿意填答开放式问题，放弃了回答，也不会影响到前面的问题和答案。

(7)同性质的问题应排列在一起，以利于被调查者思考答题。

(8)相互检验的问题必须分隔开，如果连在一起，就起不到互相检验和互相检验印证的作用。

(四)答案的设计

1. 答案设计的原则

(1) 穷尽性和互斥性。所谓答案的穷尽性，即设计的答案应该包括所有可能的情况，穷尽一切可能的、起码是一切主要的答案。比如，“您的性别：①男 □ ②女 □”这一问题的答案就是穷尽性的。

所谓答案的互斥性，指的是答案互相之间不能交叉重叠或相互包含，即对于每个回答者来说，最多只能有一个答案适合他的情况。如果一个回答者可同时选择属于某一个问题的两个或更多的答案，那么这一问题的答案就一定不是互斥的。比如，

例 22　您的职业是什么？(请在合适答案号码上打√)

①工人　②农民　③干部　④商业人员　⑤医生
⑥营业员　⑦专业人员　⑧教师　⑨其他

例 19 答案中的中“商业人员”与“营业员”，“专业人员”与“教师”、“医生”都有是不互斥的。

(2)相关性与同层性。所谓相关性，就是设计的答案必须与询问问题具有相关关系，而且是被调查者能够回答、也愿意回答的。所谓同层性，即设计的答案必须具有相同层次的关系。

(3) 设计的答案应符合实际情况。比如将“私营企业职工月工资收入”的问题答案，设计成“300 元以下”，那就不符合现在实际情况。

(4) 问题的答案只能按一个标准分类。比如，“你的父母对子女的要求”这一问题的答案设计成“①要求严格；②要求不严格；③要求一致；④要求不一致；⑤没有什么要求。”这里的答案涉及 3 个分类标准：①要求严格不严格；②要求一致不一致；③没有什么要求。所以被调查者回答这个问题相当困难。

(5)程度式答案应按照一定顺序排列，前后次序必须对称。比如，“很严重、比较严重、不太严重、不严重、不知道”，如果次序凌乱，填答时会出现困难。

2. 相关问题的接转

在回答方式的设计中，应该特别注意相关问题的接转。一般地说，相关问题的接转有下列几种方式：

(1)用文字说明。比如：

例 23　您有孩子吗？

①有　□；　②无　□；(若无，请直接答例 26 题)

例 24　有几个孩子？____个。

例 25　现在有几个孩子与您一起生活？____个。

例 26　您妻子在哪里工作？____________________。

(2)分层次排列。如：

例 27　您是否在业余时间学习某种专业技术？

①是　□

为什么？______________________________。

②否　□

为什么？______________________________。

(3)用框格表示。比如：

例 28　您是否结过婚？(请在合适答案括号内打√)

①是(　　)　　②否(　　)

如果是：您第一次结婚时的年龄是____岁

(4)用线条连接。比如，例 29

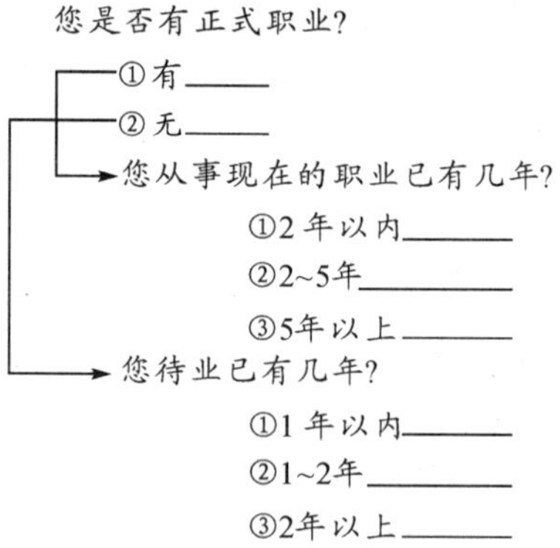

您是否有正式职业？

①有_____

②无_____

→(有)您从事现在的职业已有几年？

①2 年以内______

②2~5年______

③5年以上______

→(无)您待业已有几年？

①1 年以内______

②1~2年______

③2年以上______

五、如何提高问卷设计的质量

1. 高质量问卷的标准

(1)具有较高的信度和效度。所谓信度就是可信率；所谓效度就是有效率。要使所设计的问卷在整体上具有比较高的信度和效度，关键在于提高问卷中每一个问题的信度和效度。即一方面要努力使问卷中的每一个问题都的确在测量着有效变量，另一方面还要努力做到使这种测量不受时间、地点和对象变化的影响，具有较高的可信率。

(2)适合调查的目的和内容。问卷是用来收集资料的，为整个调查研究服务。因此，问卷中的每一个问题都要紧紧围绕研究目的、研究内容设计，与此无关、似是而非的问题，一定要去掉。

(3)适合调查对象。设计的问卷是给被调查者看的，使被调查者能够看、愿意看。由于被调查者在职业、经济状况、文化程度、生活方式、心理状态、价值观念等方面都存在着差别，在回答填写同一份问卷时，有的被调查者可能轻松作答；而有些被调查者可能不知如何动笔。因此，设计者要充分考虑众多被调查对象，尽可能地使一份问卷适合样本中的每一个回答者。

(4)问题少而精。所谓少，就是紧扣调查目的，问题数目、问卷长度恰到好处，在获得必要资料的前提下，问卷问题越少越好。所谓精，是指问卷的问题质量要高，包括问题含义明确、概念具体、答案恰当、形式简单、语言通俗易懂、填答方便等。一份高质量的问卷应该具备法律条款那样的性质：清楚、明确、适合于所有对象。

2.如何设计出高质量的问卷

(1)要对调查目的、问卷特点和适用范围具有明确的认识。

(2)要坚持精益求精的治学态度，问卷设计做到贴近所有被调查者，贴近具体社会实际。

(3)要具有比较扎实的语文基础知识和语言文字表达能力。

(4)要掌握各种社会调查方法知识。

(5)要熟悉社会生活方方面面知识。

第三节　问卷的发放与回收

一、问卷的发放

抽样调查中问卷的质量，不仅包括问卷的设计，还包括问卷从发放到回收的各个环节的工作。问卷发放的途径主要通过报刊发行、邮寄、送发、个别访问等。其中，通过报刊发行和送发问卷，是我国目前使用问卷调查最为普遍的两种形式。

问卷发放时必须关注两个问题：一是要有利于提高问卷的填答质量；二是要有利于提高问卷的回收率。

为了达到这两个目的，通过报刊发行的问卷调查，可以采用一些奖励的办法来激励广大读者填答问卷和回复问卷的兴趣和积极性，如抽奖、赠送礼品、赠阅报刊等。运用这些方法时要注意奖励的面要大一些，要让配合调查的多数读者都能得到回报。

送发问卷可以由调查者本人亲自到现场发放问卷，也可以委托组织或他人发放问卷，两者各有优缺点。发放问卷最好是利用被调查对象集中的机会，这样效率比较高。但调查者到被调查单位一般很难正巧遇到这种机会。所以，如果能委托对方的组织出面或与自己关系密切的人出面发放问卷就会比较方便。调查者能亲自到场发放问卷，并能亲自作解释，这对于提高问卷的填写质量和回收率是有好处的。因此，只要调查者有时间，应尽可能亲自到场发放问卷并指导问卷的填写，如果要委托他人发放，则一定要委托负责任的组织或个人，决不能草率从事。另外，不管是调查者本人到场发放问卷还是委托他人发放，都必须征得有关组织的同意，取得他们的支持与配合，这是送发问卷调查能否取得成功的关键所在。

二、提高问卷的回收率

问卷回收时要抓好两个环节，即问卷填写情况的当场检查(这里主要指送发问卷的情况）在送发问卷的情况下，问卷回收时须当场粗略地检查填写的质量，主要检查是否有空填、漏填、明显的错误，以便能及时纠正，保证问卷有较高的有效率。

问卷的回收率是影响问卷调查质量的一个关键问题，回收率很低会严重影响调查的结果。根据有关专家研究测定，成功的送发问卷的回收率应达到80%以上，而60%的回收率是送发问卷调查的最低要求，如果回收率达不到60%，那么该问卷调查就已失败。影响问卷回收率的因素主要是：

1. 调查的组织工作的严密程度和调查者的负责精神；
2. 调查课题的吸引力；
3. 问卷填写的难易程度；
4. 对问卷回收的可控制程度。据统计，报刊投递问卷的回收率约为10%—20%；邮寄问卷的回收率约为30%—60%；送发问卷的回收率约为80%—90%；访问问卷的回收率可达100%。

从影响问卷回收率的上述因素可以看出，要想提高问卷的回收率，必须做到：

1. 调查的组织工作要十分严密；
2. 调查人员要有认真负责的精神；
3. 调查课题与被调查者的兴趣或利益密切相关，对调查者有吸引力；

4. 问卷不长，问题简单，填答容易；

5. 使用送发或个别访问的调查方式，达到较高的回收率。

本章小结

1. 抽样调查是指从被调查对象总体中，按照一定的方法抽取一部分对象作为样本进行调查分析，以此推论全体被调查对象状况的一种调查方式。抽样调查在现代社会调查中，是一种应用最广泛、最有科学根据的调查方法，它适用于市场调查、民意调查、普查后复查等。

2. 按照抽样调查的理论依据和特点，抽样调查基本方法可以分为两类：随机抽样和非随机抽样。随机抽样又叫概率抽样，是按照概率理论来抽取样本的。它包括简单随机抽样、等距抽样、分层抽样和多级抽样。非随机抽样又叫非概率抽样，它是根据研究者个人的方便，以人的主观经验、设想来有选择地抽取样本并进行调查的。非随机抽样的方式主要有判断抽样、偶遇抽样和定额抽样。

3. 问卷作为社会调查活动中一种中介物——问卷，其质量好坏，直接影响到调查资料的真实性、适用性，影响到问卷的回收率，进而影响到整个调查的结果。同时，社会调查中所涉及的问题必须事前周密谋划好，一旦问卷发出，就难以更改和补救。所以，问卷设计在社会调查过程中占有十分重要的地位。

4. 所有问卷的结构一般都包含封面信、指导语、问题、答案、编码等部分。

5. 语言是问卷设计的基本材料，要设计出含义清楚、简明易懂的问题，必须注意问题的措辞用语。其基本原则是简短、明确、通俗、易懂。

6. 问卷答案设计的原则是穷尽性和互斥性、相关性与同层性、答案应符合实际情况、只能按一个标准分类等。

思考与训练

1. 抽样调查及其特点是什么？
2. 问卷封面信的写作要求有哪些？
3. 高质量的问卷应该具有什么样的标准？
4. 如何提高问卷的回收率。
5. 请结合实际，按照要求，设计一份“大学生媒介接触状况调查问卷”。

推荐读物

风笑天：《现代社会调查方法》，华中科技大学出版社 2001 年版
吴增基、吴鹏森、苏振芳：《现代社会调查方法》，上海人民出版社 1998 年版
余炳辉等编译：《社会研究的方法》，浙江人民出版社 1986 年版

第五章　访谈调查

导入语

“只要心诚，石头也能开出花来。”——电影《卖花姑娘》经典对白

本章要点

访谈调查是指调查者通过有计划地与被调查对象进行交谈，收集所需资料、了解有关社会实际情况的调查方法。访谈调查具有方式灵活、真实准确、深入全面、适用性广等优点，同时也存在成本较高、匿名性差、主观性强、记录困难、处理结果难等局限性。访谈调查的准备工作包括：制定访谈计划，把握调查内容，选择适当的访谈形式，设计好访谈调查表或访谈提纲，以及记录表格，选择访谈对象，初步了解被调查者的情况，选好访谈的时间、地点、场合等。提问的技巧是问题要明确、具体；要有礼貌地耐心倾听；不要给调查对象以任何暗示、注意访谈中的非语言符号交流等。

社会调查的基本任务就是要获得真实、可靠、详尽的资料。作为收集资料的方法，问卷和访谈目的相同，都在于获取调研所需的第一手资料。两者手段不同：访谈是以口头语言的问答来收集信息，被调查者是先听后说；问卷则是以书面语言的问答来收集信息，被调查者是先读后写；访谈通常是面对面的直接言语交流，问卷则是纸与笔的间接言语接触。

访谈调查是直接了解、掌握社会实际情况的一种最基本、最常用的方法。党政机关工作调研、新闻媒体新闻采访、组织部门考察干部、公安机关侦察案情、各类企业市场营销等都经常使用访谈调查方法。

第一节 访谈调查的特点

一、访谈调查的涵义

1. 访谈调查的涵义

访谈调查，是指调查者通过有计划地与被调查对象进行交谈，收集所需资料、了解有关社会实际情况的调查方法，又称访谈法、谈话法或访问法。这一定义包括：访谈的性质是有计划的；方式是交谈；目的是了解情况。访谈是一种调研性交谈，也就是两个人（或更多人）之间一种有目的的谈话，调查者通过询问来引导被调查者回答，以此了解被调查对象的行为、态度和所知晓的情况，最终达到调查目的。

2. 访谈调查与一般谈话的区别

访谈调查与一般谈话最本质的区别是：调研性访谈是一种有目的、有计划、有准备的谈话，它的针对性很强，谈话的过程紧紧围绕着调研的主题展开。而一般谈话，是一种非正式的谈话，它没有明确的目的，实质上只是一种随意性聊天。

访谈调查一般以面对面的个别访谈为主，也可采用小型座谈会、调查会的形式进行集体访谈，还可以通过电话进行电话访谈，通过网络进行网上交谈等。访谈既可以作为一种独立的调研方法，也可以作为其他研究方法中收集资料的辅助方法。

二、访谈调查的特点

（一）访谈调查的优点

1. 方式灵活

（1）访谈调查是调查者根据调查的需要，以面对面交谈、电话访谈、网上交谈等形式，向被调查者提出有关问题，通过被调查者的答复来收集客观事实材料。这种调查方式灵活多样，方便可行，可以按照调研的需要向不同类型的人了解有关材料。

（2）访谈调查是调查者与被调查者双方交流、双向沟通的过程。这种方式具有较大的弹性，调查者在事先设计调查问题时，是根据一般情况和主观想法制定的，有些问题不一定考虑周全，在访谈中，可以根据被调查者的反映，对调查问题作调整或展开。如果被调查者不理解问题,可以询问,要求解释;如果访谈员发现被调查者误解问题,也可以适时地解说或引导。

2.真实准确

(1)访谈调查是调查者与被调查者直接进行交流,调查者可以使被调查者消除顾虑,放松心情,作周密思考后再回答问题,这样就提高了调查材料的真实性和可靠性。

(2)访谈调查事先确定访谈现场,调查者可以适当地控制访谈环境,避免其他因素的干扰,灵活安排访谈时间和内容,控制提问的次序和谈话节奏,把握访谈过程的主动权,这有利于被调查者能更客观地回答访谈问题。

(3)由于访谈流程速度较快,被调查者在回答问题时常常无法进行长时间的思考,因此所获得的回答往往是被调查者自发性的反应,这种回答较真实、可靠,很少掩饰或作假。

(4)由于访谈常常是面对面的交谈,因此拒绝回答者较少,回答率较高。即使被调查者拒绝回答某些问题,也可大致了解他对这个问题的态度。

3.深入全面

(1)调查者与被调查者面对面直接交往或通过电话、上网间接交往,具有适当解说、引导和追问的机会,因此可探讨较为复杂的问题,可获取新的、深层次的信息。

(2)在面对面的谈话过程中,调查者不但要收集被调查者的回答信息,还可以观察被调查者的动作、表情等非言语行为,以此鉴别回答内容的真伪和被访者的心理状态。

4.适用性广

访谈调查适用于一切有正常思维能力和口头表达能力的被调查人员,包括文盲、半文盲和没有视觉的盲人。只要没有语言表达障碍,只要能说话,神志清醒,任何人都可以作为被调查对象。这方面优于问卷调查。

(二)访谈调查的局限

访谈调查在其应用过程中既有其优点,也有其局限性。访谈调查的局限性表现在:

1.成本较高

访谈调查常采用面对面的个别访问,面对面的交流必须寻找被调查者,往返花费时间;较大规模的访谈常常需要训练一批调查人员;通过电话或网上交流,使费用支出大大增加。与问卷调查相比,访谈要付出更多的时间、人力和物力,访谈调查成本较大。

2.匿名性差

访谈调查要求被调查者当面作答,使被调查者感到缺乏隐秘性而产生顾虑,尤其对一些敏感的问题,被调查者往往回避或不作真实回答。

3.主观性强

由于调查者与被调查者是面对面的交谈,所以调查者的性别、年龄、气质、服饰、外貌以及口音等都会对被调查者产生一定的影响,从而导致被调查者对问题的回答容易"失真"。特别是在陌生人之间进行交谈,被调查者容易产生种种猜疑,产生不信任感,在这种情况下往往难以得到完全真实的资料。另外,有时因调查人员误解了调查对象的回答或在记录时造成笔误等,也会造成调查结果出现偏误。

4.记录困难

访谈调查是访谈双方进行的语言交流,如果被调查者不同意用现场录音,对调查人员的笔录速度的要求就很高,而一般没有进行专门速记训练的调查人员,往往无法很完整地将谈话内容记录下来,追记和补记往往会遗漏很多信息。

5.处理结果难

访谈调查有灵活的一面,但同时也增加了这种调查过程的随意性。不同的被调查者回答是多种多样的,没有统一的答案,这样,对访谈结果的处理和分析就比较复杂,由于标准化程度低,就难以作定量分析。

第二节　访谈调查的类型

根据不同的标准可以把访谈调查划分为不同的种类。

一、以调查者对访谈的控制程度划分,可分为结构性访谈和非结构性访谈

(一)结构性访谈

结构性访谈亦称标准化访谈,是指按照统一设计的、有一定结构的调查表或问卷所进行的访谈。调查人员依据设计好的调查表或问卷,逐项向调查对象询问,并将调查对象的回答填入调查表中或问卷上。在访谈中,要求调查员选择访问对象的标准和方法、提出的问题、提问的方式和顺序以及对被调查者回答的记录方式等都保持相同。由于调查表是由调查人员逐项提问、当场填写,回答率和回收率都较高,比较容易统计汇总,便于对不同对象的回答进行对比分析,因此,我们也可以将它视为访谈式问卷调查。

但是，这种访谈形式比较呆板，调查人员难以临场发挥，被调查者的回答也缺乏弹性，难以灵活地反映复杂多变的社会现象，难于对问题作深入的探讨。这种调查形式适宜在调查者对被调查者一般特点已有一定了解的情况下使用。

在结构性访谈中，调查表或问卷是调查者的主要工具。调查者必须使用事先编制好的调查表，严格按照调查表上问题的顺序提问，自己不能随意对问题做出解释，如果作解释，则要对解释的内容做出统一规定。调查者事先制作的调查表有其内在的结构。

调查表主要内容包括：

1. 导语。调查人员作自我介绍，说明访谈目的、内容等，是争取被调查者接纳、允许访谈的一段说明书。

2. 表头。是调查表的开头部分，是基础调查项目，用于了解被调查者的基本情况，包括年龄、性别、学历、职业、政治面貌、家庭成员构成、收支状况等。

3. 正题。即需要调查研究的主要问题。问题的设计可以采用开放式的，也可以是封闭式的。开放式是调查人员提出问题后，不给被访者提供具体答案，而由被调查者自由地回答。封闭式就是调查人员在提出问题的同时，还给出若干个答案，让被调查者选择适当的答案予以回答。

4. 结束语。访谈结束时，调查者应对被调查者的合作表示谢意，这样，不仅可以消除访谈的紧张状态，而且给被调查者留下一个良好的印象，以利于今后的再次访问。

5. 附记。这是由调查者与复核者在调查后填写的内容，包括被调查者地址或工作单位、访问时间、访问意见、复查意见等。

（二）非结构性访谈

非结构性访谈，也称非标准化访谈、自由式访谈。与结构性访谈相反，它事先不制定统一的调查表或调查问卷，而是按照一个粗线条的提纲或者一个题目，由调查者与被访者在这个范围内进行交谈。这种访谈法的主要特点是富有弹性，它的优点有：一是能够比较灵活地变换提问的顺序和方式，对于调查对象不理解或理解不正确的地方可以加以说明、解释；二是能够深入交谈而不受预先规定的约束，使调查对象能自由地回答问题；三是调查人员对于回答中出现的重要线索可以适当地离开提纲加以追问。这种访谈法，有利于形成一种轻松和谐的谈话气氛，有利于充分地发挥访问者与访问对象的主动性、创造性，有利于拓宽和加深对有关问题的研究。

但是，非标准化访谈这种方法对调查者的要求较高，要求调查人员能够控制环境，把握谈话方向和进度，施展较高的谈话技巧。由于这种访谈提问的内容和方式比较灵活，调查的面比较广泛，因此，访谈结果难以进行定量分析。

(三)半结构性访谈

半结构性访谈是一种介于结构性访谈和非结构性访谈之间的访谈形式。在半结构性访谈中，有调查表或问卷，它有结构性访谈的严谨和标准化的题目，调查者虽然对访谈结构有一定的控制，但给被调查者留有较大的表达自己观点和意见的空间。调查者事先拟定的访谈提纲可以根据访谈的进程随时进行调整。半结构性访谈兼有结构性访谈和非结构性访谈的优点，它既可以避免结构性访谈缺乏灵活性，难以对问题作深入的探讨等局限，也可以避免非结构性访谈的费时、费力，难以作定量分析等缺陷。

在社会调查中，初期多运用非结构性访谈，以了解被访者关注的问题和态度，随着研究的深入，逐渐进行半结构性访谈，对以前访谈中的重要问题和疑问作进一步的提问和追问。

二、以被调查对象数量划分，可分为个别访谈和集体访谈

(一)个别访谈

个别访谈是指调查者对每一个被调查者逐一进行的单独访谈。其优点是调查者与每一个被调查者直接接触，可以得到真实可靠的材料。这种访谈有利于被调查者详细、真实地表达其看法，双方有更多的交流机会，被调查者更易受到重视，安全感更强，访谈内容更易深入。个别访谈是访谈调查中最常见的形式。

(二)集体座谈

1. 集体座谈的作用

集体座谈也称为团体访谈，或者叫开座谈会，它是指由一名或数名调查者亲自召集一些调查对象就需要调查的内容征求意见的调查方式。通过集体座谈方式进行调查，可以集思广益，互相启发，互相探讨，而且能在较短的时间里收集到较广泛和全面的信息。这是社会调查常用的一种方法。毛泽东曾经说过:“开调查会，是最简单易行又最忠实可靠的方法，我用这个方法得了很大的益处，这是比什么大学还要高明的学校。”

集体座谈实质上是个别访谈的一种扩展形式。集体座谈与个别访谈的共同点:它们都是以被调查者作为调查对象，进行直接的口头调查。不同点是:集体座谈不是对单个调查对象的访谈，而是同时对若干个被调查者的访谈。因此，集体座谈过程，不仅要受到调查者与被调查者之间社会互动的影响，而且要受到若干个被调查者之间社会互动的影响。

2. 如何开好座谈会

想开好座谈会，最主要的是调查者应具有熟练的访谈技巧和组织会议的能力。如何开好座谈会：

(1)明确会议目的。调查者事先必须明确会议的主题，准备好调查提纲，应事先把调查的目的和内容等通知给与会者，让到会的人了解开会的意义和内容，使他们事先有所准备。如果调查者自己对调查内容心中无数，全靠会议上临时提问，临时考虑就很难取得较好的调查效果。

(2)精选与会人员。参加座谈会的人员应该有所选择。参加座谈会人员的选择标准：一要有代表性；二要确实了解情况；三要善于表达。为了使与会者增加共识、减少疑虑，可以采取对不同类型的人分别开会的办法进行调查。

参加座谈会的人数多少，则应根据问题涉及的范围、调查人员的工作能力以及能参加者的情况等多种因素加以确定，可分为小型、中型和大型座谈会。一般来说，小型座谈会参加人数以5—7人为宜。因为小型座谈会的时间有限，人数过多就难以使每个与会者有充分发言的机会，有时甚至会出现“开陪会”的现象；如果人数太少，又难以收到集思广益的效果。中型座谈会与会者十多人即可。有的大型座谈会需要一种声势、气氛，比如领导人视察汇报会等，与会人员可以安排多一些，会议室坐满为宜。召开大型座谈会，事先要安排好重点发言对象，让他们会前准备好发言内容，控制好发言时间。同时都要将会议的主题通知到所有与会人员，以备即席提问发言。

(3)选好场所和时间。开调查会，事先应选好场所和时间。会议的地点应当比较适当、方便，应该有一个较安静的环境。会议的时间应该比较充裕，使每个与会者都能充分发表自己的意见。

(4)有效组织会议。调查者要使座谈会现场保持轻松的气氛，这样有利于被访者畅所欲言。座谈会最好开成讨论式的，提出的问题要通俗易懂，要注意把大家的讨论引导到调查主题上来。在座谈会上，有可能出现以下几种情况：

一是“冷场”。特别是开始时许多人不愿“打头炮”。解决“冷场”的办法是在掌握与会人员情况的基础上，事先安排好一二位能说会道的重点对象“开场”。

二是“热场”。就是与会人员抢着发言。解决“热场”办法是按照先后秩序指定发言。

三是“偏场”。就是某些权威人士发言时间过长，或者左右其他人员的发言。解决“偏场”办法是适时地、有礼貌地、恰到好处地打断并接上发言者的发言，在总结肯定他(她)的发言的时候，及时安排其他与会人员发言。要尽可能避免某些权威人士的发言时间过长或者左右其他人员的发言，要让各种不同的意见都能得到充分的表述。

如果讨论中发生争论，要支持争论下去；如果争论与主题无关，要及时引导到问题中心上来。主持人一般不参加争论，以免堵塞与会者的思路。

(5)及时整理会议内容。座谈会结束后，要认真分析总结，哪些问题已经解决，哪些问题还不太清楚，又出现了哪些新问题，都需要加以分类归纳，然后提出下一次座谈会的提纲。对有些在会上不便提问或不易作深入了解的问题，会后还可以个别访谈作补充。

由于集体访谈是对若干个被调查者的调查，因此它所获得的资料更为广泛，而且由于与会者互相启发和补充，使获得的资料更完整准确。此外，这种调查方法省时、省力、省钱，能较快地获得有关社会信息。但开调查会也容易产生一种“团体压力”，使个人顺从多数人的意见而不敢表示异见，因此，对于某些敏感性问题，不适于采用这种方法。

三、以调查者与被调查者接触情况划分，可分为直接访谈和间接访谈

1. 直接访谈

直接访谈也叫面对面访谈，就是调查者与被调查者之间进行面对面的交谈。在访谈过程中，又可采用“走出去”与“请进来”两种方式。“走出去”就是调查者深入到被调查者中进行实地访问；“请进来”就是请被调查者到调查者事先安排的场所进行交谈。这两种方法各有利弊。但多数情况下，调查者是采用“走出去”的方法进行实地访问。

2. 间接访谈

间接访谈包括电话访谈和网上访谈，是调查者借助于电话、网络等现代通讯工具对被调查者的访问。电话访谈和电子邮箱(包括 QQ)网上聊天是面对面访谈法的延伸，是一种新兴的访谈方式。

随着通信事业的快速发展，我国固定电话和移动电话的普及率越来越高，据国家信息产业部最新统计显示，到 2007 年初，我国电话用户总数达到 8.4 亿户，其中固定电话用户达到 3.5 亿户；移动电话用户达到 4.9 亿户。到 2007 年，我国固定电话和手机用户总量均居世界第一。据中国互联网络信息中心(CNNIC)2007 年 1 月 23 日发布的第 19 次《中国互联网络发展状况统计报告》显示，截至 2006 年底，中国网民人数已达 1.37 亿，占人口总数的 10.5%，居世界第二位。

现在，调查者能够采用电话和网络访问这种间接访谈形式进行社会调查。相对于直接访问而言，电话和网络访问有其自身的优点：一是时间快。由于电话和网络访谈不需要像面谈那样占用路途往返时间，可以用较短的时间完成一

个调查任务。尤其是当社会上发生一些重大突发事件时,采用电话和网络访谈可以迅速获得信息,很快公布调查结果。二是节省人力。电话和网络访谈可以减少调查人员,提高访谈质量。三是费用低。短途电话调查花钱很少。即使是长途电话访谈,其费用也低于派员访谈。通过电子邮件或发QQ,几乎是免费的,只有少量电脑折旧损耗和电费。四是保密性强。电话和网络访问具有匿名性,从而能使被访调查者的回答比面访更少顾忌,能使被调查者在敏感性问题上提供真实想法。

与直接面谈相比,电话和网络访谈也存在局限性:一是只能询问访谈一些比较简单的问题;二是访问环境难以控制,如果被调查者感到厌倦,随时会挂断电话和中止网络,调查者因此可能难以完成访谈;三是对于没有电话和电脑者,无法使用这种方法;四是没有面对面访谈那样灵活、有弹性,不容易获得更翔实的细节,无法观察被调查者的非语言行为等。

第三节　访谈调查的技巧

一、访谈前的准备

访谈是一种社会交往过程,调查者只有在社会互动中与被调查者建立起相互信任、相互理解的关系,才能使被调查者愿意积极提供资料。访谈又是一种复杂的意志行动,被调查者都是有思想、有情感、有心理活动的个性化的人,他们一般不会主动向"陌生人"提供资料,这就需要调查者认真地做好访谈前的准备工作,与被调查者建立起良好的关系。

访谈调查的准备工作包括:制订访谈计划,把握调查内容,选择适当的访谈形式,设计好访谈调查表或访谈提纲,以及记录表格,选择访谈对象,初步了解被调查者的情况,选好访谈的时间、地点、场合等。

(一)要制订调查计划和提纲,选择适当的访谈方法

制定调查计划是保证访谈能够顺利进行的前提,调查计划是指调查活动的步骤、方式,确定要访谈的部门、人员名单及其先后顺序、访谈时间大体安排等。

调查提纲是指所要提问的大纲细目,内容主要包括访谈调查的目的、访谈内容、访谈问题等,并且要将访谈提纲具体化为一系列访谈问题。调查时如果备有细致、周密的调查提纲,就可以使调查者的思维心理活动过程得到可靠保证,能始终处于主动地位。当被调查对象心理活动不正常,讲述材料显得杂乱

无章时，调查者可及时给予适当的调节，以使访谈活动顺利进展。

与此同时，根据研究目的和调查计划，选择适当的访问方法。如果调研的目的是验证某种假设或要获得多数人的某种反应，一般选择标准化访谈，并必须设计好统一的调查表或者调查问卷。如果调研目的是总结探索性，一般选择非标准化访谈，必须制订具体的调查计划和调查提纲。

（二）要尽可能了解被访对象的有关情况，并将调查主题事先通知调查对象

在访谈前，访问人员对被访问者的情况应有初步了解。要对被访者的性别、年龄、职业、文化水平、专长、经历、性格、兴趣、习惯、爱好等，特别是当前的思想情况和精神状态等做尽可能多的了解，收取掌握有关被访对象的各类文字图片材料等。

为了使访谈能深入地进行，调查人员在拟定访谈提纲的同时，必须充分了解所要访谈的内容与有关知识。采用讨论的访谈方法，需要访问人员与被访者互相提供信息，实行双向沟通。即使采用一问一答方式的访谈方法，访问人员也需要在提问与记录答案的过程中，插入一些交流性的话题。有时被访问者也会主动地与访问者交流有关调查内容的种种问题，如果访问者知识丰富，双方就能作深入的交谈，被访问者回答问题的积极性也会越来越高。

湖北省《沙市日报》记者王家锦采访著名京剧表演艺术家关肃霜，由于事前精心准备，在受到关素肃拒绝采访的情况下，圆满完成了调查任务。著名京剧表演艺术家关肃霜从武汉到家乡荆州演出。《沙市日报》记者王家锦赶到荆州准备采访关肃霜，被关肃霜婉言谢绝。“您知道荆州城内的满族人关姓的来历吗?”王家锦首先向关肃霜提了一个问题，接着告诉她，关家先祖曾跟随努尔哈赤立下战功，关姓是努尔哈赤赐给的，因为努尔哈赤最信奉三国时代的关公关云长。关素肃惊奇地说：“那么，我家祖先原来还是贵族呢!”“您知道您老家祖宅前的一口古井吗？我曾访问过了解您家世的3位老人，我知道在哪!”随着交谈的深入，关肃霜爽快地接受了王家锦的专访。

有的调查人员访谈前不了解与访谈的内容有关的知识，也不制订调查计划和调查纲目，调查时信马由缰，结果势必实现不了调查目的。例如，有两位青年记者一次去山东省某镁矿采访调查，到达目的地后，镁矿有关同志给他们送来不少有关这个矿的文字材料。晚饭后，他们照理应该阅看这些材料，尔后制订采访计划和调查纲目，但他们竟去逛街看电影了。第二天访谈时，当矿长、书记等矿上同志认真接受采访时，记者竟这样发问：“请问你们矿的煤年产量及开采设备，与山西大同煤矿、安徽淮南煤矿相比有什么不同?”这两位记者竟将“镁矿”误认为“煤矿”。顿时，弄得被采访对象啼笑皆非，情感上出现了反感心理，

好端端的采访气氛给破坏了。

访问人员还应尽可能事先将调查目的和主题等通知调查对象，可以通过受访者单位领导、居委会、村干部等，也可以运用电话、邮件、通信等方式与调查对象取得联系，以求得调查对象的支持。

（三）要选好访谈的具体时间、地点和场合

为了访谈的顺利进行，提高访谈调查的质量和效率，必须正确地选择访谈的时间、地点和场合。一般来说，访谈的最佳时间是被访者工作、劳动、家务不太繁忙，而且心情比较舒畅的时候。例如，在乡村访问农民，不宜在农忙、欲出工的情况下进行；在城市访问在职职工家庭，不宜在清晨、中午、深夜或家务繁忙的时候，而宜在傍晚、星期天下午等时间。这些都要求访问者对被访者事先要有充分的了解。

访谈地点和场合的选择，要以有利于被访者准确回答问题和畅所欲言为原则。有关个人或家庭方面的问题则以在家里访谈为宜，有关工作方面的问题，以在工作地点访谈为宜，这样有利于取得较融洽的访谈气氛，也有利于被访者寻找或核查准确回答问题的有关背景材料。但是，如果被访者不愿意在家里或工作地点接待访问者，那么，也可选择其他适当的场所进行访谈。

（四）要注意访谈时的着装、仪表，维护集体形象与个人形象

《北京市国家公务员行为规范》规定，在一些特定的场合，公务人员的穿着应遵守下列礼仪常规：办公室工作穿着要整齐、稳重、大方。工作人员上班时不能穿短裤、运动服，在办公室不得穿着超短裙。宴会、记者招待会时的着装应讲究。男性可穿颜色深一点的西装，加上白色的衬衣和领带。女性可穿套裙或旗袍，颜色以高雅艳丽为宜。会见、访问时可穿套装，也可穿色彩、图案活泼一些的服装，如花格呢、粗条纹、淡色的服装都适宜。

浙江省档案局 2005 年颁布了《女公务员办公礼仪规范》，在着装、语言、交往、行为四方面对女公务员提出了要求。要求女公务员的“办公服装应合乎身份，庄重得体、朴素大方，忌过于前卫招摇，在一定程度上体现自身修养与素质”。同时规定，在工作中及正式场合，着装不应过于单薄紧身，内衣不应外露，佩带的饰物以少为好。

广州市开发区 2005 年 6 月出台《广州开发区公共服务单位文明办公的若干规定》，明确规定：公务员上班不能穿九分裤和时尚拖鞋，公务员穿着执法制服时不能佩戴首饰……违反规定者，每次处罚金额从 50 元到 300 元不等，一年内违规三次以上者，年终考核定为不称职。

二、进入访谈现场

1. 初次接触被访者的方法

访谈是人与人之间社会互动的一种形式，在初次访谈时，进入访谈现场，面对素不相识的被访者，调查人员首先要想办法尽快接触被访者。在调查实践中，接触被访者通常有两种情况：一种情况是，请一位与调查对象熟悉的人带路或陪同，带路人可以是基层组织的干部，也可以是调查对象的同学、朋友等。经由熟悉调查对象人的引见，可以明显增加被访者对调查者的信任感。另一种情况是没有人引见，在事先与调查对象约定的情况下，可以采用自我介绍，必要时可出示自己的有效证件、或者盖有公章的介绍信、自己的名片等，以消除被访者的疑虑，获得信任，以求得理解和支持，这是访谈顺利进行的第一步。

调查人员在进入访谈现场遇到的第一个问题就是如何称呼的问题。称呼恰当，就为接触被访者开了一个好头，如果将被访者的称呼包括姓名、职务搞错，就会闹出笑话，甚至引起对方的反感，影响访问的正常进行。调查人员对被访者要有恰当的称呼，称呼要入乡随俗，自然亲切，既不可对人不恭，也不可过于奉承。通常称呼都是"姓＋职务"，如果被访者是副职，也可直呼"×主任""×校长"等。同时，要注意称呼习俗的变化。例如，对一般人的称呼，过去习惯称"同志"；20 世纪 80 年代习惯称"师傅"；90 年代习惯称"老板"、"先生"；现在有些地区对女性如果称"小姐"，会引起不高兴。这就要求调查员恰当而又灵活地使用各种称呼。

在自我介绍之后，要表达进入访谈的愿望，进一步阐述访谈的目的和意义，以引起被访者的兴趣。若被访者推辞受访，调查人员要想办法与被访者约定下次登门拜访的时间，不要轻易放弃任何一名被访者。

2. 营造融洽的访谈气氛

良好的气氛是保证访谈调查成功的重要条件。在双方有了初步的接触和被访者表示愿意接受访谈时，可以从对方熟悉的事情、关心的社会问题、时下的新闻热点谈起，以消除对方紧张戒备的心理；可以从关心被访者入手，联络感情，建立信任，在建立起初步融洽的关系后，再进入正题。营造良好的访谈气氛的方式有：

(1)寻找共同话题。即寻找与被访者的共同点，激发被访者的热情与兴趣。例如，同乡、同学、同行、共同的经历、共同的爱好等，都可以成为最初交谈的话题。在一时难以找到共同点的情况下，则可从对方最熟悉的事情、最关心的社会问题、或当时当地最吸引人的新闻谈起。例如，与公司经理谈新产品开发，与企业职工谈工厂效益，与知识分子谈网上博客，与青年学生谈体育比赛等都是较好的话题。

1986 年 9 月 2 日，美国哥伦比亚广播公司“60 分钟”节目主持人迈克·华莱士访问邓小平，在正式提问之前，两人进行了一段很有意思的对话：

华莱士：我把今天同你的交谈看成一次非常难得的机会。因为像你这样的人物，我们记者不太容易得到专访的机会。

邓小平：我只是一个普普通通的人。

华莱士：我希望我们在一起的一个小时对你是有趣的。

邓小平：我这个人讲话比较随便。因为讲的都是我愿意说的，也都是真实的。我在我们国内提倡少讲空话。

华莱士：你有没有接受过一对一的电视采访？

邓小平：电视记者还没有。与外国记者谈得比较长的是意大利的法拉奇。

华莱士：我读了那篇讲话，感到非常有趣，法拉奇问了你不少很难答的问题。

邓小平：她考了我。我不知道她给我打了多少分。她是一个很不容易对付的人。基辛格告诉我，他被她剋了一顿。

华莱士：是的。我采访过法拉奇。但我也问了一些她很难答的问题。

迈克·华莱士访谈一开始首先表达了自己对这次采访机会的珍视，然后马上找到了双方都认识的一个人物——意大利著名女记者奥里亚娜·法拉奇，作为共同的话题。邓小平曾经在 1980 年 8 月 21 日和 23 日两次接受了法拉奇的采访，而华莱士也访问过法拉奇。就在这种轻松的聊天中，一种亲切、自然的气氛无形中形成了。

(2)表示友好关怀。即从关怀帮助被访者入手，以联络感情、建立信任。例如，对方家中有病人，就谈如何治病、买药和调养；对方遇到了挫折和不幸，就应表示同情，进行安慰和开导；对方在工作、生产上发生了困难，就帮助出主意、想办法、提建议等。如果条件允许，还可以采取一些具体行动来帮助对方解决实际困难，这就更有利于建立信任和感情。

总之，在进入现场访谈前，调查人员无论采取何种方式接近被访问者，都应以朋友或同志的姿态与对方建立起融洽的关系，然后再进入正题。这是成功地进行访谈的首要前提。

3.按计划进行访谈

在访谈双方初步认识和融洽的访谈气氛下，调查人员可以按照事先拟定的访谈计划自然地进行正式访谈。在访谈过程中，调查人员要按照访谈计划中确定的访谈内容、访谈方式、问题顺序进入访谈，以保证访谈获得成效。

三、提问与记录

(一)提问

1. 提问的作用

(1)提问的涵义。提问是调查人员以提问题的形式获得真实资料所采取的一种访谈方法,是访谈调查的核心。提问成功与否是访问能否顺利进行的一个关键。

提问在访谈调查中的作用首先是导向作用。调查人员通过向被调查者提出一个又一个问题,来控制和引导谈话的方向,使谈话不断朝着访谈调查的目的迈进。提问的另一个作用就是深入挖掘材料,使调查材料具有一定的广度和深度。

(2)问题的类型。访谈过程中提出的问题可分为实质性问题和功能性问题两大类。

所谓实质性问题,是指为了掌握访谈调查所要了解的实际内容而提出的问题。它又可以分为以下几类。一是客观事实类的问题,如姓名、性别、年龄、职业等。二是行为和行为趋向类的问题,如:“你去过北京吗?”“假如有工资待遇高、晋升机遇多的单位,你是否愿意‘跳槽’?”三是主观态度类的问题,如“你最喜欢的电视节目是什么?”四是建议性的问题,如“你对职工养老保险制度改革有何看法或建议”等。

所谓功能性问题,是指在访谈过程中,为了达到消除拘束感,创造有利的访谈气氛,或从一个谈话内容转到另一个内容等目的,所提出的能对被访问者起到某种作用的问题。它也可以分为几类。一是接触性问题。调查人员可以先谈谈调查对象比较熟悉的问题,比如他的住房、家庭、工作等,提出这些问题的目的是为了与被访者接触。二是试探性问题。比如“你今天有紧要任务吗?”“你在单位分管什么工作?”提出这些问题的目的是为了试探一下访问时间和对象的选择是否恰当,以便确定访谈是否进行和如何进行。三是过渡性问题。如访谈内容从工作问题转向家庭生活,可问“你的工作非常繁忙,回到家里大概可以轻松一下了吧!”有了这类过渡性问题,访谈过程就会显得比较连贯和自然。四是检验性问题。如关于家庭生活水平的调查,可以先问家庭收入再问支出,也可以先问支出再问收入,这样,可以起到相互检验的作用。在访谈过程中灵活地运用各种功能性问题,有利于促进访谈的顺利进行。调查人员应根据被访问者的具体情况、问题本身的性质和特点以及与被访问者之间的关系等多种因素,选择最恰当的提问方式,使访谈过程在平等、友好的气氛中进行。

2.提问的技巧

(1)问题要明确、具体。所提的每个问题要简单明了,言简意赅。问题不要太长,尽量使用单句,要避免使用一些不确切的词或生奥的专业术语,使被调查者容易回答。同时还应注意某些词在不同地区的不同含义。

(2)要有礼貌地耐心倾听。调查人员要以平等的亲切的态度对待不同类型的调查对象。当被调查者在回答问题时,必须有礼貌地耐心听,做到边问、边听、边记。如果被调查者在回答问题,访问者却在一旁剪指甲、看报纸,做一些无谓的小动作,或者心不在焉,那么,被调查者就不可能认真地谈下去。调查人员要善于随机应变,在提问、记录过程中要不时地注视着对方,可以通过使用"嗯"、"听懂了"等语言信息或者用点头、微笑、目光和手势等等非语言信息(身体语言)向对方表示你正在听,希望他继续说下去。如果被调查者谈得很起劲,但调查人却毫无反应,或者摆出一副不屑一顾的态度,甚至无礼地打断对方谈话,那么被调查者就丧失了交谈的积极性。当被调查者谈到成绩时,应为他高兴,当他叙述到不幸的事情时应表示同情,以加强情感交流。在访谈过程中,要注意避免触及被调查者个人的隐私,造成不愉快的局面。即使碰到个别无礼的调查对象,调查人员也要保持克制的态度,友好而又耐心地进行交谈。

(3)不要给调查对象以任何暗示。调查人员对所提出的问题要始终保持客观、公正的立场。对调查对象不理解或理解错了的问题,调查人员可以适当作些解释,但不要给调查对象以任何暗示。在访谈中,有些调查对象往往注意调查人员在某一特定问题上的意见,会从调查人员的谈话中寻找暗示,以迎合与取悦调查员,这就会造成调查资料的"失真"。另外,对于在交谈中存在的一些有不同看法或有争议的问题,调查人员应保持客观、中立的态度,而不应有倾向性或诱导性的任何表示。对于被调查者的回答,无论正确与否,都不宜作肯定或否定的评价,更不应去迎合或企图说服对方,而只能作一些中性的反应。如表示:"你的想法我已了解了","请你继续说下去"等,以鼓励对方把内心话说出来。

(4)注意访谈中的非语言符号交流。在人际交往中,文字语言符号和手势、表情等非语言符号都是重要的交流手段。传播学家研究发现,人际交往中,文字语言符号传递的信息只占30%,其余70%是由非语言符号传递的。文字语言符号能直接交流思想,语气、眼神、表情、手势等非语言符号也能表达某种含义。在访谈过程中,调查人员要仔细地分析和利用有关的非语言交流手段。说话语气要委婉,切忌审问式地提问。既可以通过自己的行为来表达一定的思想和感情,也可以通过观察对方的某些动作和姿态捕捉其思想和感情信息。例如,连连点头,表示"赞成"、"同意";匆匆记录表明讲话的内容非常重要;东张西望说明注意力已经转移；频频看钟表，说明希望加快速度，尽快结束谈话等。在访谈中通过这些细小的行为、动作、姿态来传达或捕捉信息，往往能起到语言所不能起的作用。此外，从人的外表、周围的环境等都能获得一些非语言信息。

(二)记录

1.记录的目的与内容

访谈调查的目的就是获得资料。在访谈调查中，资料是由调查人员记录而来的，做好记录是访谈调查必不可少的重要方面。认真记录，能获得更多的现场访谈内容，又能增强被调查者的谈话兴趣，得到更多的访谈资料。

访谈记录的内容不仅包括被调查者的谈话，还应包括被调查者的非语言交流及谈话的时间、地点、环境等。到自己不太熟悉的环境和群体中去访谈调查，要注意及时捕捉资料信息，尤其对于一些现场发生的、转瞬即逝的情况，要及时作好记录。

2.记录的方式

(1)笔记。访谈调查记录，包括笔记和记录机器两种方式。在一般访谈中，调查员通常采用笔记的方法进行记录。笔记的方法主要有三种：一是速记，即用速记法，用缩略语和符号来作记录，把对方的回答全部记录下来，然后再进行翻译和整理；二是详记，即用文字当场作详细记录，这样事后无需翻译，任何人都可看懂记录；三是简记，即只记录一些认为有必要记的内容或要点。这三种方法各有利弊，调查人员应根据具体情况，选择适当的笔记方法。如果访谈现场只有一位调查人员时，调查人员笔记要边问边看边记，可采取速记或者简记方法，不能只埋头作详细记录。如果访谈现场有两位以上调查人员时，调查人员只适当分工，安排一位负责详细笔记，其他人可采取速记或者简记方法，边问、边看、边记。

在访谈过程中，所有调查人员都应记笔记。这样有利于调查人员边听边积极地思考问题，及时作出必要的引导，以便将谈话的问题引向深入，对不清楚的问题也便于在后面再问。同时表示对被调查者谈话的尊重与重视，能在无形中起到鼓励被调查者发表自己意见的作用。主要调查人员亲自记笔记的作用在调查会上尤为明显。

(2)机器记录。机器记录工具包括录音机、录音笔、MP3、摄像机、照相机等。有效地使用记录工具是记录技术的重要方面，它可为调查研究提供具体详细的音像资料。有时，为了使调查人员专注于谈话，以及为了获得完整的谈话资料，在征得被调查者同意的前提下，调查人员可使用录音的方法，边谈话边录音可以使调查更加资料完整、具体，避免笔记中的误差。但如果被调查者不喜欢其谈话被录音，调查人员则不能勉强，否则，就会影响被调查者的情绪，使谈话难以进行下去。

在访谈中，调查人员除了采用当场记录方式外，还可采用事后补记的办法。这种方法主要在个别访问时采用。在个别访问时，可能会遇到被访者不希望记录，或调查员记录会使谈话显得拘谨等情况。如遇这种情况，可不必当场记录，而采用事后补记的方法。

在记录过程中，特别要注意实事求是，不要以自己的主观想象去代替对方的思路，要尽量记录原话，少作概括性的记录，以免掺入主观成份。

四、引导与追问

在访谈过程中，不仅要提问，而且需要引导与追问。引导的目的是为了帮助被调查者正确地理解和回答已经提出的问题；追问则是为了使调查者能真实、具体、准确、完整地了解或理解被调查者所回答的问题。引导和追问实质上是对提问的引申和补充，是访谈过程中不可缺少的手段。

(一)引导

在访谈过程中遇到障碍不能顺利进行下去或偏离原定计划时，就应及时加以引导。通常有以下情况：一是被调查者没有听清所提的问题，或对问题理解不正确，答非所问；二是被调查者存在思想顾虑，避而不谈或者一带而过；三是被调查者一时语塞，对所提问题想不起来；四是被调查者漫无边际、离题太远等。

要根据具体情况，采用适当的引导方法。如果是被调查者没有听清所提问题，就将问题再复述一遍。例如，“我想你可能没有听清楚我刚才提出的问题，我再说一遍……”如果是被调查者对问题的理解不正确，则应根据统一的标准，对问题作出具体解释或说明。如果是被调查者思想上有顾虑，就应摸清根源，然后采取对症下药的方法消除顾虑。例如，“你反映的这个问题，我们绝对保密，请你放心地讲”。如果是被调查者一时遗忘了某些具体情况，就应从不同角度、不同方面帮助对方进行回忆。如果是被调查者的回答离题太远，就应寻找适当时机，采取适当方式，有礼貌地把话题引向正题。例如，“你刚才谈了很多有关这方面的问题，很好，现在请你再谈谈另外一个问题。”如果遇到一些调查对象不善于交谈，调查人员要耐心细致地加以引导，并让对方有充分思考的余地。总之，引导的目的就是为了排除访谈中的各种干扰和障碍，使访谈过程得以按原计划顺利地进行下去。

(二)追问

在访谈中,追问也是一种不可缺少的手段。通常在遇到下列情况的时候需要追问。当被调查者的回答前后矛盾、不能自圆其说的时候;当被调查者的回答残缺不齐、不够完整的时候;当被调查者的回答含混不清、模棱两可的时候;当被调查者的回答过于笼统、很不准确的时候;当调查员对一些关键问题的回答没有听清楚的时候,都应适当地加以追问。追问的方式主要有:

1. 直接追问与迂回追问

直接追问即直截了当地请被调查者对未回答或回答不具体、不完整的问题再作补充回答。迂回追问即通过询问其他相关联的问题或换一个角度询问来获得未回答或未答完的问题的答案。

2. 当场追问与集中追问

对于一些简单的问题,比如调查人员对某个具体数字没有听清楚,可在对方回答问题时立即进行追问。对于一些比较重要、复杂的问题,则应记下来,或在记录本上作上标记,留待访谈告一段落后集中追问。

不管采用哪一种追问方式,都要尊重对方,做到适时、适度,应以不伤害被调查者的感情为原则,以免影响整个访谈进程。

五、结束访谈

做好访谈的结束工作是访谈调查活动的最后一环。为了使访谈调查活动善始善终,调查人员应注意以下几个问题。

(一)掌握访谈时间

据研究表明,一般情况下,被访者保持注意力的时间为:电话访谈 20 分钟左右;结构性访谈 30 分钟左右;集体座谈和非结构性访谈一般以一两个小时为宜,至于一次访谈究竟用多少时间,应根据访谈调查的实际情况灵活掌握,具体情况具体对待,以不妨碍被访者的正常工作和生活秩序为原则。比如,被访者要上班了,要开会了,要吃饭了等,就应及时结束访谈活动。

(二)关注访谈气氛

调查人员在访谈进入尾声阶段,除了要注重被访者的回答内容,还要时刻体察被访者的行为表现。如果调查对象仍有谈话兴趣,并要求转换到其他话题时,调查人员可以用委婉的方式插话,暗示访谈可以圆满结束。比如,“我今天想了解的就是这些问题。”如果被访者说话的语调降低和节奏变慢,或者不时地看手表、手机等,或者已超过事先约定的时间,或者双方感到非常疲乏和厌倦交谈难以进行、话不投机时,就应马上结束访谈。

(三)真诚感谢对方

访谈结束时,要真诚地感谢被访者对调查工作的支持与合作,表示从对方学到了许多书本上学不到的知识,并充分肯定通过访谈建立和加深了友谊。另外,如果这次访谈尚未完成调查任务,那么就需要约定再次访问的时间和地点,最好还能简要说明再次访问的主要内容,以便对方做好思想和材料准备。

(四)初步整理资料

每次访谈结束后,要对资料进行初步整理,以便搞清这次访问是否已把问题的答案全部弄清楚了,是否有必要重访一次。有时调查人员以为访谈时已经搞清楚了的问题,在整理资料中会出现一些模糊的地方;或发现有的问题被遗漏了。这时,调查人员切不可自作主张任意确定一个答案,而是需要重新访问一次,以保证资料的正确性和完整性。

从进入访谈现场开始,经过提问、引导和追问,到访谈的结束,这就是一次访谈活动的大致过程。访谈过程的每一个阶段或环节,都有许多技巧问题。调查人员在访谈时应熟练地掌握各种访谈技巧,以最合适、最有效的方式,取得被调查者的信任与合作,从而获得真实可靠的第一手资料。

第四节 人物专访

专访是对先进、典型人物或单位、部门进行专题访问的一种访谈形式,也是大众传媒常用的一种体裁。专访一般分为人物专访、事件专访和问题专访。近些年来,各类媒体新闻改革发生的一个重大变化,就是专访尤其是人物专访比较多。比如中央电视台的“面对面”栏目等。许多报纸设立“本报专访”专栏,有的报社设立专访部,专门组织精兵强将从事新闻专访。中外媒体有相当一部分记者,比如意大利记者法拉奇,美国电视节目主持人华莱士,中央电视台节目主持人王志、水均益等,都是因为成功的“专访”而出名,

在改革开放的中国社会,新人、新事、新问题层出不穷,需要及时地作专题性报道,人物专访这一报道体裁快捷、灵活,且有较大感染力,因而格外受人青睐。比如2005年10月17日早晨4:33分,“神六”航天员费俊龙、聂海胜宇宙飞行5天后安全返回,当天晚上6时,央视“面对面”栏目,专访了航天员费俊龙、聂海胜。

一、人物专访的特点

从体裁上说，人物专访是人物通讯的分支。两者的共同特点是，可以用叙述、笔录、描写、议论与抒情多种方法并举的方式写人、记事，可以更详尽、更生动地描绘新闻人物。其不同特点是：

（一）人物专访强调新闻性与现实针对性

任何新闻报道都要求具有新闻性，然而不同报道体裁对此的要求并不一样。相对而言，人物专访的新闻性与现实针对性要比人物通讯更强一些。人物专访所报道的应是目前众所关注的人物。

（二）人物专访注重现场活动

人物专访一般注重再现访问的过程与现场情况，给人以亲临其境之感。

（三）人物专访突出专题性

专访的突破口一般都较小，记者在进行人物专访时，预先都有明确的目的，所谈的问题往往集中于某一点上，这样往往能突出最有新闻价值的内容，也往往言简而富有鲜明特色。

二、选准专访的对象、时机与场所

（一）专访对象一般选择引人注目的新闻人物

某人一旦成为新闻人物，读者往往想进一步了解这个人的经历、爱好、真实思想，以至家庭状况、人际关系等等情况。

先进人物：凡是有重大发明创造，对社会作出突出贡献或获得各种荣誉称号的社会精英，都有可能成为专访对象。

风云人物：凡是在社会政治、经济、文化、军事、外交事务等方面有突出表现的人物，也是专访的最佳人选。

新闻事件中的关键人物：如“神六”航天员费俊龙、聂海胜等，对这些已见诸媒体的新闻当事人进行专访，会使不少人注目。

社会名流：凡是刚从国外或外地来访的著名政治活动家、学者、艺术家和其他社会知名人士，都可以成为专访的对象。本地名流若有新的具有新闻价值的活动，也可以成为专访对象。

各条战线的新秀：如文艺新秀、体育新秀等也值得写一篇人物专访。

某些与重要新闻事件或新闻人物有关的知情人：也是重要的专访对象。他们往往能供提供一些内幕情况，这对于澄清某些事件真相或者从侧面展示某些新闻人物的形象，都是很有必要的。

(二)专访场所的选择

选好访问场所，可能会给我们的采访带来意料不到的好处。有许多事情，可以说是时过、事了、境未迁，当事人与有关人员置身于特定的环境，可以因境而忆事，触景而生情。

《羊城晚报》记者吴其琅有一次去采访秦怡，原计划是写秦怡如何塑造几十个不同角色的。然而，在秦怡家中所见到的情景，令他大吃一惊，油漆脱落的小方桌上放着一只煤油炉，锅里煮着清水晃荡的青菜汤；床头，一只半旧不新的皮箱；床上，一件织了一半的毛衣；秦怡当时正在晒衣服，活脱脱一副家庭主妇的模样。秦怡边吃着籼米饭，就着酱菜与那锅青菜汤，边与记者交谈。从交谈中，记者对秦怡多灾多难的家庭生活有了一个深刻印象：当时重病在身的丈夫，精神失常的儿子，繁重不堪的家务……”但就在这样的环境中，她顶住生活的重负，在电影事业上取得了光辉的成就。于是记者舍弃了原先那个一般化的报道主题，围绕艺术与生活这对矛盾，写出了《衣带渐宽终不悔》这篇很有特色的人物专访。

(三)专访时机的选择

新闻专访的采访与写作要注意时机的选择。在很多情况下，时机错过，这篇报道也就失去了报道的价值。

三、专访前的准备

做好专访前的准备工作，能为专访打下可靠的基础。准备越充分，采访时越能提高效率。根据人物专访的特点，我们应作好下述准备工作：

(一)尽可能了解、研究与采访对象有关的情况

意大利记者法拉奇是以采访世界风云人物而出名，她在介绍自己的采访经验时谈到，在访问前，她总是用几个星期的时间作准备工作，其紧张程度“简直就像学生准备大考一样”。她总是设法找到并且阅读大量有关被访问者的书籍和材料，并作笔记，写下研究心得。预先对采访对象进行了解与研究，有很多好处，其中最为突出的有三条：

1.可以尽快找到沟通双方思想感情的桥梁

谈话一开始就要造成这样一种气氛，要使对方感到你是一个朋友，一个可以信赖的人，对你可以无话不谈。

2.可以尽快进入实质性谈话，提高采访效率

预先研究过有关材料，谈话就不必从询问“今年几岁了”诸如此类的问题开

始。这样问，一方面要耗费不少时间，另一方面也令采访对象感到你与他的隔膜，影响谈话气氛。美国新闻学家麦克道格尔曾经说过："音乐家、科学家、作家、政治家以及其他有名望的人，往往鄙视那些表现出对他们的活动和声望不甚了解的记者。此外任何学有专长的人都感到，同一个对他的专业领域一无所知的人交谈，是件索然寡味的事。"作为一个记者我们不能不正视这一点。

3. 可以对采访中可能遇到的问题进行预测，并预想好应付各种复杂场面的对策，以能掌握采访主动权。

(二)尽可能拟订一个切实可行的采访计划与谈话提纲

采访计划一般包括以下几项内容：首先要明确此次专访的主题；其次要确定适当的访问场所与时间；第三是访问方式：是通过某个熟人介绍去见那个访问对象，还是自己闯进门去？是开门见山地提出问题，还是旁敲侧击？第四，采访中提问的顺序、谈话提纲、观点要点，这些预先都要有所准备。记者若在采访前能根据研究有关材料的感受，列出一张较为全面的谈话提纲，等于预演一下采访的全过程，临到正式采访时，就会胸有成竹，遇事不慌了。

四、谈话、倾听与观察原则

(一)谈话的原则

1. 确定开始谈话方式

如果对方是与你较熟悉、或预先打过招呼、有专门准备的，那不妨以开门见山、直截了当的方式。然而对于大多数专访对象来说，在开始的时候可以先寒暄一会，找机会融洽一下气氛，然后转入正题，效果会好一些。采访经验丰富的记者往往在走进采访对象房间时，首先打量一番，有时可以发现采访对象的爱好所在，再以此打开话题。像法拉奇那样，寻找采访对象与自己的经历或亲朋中某些人的共同之处展开话题，也是一种好办法。

2. 要尽可能控制谈话方向

要使谈话围绕着事先设想好的主题，或者在谈话过程中突然被你抓住的更好的主题来进行。当对方说话时，我们就要考虑：他的这些话能不能用在报道里面？根据他所说的这些内容，是否已构成一篇专访所必需的材料了？还需要补充什么内容？构成专访的几个关键性问题是否都已提到了？有没有必要再换一个角度提出问题？当采访对象的话题脱离我们的报道主题的时候，要设法不露声色地把它慢慢转回来。

3. 前后问题之间要有逻辑联系

前一个问题与后一个问题之间要有逻辑上的联系，也就是说要符合采访对象思路的逻辑发展，如果东一锤子西一棒，容易把采访对象思路打乱，引起烦躁情绪。在专访过程中，不要怕提尖锐的问题，但在提这类问题前应有所铺垫，在自然而然的谈话中顺势提出，使对方不感到突兀，怀疑你有用心。

4. 专访提问要注意张弛结合

专访时在连续提了若干个严肃的问题之后，适当改换下话题，提个轻松活泼的问题，然后再转入严肃的提问，这样有利于调节气氛，也可打开思路，发现自己原来没有预料到的有价值的内容。

5. 重要问题要尽力搞明白

在采访一些对专访至关重要的问题的时候，不要仅仅因为采访对象坚持说“无可奉告”就轻易放弃。可以设法不断改变提问的角度诱使对方回答，或者根据其拒绝回答的情况，给他设想出一个令其为难的结论，并问他这个结论是否正确；在这种情况下，采访对象非开口不可。比如，意大利著名女记者法拉奇对人物专访中的重大问题，善于运用激将法，甚至把对方激得“跳”起来，从而滔滔不绝地说出情况来。1972 年 3 月，法拉奇在安曼采访了巴解组织领导人阿拉法特。采访一开始，当法拉奇问起阿拉法特多大年纪时，阿拉法特马上声明：“不要提任何个人问题。”阿拉法特是个具有传奇色彩的人物，有关他个人的传说多种多样，很不一致，这无疑是广大群众乐于知道的事实。法拉奇在谈话采访临近结束的时候，巧施提问，引出了一段很有意思的谈话：

法拉奇：不，我们不愿意任何人流浪在世界上，不愿你们流浪在世界上。

阿拉法特：然而现在流浪在世界上的是我们。我相信，总有一天，你们会良心发现的。但直到那天来到之前，我们最好别见面。

法拉奇：阿布·阿玛尔，您总是戴着墨镜是因为这个原因吗？

阿拉法特：不，我戴墨镜是为了不让别人看到我是睡着还是醒着。在我们之间，我可以告诉您说，我戴眼镜时，总是醒着的，只有摘下眼镜时，我才睡，我睡得很少。我已经声明在先，不要提任何个人问题。

法拉奇：阿布·阿玛尔，我只提一个问题。您还没有结婚，在您的生活中没有女人，是因为您愿意像胡志明那样生活，还是因为您对同女人一起生活感到厌恶？

阿拉法特：胡志明……不，可以这么说，我还没有找到一个合适的女人，我已经同一个女人结了婚，她的名字叫巴勒斯坦。

在这次采访中，法拉奇巧用激将法，终于挖到了阿拉法特的个人问题，得到一段很有个性的回答。

(二)倾听的原则

1. 记者在专访时应该避免对采访对象作长篇介绍，应该避免为了一个问题纠缠、辩论不休。

2.要敞开思想，去接受各种不同的、崭新的思想观点，甚至包括你所反对的那些思想观点。

3.要尽量避免频繁地、不得要领地打断别人的谈话，要给采访对象以充分的时间阐述他自己的见解或他对某个问题的解释。

4.要注意采访对象话中有话，注意被精心掩盖着的那一层意思。可以通过观察采访对象的表情，那吞吞吐吐、欲说又止的神态，以及某些经过斟酌而特意使用的词句来发现。

(三)观察的原则

1.要有明确的观察目的

在专访中，访问者既要提问题，又要听谈话，还要观察，因此需要合理地分配注意力，不要无目的地东张西望，也不必把眼睛里所看到的一切都费劲地记下来。一般而言，在专访中观察的目的有两个：一是为了从眼前的事物中寻找出双方有兴趣的话题；二是为了在报道中对眼前的人或事物作一番描绘。凡是与此无关的东西，就不必去分心注意它。就是与这两个目的有关的事物，也可以有所区别：对于单纯是作为话题的事物，只需粗略看一下，而对于那些将在报道中加以描绘的东西，则要仔细观察，非得找出其特点不可。

2.专访现场观察的对象

专访现场观察的对象，一个是专访对象，另一个是周围环境。前者是活动的，是专访的中心，后者是相对静止的，因此应区别对待，合理安排观察时间。一般是在进门时，打量一下周围环境，若要仔细观察一些事物的细节，要待谈话告一段落之后。在和采访对象紧张交谈的过程中，最好把注意力放在采访对象身上，仔细观察他的表情、动作。千万不要光顾了埋头记录，而忘了观察；在人家谈得起劲的时候，也不要东张西望，免得人家以为你心不在焉，兴趣索然。

五、人物专访写作中应注意的问题

(一)要注重谈话纪实

一般而言，专访的主要内容是谈话，在报道中要把谈话的主要内容体现出来。

(二)要保留谈话的本来风格

人物专访要体现采访对象的个性特征。采访对象的言谈，因人而异，各有各的个性。有的庄重严肃，有的风趣幽默，有的富有哲理，有的热情奔放，有的委婉细腻。在报道中最好能把这类个性特征体现出来。

(三)要再现现场场景

写人物专访,要利用尽可能少的文字,展现现场情景、气氛,这样可增加报道的感染力。

(四)要有目的地勾勒人物形象

很多人物专访都有对人物形象的描绘,高明的记者把人物外貌的描述,看作是揭示报道主题、突出新闻价值的重要手段之一。不高明的记者只是为描写而描写。有位记者描写我国著名舞蹈家戴爱莲:“戴女士穿着漂亮的山东刺绣衬衫,尽管63岁了,但身材仍像苗条少女。她的面貌是东方型的,骨骼轻得像小鸟。她只有五英尺高,她的娇小玲珑给人留下深刻的印象。”

这是一段成功的描写,因为它符合戴爱莲的身份。这位舞蹈家,到了老年还如此苗条,训练有素是个重要原因。这为以后的段落中介绍她对中国民族舞蹈事业的贡献,埋下了伏笔。专访中的人物形象,是通过他们各自特殊的性格、特殊的遭遇和特殊的行为方式树立起来的。在勾勒人物形象之时,要抓住其传神之处。这样笔墨虽少,却能显示人物的特征。

本章小结

1. 访谈调查是调查者通过有计划地与被调查对象进行交谈,收集所需资料、了解有关社会实际情况的调查方法。访谈调查是一种有目的、有计划、有准备的谈话,针对性强,谈话的过程紧紧围绕着调研的主题展开。一般谈话没有明确的目的,只是一种随意性聊天。

2. 访谈调查具有方式灵活、真实准确、深入全面、适用性广等优点,同时也存在成本较高、匿名性差、主观性强、记录困难、处理结果难等局限性。

3. 结构性访谈亦称标准化访谈,是指按照统一设计的、有一定结构的调查表或问卷所进行的访谈。非结构性访谈,也称非标准化访谈。它事先不制定统一的调查表或调查问卷,而是按照一个粗线条的提纲或者一个题目,由调查者与被访者在这个范围内进行交谈。

4. 访谈调查的准备工作包括:制定访谈计划,把握调查内容,选择适当的访谈形式,设计好访谈调查表或访谈提纲,以及记录表格,选择访谈对象,初步了解被调查者的情况,选好访谈的时间、地点、场合等。

5. 开好座谈会,最主要的是调查者应具有熟练的访谈技巧和组织会议的能力。明确会议目的。精选与会人员。选好场所和时间。有效组织会议。解决好“冷场”、“热场”和“偏场”等问题。

6. 人物专访是人物通讯的分支。两者的共同特点是,可以用叙述、笔录、描写、议论与抒情多种方法并举的方式写人、记事，可以更详尽、更生动地描绘新闻人物。其不同特点是：人物专访强调新闻性与现实针对性、注重现场活动、突出专题性。

思考与训练

1. 什么是访谈调查？
2. 如何做好访谈前的准备工作？
3. 在提问过程中，调查人员应发挥哪些技巧？
4. 结束访谈应注意哪些问题？
5. 请选择您所在单位的一位先进人物进行人物专访，列出一份专访提纲。

推荐读物

林如鹏：《新闻采访学》，暨南大学出版社 1998 年版

[美]巴比：《社会研究方法》，华夏出版社 2000 年版

第六章　实地观察和文献调查

导入语

“百闻不如一见。”——汉宣帝时赵充国将军

“他山之石，可以攻玉。”——《诗经·小雅·鹤鸣》

本章要点

实地观察是指调查者带有明确目的，有计划地运用自己的感觉器官或借助科学观察工具，直接从社会生活现场能动地了解处于自然状态下的社会现象并收集资料的调查方法。

实地观察具有直观性、可靠性、简明性等优点。实地观察中要选好观察对象和环境、选准观察时间和场合、与被观察者建立良好的人际关系、把观察与思考、记录紧密地结合起来等。

文献是人们专门建立起来储存与传递信息、知识的一切载体，包括了用文字、图像、符号、声频、视频等手段记录人类知识的各种物质形态。文献调查的主要作用能作为社会调查的先导；能为比较研究和动态研究提供必要的依据；能为社会现象的研究提供现实的依据。

实地观察和文献调查是社会调查中两种常用的收集资料的方法。实地观察是收集第一手资料的直接调查方法，而文献调查是收集第二手资料的间接调查方法。

第一节　实地观察

首先介绍一篇发表在 1994 年 12 月 8 日《安徽日报》第 5 版上的调查报告

《向灾民伸出温暖的手》是如何进行实地观察的，以及实地观察在社会调查中的作用。

1991年夏季，淮河发生百年不遇的特大洪灾，损失惨重。到1994年，地处淮河南岸的安徽省长丰县90多万人又遭受到百年不遇的特大旱灾。这一年从4月下旬到11月下旬，长丰县30个乡镇有21个乡镇接连7个月没下过一场雨，粮食颗粒无收，全县有15万灾民缺粮吃。灾民们如何过冬，如何度过春荒，牵动着人们的心。1994年11月29日，长丰县委宣传部干事到报社送稿，从包里取稿时顺手掏出几十张没有报销的车票和发票，引起了笔者的注意。这位宣传干事说，重灾区灾民8月份就断粮了，机关干部每月都要从工资中捐款救灾，已经几个月没有报销了。笔者决定前去实地调查。12月1日(星期六)，雨夹着雪花，天气阴冷，当天晚上，该县召开常委扩大会，汇报如何采取措施救灾。听了汇报，笔者放心不下灾民，决定到灾区实地察看。下面就是灾区见闻：

12月2日，我们在县民政局领导陪同下，沿着坑坑洼洼的乡间小路来到特重灾区杜集乡团结村洼里村民组。农民李继合一家6口人住在一间约30平方米低矮的土墙草房里，我们低头进门，屋内除了3张旧木床、一张小方桌，两条短木凳、一口锅台外，剩下的是5条装粮食的化肥袋，山芋干和稻谷各2袋，一袋装着小手指粗的胡萝卜连着叶。正坐在地上编柳条筐的李继合起身，面带愧色地说："真对不起，家里凳子少，没法叫你们坐了。"当我们问到他家今年(指1994年——编者注)收了多少粮食时，这位年近50的男子汉眼圈红了，他说："我家6口人，老母亲73岁，儿子20岁，两个女儿一个19岁，一个17岁，夫妻俩承包7亩地。今年夏季收回小麦栽上稻秧后，家里缺钱买肥，我原以为小麦能接到新稻，就把余粮都卖了。谁知这老天坑人，几个月不下雨，稻苗枯死了，7亩地只收了100多公斤稻谷。我家从8月份就开始借粮吃了。"他用手指着化肥袋说："那4袋山芋干和稻谷是小孩舅前天送来的。大人少吃点还能挺着，可这3个孩子饿了就叫。"李继合越说，声音越低沉。

下午2点多，我们来到造甲乡郑庄村民组，农民崔新卓夫妇正在家吃午饭，我们进门掀开锅盖一看，半锅青菜和着少量米煮成的稀饭正冒着热气。崔新卓说，村里很多人家现在每天只吃两顿，半上午吃早饭，半下午吃中饭，大都吃山芋和菜稀饭。县民政局领导说："县里领导正在给你们安排过冬口粮，这两天就会供应的。"崔新卓脸上露出一丝笑意，说："现在手中缺钱，最好是粮站借粮给我们吃，明年我们保证还新粮。"

据县民政局领导介绍，目前，在长丰灾区，像李继合、崔新卓这样的缺粮户有20多万人，其中特重灾区有15万人，预计明年新粮上市前缺粮人口还会增多，按每人每天500克原粮计算，全县把收的和捐的粮食都拿来供应，还缺口

1000万公斤左右。灾民们盼望上级有关部门和社会各界能继续伸出温暖之手,在粮食和资金上援助长丰,帮助灾民度过难关。长丰人是不会忘记的。

(1994年12月8日《安徽日报》第5版 作者:黄奇杰)

这篇调查报告见报的当天,安徽省人大常委会一位副主任首先在报纸上批示,安徽省委、省政府主要领导也都作出批示,要求省直有关部门和合肥市(长丰县隶属省会合肥市)尽快解决长丰灾民过冬吃粮问题。紧接着安徽省粮食、财政、农业银行等部门出钱出粮援助长丰灾民度过了难关。如果没有实地深入观察,笔者就不可能写出这份很快解决几十万灾民吃粮问题的调查报告。

一、实地观察的涵义和特点

(一)实地观察的涵义

实地观察,也叫现场观察,是指调查者带有明确目的,有计划地运用自己的感觉器官或借助科学观察工具,直接从社会生活的现场能动地了解处于自然状态下的社会现象并收集资料的调查方法。

恩格斯在了解英国工人阶级的生活状况时就运用了观察法。他的《英国工人阶级状况》有一个醒目的副标题:"根据亲身观察和可靠材料",说明这篇著名的调查报告是恩格斯实地观察和文献调查相结合的产物。

(二)实地观察的特点

1. 自觉性与目的性

实地观察是一种自觉的、有目的的观察活动。这一特点使它有别于人们在日常生活中对社会现象所进行的观察。

2. 自然性与现场性

实地观察是一种在自然状态下的现场调查,它的观察对象应该是处于自然状态下的社会现象。观察者对被观察对象的活动不加干预,对于影响被观察对象的各种社会因素也不加干预。这一特点使得实地观察既区别于文献调查,又区别于实验室的观察。

3. 感官性与器具性

实地观察的手段主要运用两类观察工具进行的观察活动。这两类观察工具:一是人的感觉器官,其中最主要的是视觉器官——眼睛、听觉器官——耳朵等;二是科学观察工具,如摄影机、照相机、录音机、探测器等器具以及观察表格、观察卡片等。这一特点使它区别于访问调查、问卷调查等收集资料的方法。

4. 表象性与能动性

实地观察观察到的主要是被调查对象的外显行为,被调查对象的态度、观念等主观意识方面的资料无法通过实地观察直接收集到。这一点使它区别于访问调查和问卷调查。实地观察的过程是一个积极的能动的反映过程。观察者在一定时间和空间,可以全面地、广泛地、能动地观察社会现象。

(三)实地观察的优缺点

1. 实地观察法的优点

实地观察的上述特点决定了这种方法既有优点,也有局限性。它的优点主要体现在:

(1)直观性。实地观察法的最大优点是它的直观性。它能获得具体、生动的感性认识和真实可靠的第一手资料。所谓"百闻不如一见"说的就是这个意思。

(2)可靠性。实地观察是调查者通过亲身到现场"耳闻目睹"收取资料,因此,资料比较可靠;同时,它还适用于对那些不能够、不需要或不愿意进行语言交流的社会现象进行调查,调查者直接观察社会现象即可。

(3)简明性。这种方法简便易行,适应性强,灵活性大,可随时随地进行,观察人员可多可少,观察时间可长可短,一般毋须设计复杂的调查表,只要调查人员到达现场获得一定的感性知识就行。正因为实地观察具有上述优点,所以,它不仅应用十分广泛,而且成为其他社会调查方法的基础。

2. 实地观察法的缺点

实地观察也有它的局限性,主要表现在:

(1)表面性与偶然性。这是实地观察的最大缺点。实地观察不能进行大样本观察,只适用于对一个或少数几个典型单位进行观察。由于观察者所观察的都是一定时间地点上的社会现象,都带有一定的特殊性和偶然性,观察所得到的资料往往是一些表面现象,这就给调查结果的验证带来一定困难。

(2)时间性与空间性。实地观察受时间、空间等客观条件的限制。就空间范围来说,实地观察只能进行微观的、局部的调查,不可能对大范围的社会现象进行观察。就调查的时间条件来说,对于突发事件和偶然事件,观察者往往很难预料,所以就很难做到有目的、有准备的调查。

(3)主观性与差异性。这种方法难以收集到调查对象的主观意识方面的资料,同时受调查者主观因素的影响较大。因为这种方法主要靠观察者的单方面的活动,所以,对社会现象观察得是否正确,在很大程度上取决于观察者个人的素质。

(4)客观性与制约性。实地观察受客观条件制约较大,需要花费较多的人力、物力和时间,获得的资料往往不利于进行定量研究等,这也是实地观察法难以避免的缺点。正因为实地观察有上述局限性，所以这种方法一般应该与其他社会调查方法结合起来，才能收到良好的效果。

二、实地观察的类型和原则

(一)实地观察的类型

1. 根据观察者是否参与被观察对象的活动，实地观察可以分为参与观察和非参与观察两类

一般来说，参与观察比较全面、深入，能获得大量真实的感性认识，但观察结果往往带有一定主观感情色彩；非参与观察比较客观、公允，能增加许多感性知识，但往往只能看到一些表面的甚至偶然的社会现象。

(1)参与观察。参与观察也称局内观察，就是观察者参与到被观察人群之中，并通过与被观察者的共同活动从内部进行观察。参与观察按照参与程度的不同，可分为完全参与观察和不完全参与观察。

①完全参与观察，就是观察者完全参与到被观察的人群之中，作为其中一个成员进行活动，并在这个群体的正常活动中进行观察。例如，美国社会学家奥斯波安在取得有关当局的同意后，以一个犯人的身份进入监狱，与犯人们一起生活，以观察犯人真实的待遇和生活状况。后来他写了《在监狱内》一书。

②不完全参与观察，就是观察者以半“客”半“主”身份参与到被观察人群之中，并通过这个群体的正常活动进行观察。

参与观察法的主要优点是：它可以缩短或消除观察者和被观察者之间的心理距离，便于深入了解被观察对象内部的真实情况。但这种方法也有其局限性，主要是观察者容易受到被观察者的影响，其观察结论容易带主观感情的成分。

要使参与观察真正取得成效，观察者必须做到：第一，要有不怕艰难困苦的自我牺牲精神，真正深入到被观察者的生活环境中去。第二，要熟悉并适应被观察者的生活方式、语言和风俗习惯，真正参与被观察群体的共同活动，取得被观察者的信任。第三，要始终保持观察者的客观立场，不为被观察者的利益与情感所左右。要在不引起被观察者注意的情况下做好详细的、准确的记录。

(2)非参与观察。非参与观察也称局外观察，就是观察者不加入被观察的群体，完全以局外人或旁观者的身份进行观察。调查人员只须在距离被观察者很近的地方观察，对被观察者及其活动不表露任何兴趣，只是看、听并适当作些记录。这种方法通常在观察者无法进入被观察者内部或无须介入被观察对象的活动时采用。在社会调查中都会在不同程度上采用这种方法。

非参与观察的主要优点是，观察者不易受被观察者的影响，观察结果比较客观、公允。这种方法的主要局限性是，对现象的观察易带有表面性和偶然性，不易深入。特别是当这种观察活动类似于“走马观花”时，这一局限性就更为突出。如果说在自然状态下的“走马观花”，还能看到一些真实情况的话，那么事先通知的、有准备的“走马观花”则往往只能看到一些表面的甚至是虚假的情况。所以，避免非参与观察法的局限性的关键在于：一要保持在自然状态下进行观察。观察者的观察活动不能影响和干扰被观察者的正常活动；二要有观察的持续时间，要对观察对象作较长时间的深入观察。只要做到这两点，即使是旁观者身份，也能看到一些真实情况。

2. 根据观察的内容和要求，实地观察可分为有结构观察和无结构观察

有结构观察能获得大量翔实的材料，并可对观察材料进行定量分析和对比研究，但它缺乏弹性，比较费时；无结构观察比较灵活，简单易行，适应性较强，但观察所得的材料比较零散，很难进行定量分析和对比研究。例如，教育部专家对高校本科教学水平评估，既有结构性观察，又有无结构性观察。按照评估具体指标，对文档材料的观察，就是结构性观察，而随机进教室、食堂、学生宿舍等，观察教学情况、环境卫生、饭菜质量、价格等，就是无结构性观察。

(1)有结构观察。有结构观察也称有控制观察或系统观察，它要求观察者事先设计好详细的观察项目和严格的要求，统一制定观察表格或卡片。在实地观察过程中，要按照设计要求进行观察，并作详细观察记录。例如，一些高校教务管理人员每天上午上课前5分钟进课堂对学生到课率等所做的调查，就是通过观察记录表进行的有结构观察。

(2)无结构观察。无结构观察也称无控制观察或简单观察，是指观察者并不预先规定标准化的观察项目和要求，仅根据研究的目的和任务灵活进行的观察。它适用于探索性研究和有深度的专题研究。

3. 根据观察对象的状况和是否借助于观察工具，实地观察可分为直接观察和间接观察

(1)直接观察。直接观察是凭借观察者自身的眼睛、耳朵等感觉器官直接对当前正在发生的社会现象所进行观察的方法。直接观察简便易行、真实可靠。

(2)间接观察。间接观察是观察者借助照相机、摄影机等工具进行观察活动的方法。间接观察还包括是对物化了的社会现象所进行的对过去社会情况的观察。间接观察比较复杂、曲折，它需要比较丰富的经验和知识，有时还需要科学的鉴定手段和方法，而且在推论时可能发生种种误差。但是，它可以弥补直接观察的不足，更是对过去社会现象进行观察的惟一可行的方法。

(二)实地观察的原则

进行实地观察,一般来说,应遵循以下一些基本原则:

1. 客观性

实地观察的客观性,是进行观察的首要的最基本的原则。在社会生活中,观察者与被观察者总有这样或那样的联系,观察者对社会现实的感知也总会受到这种种联系的影响。一般来说,观察者同被观察的人或事物的联系越密切,情感因素对观察过程的影响就越大。同时,观察者的知识与经验,也会影响观察过程。实地观察的客观性不在于一概排除观察者个人的情感、知识与经验等因素,而在于坚持科学标准,实事求是,不因个人偏见或个人狭隘的经验而歪曲、掩饰或编造社会事实。

2. 全面性

实地观察的全面性,是观察的客观性原则的内在要求。任何客观事物都有多方面的属性、多方面的联系、多方面的表现形式,要正确认识客观事物,必须从不同侧面、不同角度、不同层次进行全面的观察,才能了解客观事物的全貌,从而正确认识事物。

3. 深入性

在实地观察中,要坚持观察的客观性和全面性,就必须进行深入、细致的观察,这是因为,社会生活本身纷繁复杂、千变万化,许多社会现象不是一下子就能观察清楚的;特别是在党风和社会风气不正的情况下,有些人往往会自觉不自觉地用一些片面的、偶然的、甚至虚假的现象来应付、蒙骗观察者。如果观察者仅仅满足于沿着大路"走马观花",仅仅停留在表面现象浮光掠影,那么就有可能受骗上当,就有可能做出片面的、甚至错误的观察结论。

4. 持久性

实地观察往往是一种十分单调、枯燥的工作,要进行客观、全面、深入的观察,就必须坚持观察的持久性。对于许多复杂的社会现象来说,要得到正确的调查结论,更需要坚持长达数日、数月、数年、甚至更长时间的观察。

5. 必须遵守法律和道德准则

在实地观察中,一定要遵守宪法和其他法律的有关规定,决不可在没有得到许可的情况下,私闯调查对象的住宅,偷看他人的私人信件,或干出其他违法的事情来。此外,还应该遵守一般的道德规范,决不可在违背被观察者意愿的情况下观察属于私生活范围内的活动。

三、实地观察的实施

(一)实地观察中应注意的问题

1. 选好观察对象和环境

要使实地观察的结果具有典型意义,就应该选择那些典型环境中的典型对象作为观察的重点。

2. 选准观察时间和场合

一定社会现象,总是在一定时间、空间发生的。因此,实地观察要注意选择最佳观察时间和最佳观察场合;同时要灵活地安排观察程序。

3. 与被观察者建立良好的人际关系

为了与被观察者建立好良好的关系,必须做到:

(1)应说明来意,解除被观察者的顾虑,让他们认识调查的重要意义和对他们有利。

(2)应参与被观察者的某些活动,并通过共同活动来增进了解,建立友谊,广交朋友。

(3)应尊重当地的风俗习惯和道德规范,最好能学会使用当地的方言、俚语,决不要说违反禁忌的话,做违反禁忌的事。

(4)在力所能及的范围内,帮助被观察者解决某些困难。

(5)应重点选择若干有威信、有影响、有能力的当地人作为重点依靠对象,首先与他们建立良好的关系,然后再通过他们去做好其他被观察者的工作。

(6)在任何情况下都不要介入被观察者之间的宗族、派系纠纷,遇到这类问题应尽可能做好团结工作,起码是严格保持中立。

(7)尽可能减少观察活动对被观察者的影响。观察者要了解处于自然状态下的社会现象,就必须善于控制自己的观察活动,尽量减少对被观察者的影响。

4. 把观察与思考、记录紧密结合起来

(1)在实地观察中要善于把观察与思考结合起来,在观察中思考,在思考中观察;要善于把观察与比较结合起来,在观察中比较,在比较中观察。只有这样,才能捕捉到许多有价值的观察材料。

(2)实地观察要及时做好观察记录。记录的方法,最好是同步记录,即在现场观察的同时记录下观察情况;如果不宜做同步记录,就应在观察后尽快追记。有结构的实地观察,都要设计和制作观察的记录工作,即观察表格、观察卡片等。

(二)实地观察中的记录技术

1. 记录的作用与方式

实地观察活动是通过人的感觉器官将外界事物的信息传递到人的大脑的过程。如果在观察过程中,我们光凭人的感觉器官和大脑的印象,而不借助于其他手段,那么所观察到的信息日后就有可能失真甚至完全消失。俗话说:"好记性不及烂笔头",这一道理在观察活动中同样适用。因此,在观察过程中认真做好记录,也是不可缺少的一个环节。

观察记录可以有两种方式,一种是当场记录,一种是事后追记。当场记录是最常用的一种记录方式。当场记录时最常用的方法是手工记录。手工记录的主要工具是根据调查目的事先设计的观察表或记录卡。例如表 6-1:

表 6-1 ××大学×月×日学生学风情况抽查表

年　级	应到人数	实到人数	有事请假	无故缺课	备　注

观察员(签名)

2. 记录设计卡要求

设计记录卡的基本要求是:

(1)要详细注明观察的时间、地点,这是表明原始观察记录的重要凭证。

(2)观察内容应具体、详细,应尽量将观察内容数量化,这样可使观察结果更具说服力。

(3)观察人员必须签名,以明确责任,并备查。

当场记录除了手工记录外,还可以运用照相、摄像、录音等现代化的技术手段。由于这种手段更能真实地再现发生过的事实,因此越来越广泛地被运用到实地观察活动中去。但是这些技术手段通常适用于记者和某些特殊部门使用,普通的社会调查研究人员在使用这些手段时要十分慎重。

在有些场合,当场记录可能不太适宜,如所观察的内容属敏感问题,被观察者对当场记录会有疑虑;不具备当场记录的手段(如遇上突发事件,手头没有做记录的工具)等,在这种情况下,就需要事后追记。事后追记一定要及时,并且一定要记有把握的内容。这种方法仅仅是一种补救措施,其真实性和说服力都不如当场记录。在有些特殊场合,只能使用追记这种方法。

(三)努力减少观察误差

1. 产生观察误差的原因

实地观察所获得的资料以及由此而得出的结论,往往与客观实际存在一定的差距，产生观察误差。“耳听为虚，眼见为实”这句俗语在生活经验的范围内大致是正确的。但从严格的科学意义上讲，任何观察都会有一定的误差。而观察误差的大小会对调查结果产生很大影响。所以，有必要分析一下产生观察误差的原因以及减少观察误差的方法。

实地观察过程中，造成观察误差的原因主要在观察主体和观察客体两方面。

(1)观察主体(观察者)

①思想因素。观察者的立场、观点、方法和角度不同，观察同一对象的感受就会大不相同。观察者对社会现象或社会问题，都会有其自己的看法和态度倾向。这种态度倾向在观察过程中必然会起作用，从而对观察结果产生影响。观察者从自己的立场观点出发来筛选事实，这是造成观察结果片面性的常见原因。

②知识因素。观察者的知识水平和知识结构不同，实践经历和社会经验不同，观察问题的参照系就会不同，因而对同一对象的观察重点、观察结果就会发生很大差异。

与观察内容有关的知识及观察经验丰富的人，能掌握观察的时机，能在不影响观察对象的自然状态下观察到真实的情况，能透过表面现象看到一些微妙的实质性的东西，能透过伪装的假象看到事物的本来面目。反之，缺乏观察经验的人，就容易被表面的或伪装的现象所蒙蔽，从而看不到事物的真相。

③心理因素。观察者的兴趣、爱好和情绪等心理因素，也会对观察结果产生一定影响。观察者缺乏事业心和责任心，对调查工作应付了事，观察不深入不细致等等，都会导致重要信息的遗漏，造成观察结果的片面性。

④生理因素。人类感觉器官的能力，在生理上总是有一定局限的。观察者的生理、心理因素也会对观察结果产生一定的影响，比如，当观察者的心情不好时，容易看到事物的阴暗面。

⑤其他因素。诸如观察仪器的精确度，灵敏度不高，观察仪器和观察工具失灵，观察场所不足，观察角度不对，观察距离太远等，都是造成观察误差的重要原因。

(2)观察客体(被观察者)

①由于客观事物发展不成熟，其本质尚未通过现象充分暴露出来，观察就很难避免产生某些误差。一些新生事物在其本质没有得到充分暴露之前，人们可能会对它们产生一些片面的认识和看法。如在经济特区建设初期，人们就容易看到其发展中的某些负面因素，从而对经济特区产生错误的看法。

②由于观察活动引起的被观察者的反应性心理和行为，必然会造成反应性

观察误差。对于被观察者来说，观察者毕竟是个局外人，即使在参与观察中，至少在进入被观察群体的一开始他还是个局外人。局外人的存在会在一定程度上影响到被观察者的心理和行为，从而影响到他们行为的真实性。这种情况特别在被观察者感到存在威胁，从而有某种戒备心理时最为突出。

③人为的假象是造成观察误差的一个重要原因。比如事先通知的卫生检查、已有准备的高校食堂工作互查等，所看到的情况与平时的真实情况可能有一定的距离。

由于以上种种原因，在观察过程中观察误差的存在是难免的，但是可以通过一些有效方法尽量减少观察误差。

2.减少观察误差的途径和方法

(1)提高观察人员的思想素质、知识水平和观察能力。这是提高观察质量、避免观察误差的根本途径。观察人员必须具备负责和求实的精神；必须具备全面的辩证的观察事物的能力；必须具备与观察内容有关的专门知识；必须加强观察能力的培养和训练；必须不断积累观察经验。

提高观察人员的思想素质、知识水平和观察能力的主要措施：一是正确选择观察人员。一个合格的观察人员必须具备两个最最基本的条件：感觉器官正常和求实精神。二是认真进行思想教育。要教育观察人员有认真负责的态度，充分认识有关观察课题的重要意义，注意培养观察人员对观察课题的兴趣和感情。三是做好必要知识准备。观察人员应该有与观察课题有关的专门学科理论知识、有关于观察对象的历史和现状的知识、有观察方法和观察工具的知识以及进行实地观察的经验和技能。四是合理安排观察任务。任务的安排，应以观察人员的责任心和感觉器官的承受能力为基础。

(2)尽可能避免观察活动对被观察者的影响。保持被观察对象的自然状态是观察真实情况的重要条件，反之，自然状态的被破坏是产生观察误差的重要原因之一。因此，观察者要想方设法使自己的观察不影响或尽量少影响被观察对象的活动。必要时可采取隐蔽观察、伪装观察和突然进入观察现场(事先不通知，对象无准备)等办法，以减少观察活动对观察现场的影响。但是，在有些场合，这些方法的使用要十分慎重。如果不适当地运用这些方法，不但不现实，而且还会带来一些不必要的误会。

(3)观察活动务必深入。深入是观察活动成功的关键所在，惟有深入，才能看清对象的全貌和真相。如果说，人为的假象能蒙骗那些热衷于搞花架子的“走马观花”者的话，那么只要调查者多待上一段时间，调查工作更深入一些，必然会看到一些真相，因为假象终究是不会持久的。因此，不管是参与观察法还是非参与观察法，深入观察是可以避免观察误差的最有效的途径。“深入”既包括观察时间的持续与持久性，也包括多点观察、重复观察等形式。总之，只要观察者有较好的素质、深入的作风、科学的方法，观察误差就可以大大减小。

(4)进行纵横对比观察，充分利用科学仪器。对于比较复杂的事物或比较重要的社会现象，应该选择不同类型的观察对象进行横向对比观察，或者对同一观察对象进行纵向重复对比观察。

在实地观察中，应根据具体情况，尽可能使用显微镜、望远镜、各种测量仪器、照相机、摄影机、录音机等科学仪器和各种度、量、衡工具，充分发挥这些仪器和工具的放大、延伸、计量、记录等功能。

第二节　文献调查

发表在1994年8月11日《安徽日报》上的《美化生活 打假保真——访宝石鉴定专家张蓓莉》一文，是通过实地专访和文献调查方法收集资料而写成的。

改革开放以后，随着社会经济的发展和生活水平的提高，珠宝已悄然走进百姓生活之中，佩戴金银珠宝首饰日益成为人们修饰自己、美化生活的新追求。20世纪90年代初期，由于国内珠宝市场刚刚兴起，许多经营者不懂宝石常识，大部分消费者缺乏鉴别宝石真假的能力，致使珠宝市场以次充好、以假乱真、消费者吃亏上当的事时有发生。因此，广大消费者呼唤宝石市场应有"主裁判"，来帮助居民选购货真价实的宝石。

1994年7月26日，国家珠宝玉石质量监督检验中心在北京成立，笔者被邀请参加该中心成立大会。1994年7月25日下午，笔者在国家珠宝玉石质量监督检验中心见到了张蓓莉主任。当时，她正在紧张地筹备第二天的成立大会，虽然工作特别忙，但她还是愉快地接受了笔者30分钟的采访。由于时间短暂，我们了解到一些素材，仅用这些素材写不出一篇完整的文章。第二天中心成立大会结束后，她随即出差外地。在她安排下，笔者通过她办公室秘书收集了大量有关文献资料，最后写出了《美化生活 打假保真——访宝石鉴定专家张蓓莉》一文。

一、文献调查的特点

(一)文献调查的涵义

1. 什么是文献

文献是人们专门建立起来储存与传递信息、知识的一切载体，是人们从事各种社会活动的记录。它包括了用文字、图像、符号、声频、视频等手段记录人类知识的各种物质形态。

随着时代的进步,记录文献的物质形态发生很大变化。文献的主要载体有报刊、图书、磁盘、光盘、胶卷、胶片等各种文字、音像、视听资料。

2. 文献的基本要素

文献构成有三个基本要素:一是要有一定的信息;二是要有一定的物质载体;三是要有一定的记录手段。社会文献资料之所以为调查研究所必需,是因为任何文献都是一定社会现象的记载。它反映了该社会某一时期的社会特点和风貌,虽然有时是间接的反映,但是这也对人们研究社会的现实问题提供了有价值的参考。为了全面地研究现实,就要了解与现实有关的已有的各种资料。因此,文献调查是社会调查中必不可少的一环,而各种社会研究报告本身也作为文献提供给未来的研究者。

3. 世界上保存最早的文献

(1)公元前 18 世纪的《汉谟拉比法典》是世界上迄今为止基本完整保留下来的最早的成文法典文献,是公元前 18 世纪的。这是古巴比伦王国第六代国王汉谟拉比当政时制定的成文法典,旨在维护财产私有制,全面调整自由民之间的关系,巩固现存秩序。法典包括序言、正文、结尾三部分。正文包括 282 条法律,涉及现代意义上的诉讼法、民法、刑法、婚姻法等内容。

汉谟拉比法典用阿卡德语镌刻在三块黑色玄武岩合成的石碑上,高 2.25 公尺,上部周长 1.65 公尺,底部周长 1.90 公尺。石碑是 1901 年 12 月由 J.摩尔根指导的法国考古队在伊朗埃兰古都苏撒遗址发现的。据考证,埃兰王苏特鲁克纳慆特约于公元前 1150 年前后入侵巴比伦尼亚,将该法典石碑作为战利品运回苏撒。《汉谟拉比法典》石碑现珍藏于法国巴黎卢浮博物馆。

(2)战国时代的《山海经》。据 2004 年 12 月 15 日《光明日报》报道,宁夏博物馆原馆长周兴华对《山海经》和史前岩画通过类比分析研究后认为,成书于战国时代的《山海经》是世界上最早全面记录岩画的文献典籍。《山海经》主要记述的是古代神话、地理、物产、神话、巫术、宗教、古史、医药、民俗、民族等方面的内容。

4. 文献调查

文献调查,也称历史研究法、文献资料研究法,是指根据一定的调查目的而进行的收集和分析书面或声像等文献资料的方法。它利用各种渠道对文献资料进行合理的收集与应用以获得间接社会知识。文献调查是各种类型的调查研究课题都需要采用的方法,并且都是每个社会调查课题本身在选题阶段、调查设计阶段,调查实施阶段与研究总结阶段都必须应用的方法。

现在的人们进行调查研究,可以说都是建立在前人调查研究基础之上的。前人调查研究留下的大量文献资料,可以为后人所利用,可以使后人的研究更加充实,更加具有理性和权威性,从而也就更加具有说服力。“他山之石,可以攻玉”。人们需要了解前人调查研究的状况,包括做过了哪些研究,获得了哪些成果,提出了什么观点,建立了何种理论,应用情况如何,还有哪些问题没有解决或者有哪些新问题产生,目前又有何新进展等。这些都需要调查研究现存的历史文献。

5. 为什么要进行文献调查

文献调查研究有两种情形,一是某些调查课题主要就是通过文献调查研究来完成的,通过研究文献,从文献资料中获得新论据,找到新视角,发现新问题,提出新观点,形成新认识。二是文献调查研究在整个社会调查课题研究中作为辅助性的调查研究方法之一。在这种情形下,文献调查研究仍然是非常重要的。一般来说,社会调查和科学研究都离不开文献调查研究。调查研究文献,可以从前人的研究中获得某种启示,少走弯路,减少盲目性;可以利用前人的权威的观点为自己佐证,使自己的研究增强说服力;还可以从别人的研究中发现问题和不足,引起新的研究和讨论,从而纠正别人的错误,提出自己创新的观点。

(二)文献调查的特点

相对于其他的收集资料的方法,文献调查有一些比较突出的特点:

1. 间接性

即文献研究处理的资料是间接性的第二手资料。使用文献调查法的研究者可以超越时空条件的限制,研究那些不可能亲自接近的研究对象。例如,人们现在要想研究唐代佛教对社会生活的影响,只有通过查阅大量史籍才能具体进行描述与分析。还有许多研究历史上社会现象的实例。例如,1968 年美国社会学家兰兹等人想研究工业革命前美国的婚姻家庭。这个时期的人都不存在了,因而对美国独立前 13 个州的杂志的分析,几乎是惟一可用的资料来源。使用文献调查法,可以在相当大的程度上打破时间、空间的限制,研究大量他人实地观察所涉及到的社会现象。

2. 稳定性

文献调查法不直接接触研究对象,不会产生研究的“干扰效应”。文献始终是一种稳定的存在物,不会因调查研究者的主观偏见而改变,也不会因调查研究者不同而改变。这就为调查研究者客观地分析一定的社会历史现象提供了条件。

3. 简易性

文献调查法简易性表现在它效率高，花费少，是获取知识的最佳捷径。它可以用很少的人力、经费、时间，获得比其他调查方法更多的信息。文献一般集中存放在档案馆、图书馆、研究中心等地方，随时可以去查阅、摘录，花费主要是车费、复印费和转录费等。

4. 局限性

文献调查法也有它的局限性，主要体现在不完全性。文献对于社会调查研究来说，总是一种不完全的资料，因为文献的各个作者并不都按照同一个主题与要求记录社会现象。往往出现这样的情况：现在的调查研究者需要的历史材料太简单，不需要的历史材料却很详细；文献资料与客观真实情况之间总会存在着一定的距离。这是因为任何文献都是一定时代、一定社会条件下的产物，都是一定的人撰写的。因此，任何文献的内容，都有一定时代、一定社会条件的局限性，都受到撰写者个人素质的制约。因此，文献资料并不都是可靠的。

(三)文献调查的作用

文献资料的上述特点，使得文献调查法有广泛的应用价值。文献调查的作用主要体现在：

1. 它能作为社会调查的先导。文献资料能帮助调查者确定研究课题、研究重点和建立研究假设。

2. 它能为比较研究和动态研究提供必要的依据。

3. 它能为社会现象的研究提供现实的依据。

有的学者认为文献研究只能作为调查研究的先导，而不能作为现实问题研究的依据，这种看法欠妥。文献资料可以为社会现象的研究提供现实的依据。比如，根据媒体上发表的贪污腐败案件，可以对新形势下贪污腐败的某些规律作深入的探讨；根据报刊上刊登的"征婚启事"，可以对当代青年的择偶心理有一定的了解等。当然，由于文献调查法的局限性，在社会调查中仅仅依靠文献调查是不够的，它常常要与其他调查方法结合起来，才能取得更好的效果。

二、文献资料的种类

文献调查依据的是文献资料。根据不同标准，文献资料可分为若干类型。

(一)根据文献的加工程度，可将文献资料分为原始资料和次级资料

1. 原始资料

原始资料是指未经加工的或者仅在描述性水平上整理加工的资料。它主要包括实验记录，会议记录，谈话记录，观察记录，个人日记、笔记、信件，档案，

统计报表，以及作者本人直接根据所见所闻而撰写的材料等。

2. 次级资料

次级资料是指研究者根据一定的研究目的系统整理过的资料。比如文摘、综述、述评、动态、年鉴、辞典、百科全书等。其资料来源或者是来自于原始资料，或者是来自于他人的研究成果。有的资料几经转引，常常已经是第二手、第三手资料。

由于原始资料常常难以找到，因此在文献调查中往往依赖次级资料，这虽然比较方便，也可以加快研究速度，但是有些次级资料由于几经转手，其可靠性程度已比较差。因此，在充分利用次级资料的同时，还应当重视原始资料的收集与利用，如果必要，还应通过实地调查来收集原始资料。

（二）根据文献资料的形式，可将文献资料分为文字文献、数字文献、图像文献和有声文献

1. 文字文献是指用文字记录的文献资料。它是最广泛的文献形式，一是出版物，比如报刊、书籍等；二是档案，比如会议记录、总结报告、备忘录、大事记等案卷；三是个人文献比如日记、笔记、信件、自传、供词等。

2. 数字文献也称统计文献，是指用数据、表格等形式记载的资料。包括统计报表、统计年鉴等。这类文献资料在文献调查中正在发挥越来越重要的作用。

3. 图像文献，即用图像形式反映一定社会现象的文献。包括电影胶片、电视、录像带、照片、图片等。这一类文献形象直观，在新闻调查、案件调查等特殊的社会调查中具有重要作用。

4. 有声文献，即用声音反映一定社会现象的文献。包括唱片、录音磁带等。随着电子技术的迅速发展，上述各种文献形式都可以“电子出版物”的形式出版。

“电子出版物”是将文字、图像、声音、动画等信息数字化以后存储于光盘或磁盘上，借助于计算机（或其他设备）以及专用软件来阅读的“出版物”。“CD”光盘与磁盘一样是数据存储介质或信息载体，但其数据存储量要比磁盘（软盘）大几百倍到上千倍。一般的光盘（650M）可以存储 3 亿汉字，能容纳几百种期刊。由于读取光盘中的数据要用到激光和专用的“光驱”，故称其为光盘。

清华大学光盘国家工程研究中心于 1995 年研制成功“《中国学术期刊（光盘版）》全文检索管理系统”，并出版了《中国学术期刊（光盘版）》。这种集成化的电子印刷版，每张光盘可容纳 300—500 种学术期刊的全文，可以显示并输出与期刊印刷版一致的版式。这一电子出版物的问世，极大地增加了出版物的信息容量，提高了文献检索的效率和文献的利用率。它将成为文献调查的越来越

重要的途径。

三、文献资料的收集方法

(一)文献资料收集的步骤

1. 文献资料的寻查

要收集文献,必须先查找文献。寻查文献资料是社会调查和科学研究工作者经常从事的一项基础性工作。通常可以沿着两条途径进行寻查。一条途径是利用图书馆、资料室等常备的专门编制的“文献目录索引”来查找所需要的文献资料;另一条途径是根据自己研究课题的有关文献资料后面所附的“文献目录”来查找所需要的文献资料。

(1)检索工具查找法

文献检索工具可分为两类:一是手工检索工具;二是机读检索工具。目前我国图书情报工作仍然以手工检索工具为主。因此,检索工具查找法,主要是指手工检索工具查找法。手工检索工具,按著录的形式,可分为目录、索引和文摘等。

利用检索工具查找文献,可以采用顺查法,也可采用倒查法。顺查法,即由远到近,逐年逐月按顺序查找;倒查法,即由近而远,回溯而上,一边查找一边筛选。一般说,围绕特定专题查阅一定时期内的相关文献,宜用顺查法,即由远而近;查找最新的文献资料,宜用倒查法,即由近及远。但无论顺查还是倒查,都必须注意调查课题的时间性。如要调查我国私营企业发展情况,就要查找20世纪80年代中期以后的文献;而要调查企业股份制改革的情况,就应查找90年代以后的文献,而不必回溯到更远的年代。

(2)参考文献查找法

参考文献查找法,也叫追溯查找法。即利用著作者本人在文章、专著的末尾所开列的参考文献目录,或者是文章、专著中所提到的文献名目,追踪查找有关文献资料的方法。具体做法是,从已经掌握的文献资料开始,根据文献中所开列的参考文献和所提到的文献名目,直接去查找较早一些的文献;再利用较早文献中所开列的参考文献和提到的文献名目,去查找更早一些的文献。如此一步一步地向前追溯,直到查找出比较完整的文献资料为止。

在文献调查过程中,人们往往将检索工具查找法和参考文献查找法结合起来,交替使用。或者是先采用检索工具查找法,查出有关的文献资料,然后再根据文献中所开列或提到的参考文献名目,去查找更早一些的文献,或者是先采用参考文献查找法,查找出更早一些的文献,然后再采用检索工具查找法,去扩大查找文献的线索，如此交替使用两种查找文献的方法，直到查出自己所需要的全部文献为止。一般说，检索工具查找法，较适用于检索工具书比较齐全的部门或单位；参考文献查找法则较适用于不收藏检索工具书的部门和单位。因此，进行文献调查，应根据不同的情况，选择不同的查找文献的具体方法。

2. 文献资料的阅读方法

寻查或者查找到文献资料，都涉及文献资料的阅读。阅读文献资料的方法多采用先粗读与浏览，再精读与摘记的方法。粗读与浏览就是通过内容提要、序言或论文摘要，先对文献的梗概、轮廓、主题思想等问题有一个大致的了解。

精读也叫细读，是在粗读的基础上经过筛选后而进行有目的的深入细致的阅读。在精读的过程中，对文献资料的研究时间、方法、结论和重要资料进行摘录。

在阅读文献资料的过程中，还要注意以下几个问题：一是阅读文献资料要结合自己的专业，结合自己的研究课题，结合具体的研究任务；二是阅读文献资料要及时；三是阅读文献资料的工作要经常进行；四是在长期积累的基础上，要有计划地阅读更多的文献资料。

3. 文献资料的摘记方法

在查阅文献资料时，凡查到与调查研究课题有关的、有用的资料时都应及时予以摘录、复印、录音、录像等。如果发现有用的资料而不及时摘录、复制，以后再想要这一资料时，查找起来往往非常困难。根据资料的重要程度，摘录可有简有繁、有粗有细。重要的资料可全文复印或原文抄录；比较重要的资料，可用摘录卡片或笔记本进行摘录，摘录主要侧重文献的主要内容、主要观点、主要材料、主要数据等；一时拿不准是否有用的资料可抄录下资料的出处，以便日后需要时查找。应该特别注意的是，无论以何种形式进行文献资料的摘记，都要标明文献资料发表的时间和出处，以及作者的姓名，其作用一是备查，以便在必要时重新查阅有关文献资料的全文。二是将来引用时可注明出处。

文献资料的摘记方法有提纲式摘记、论题式摘记和综合式摘记等方法。摘记的内容主要是文献中的实验设计方案和具体的研究方法、作者的基本观点、结论与建议、尚未解决的问题等。必要时还可摘记文献中提供的数据、公式、图表等。当然，随着文献资料摘记工作的进行，同时加上自己对同一问题的思考意见或批注，这对进一步分析文献资料会更加有利。

（二）收集文献资料时应注意的问题

1. 应紧密围绕调研课题收集文献资料

文献资料浩如烟海，如果不围绕社会调查研究课题收集资料，就可能会白白浪费许多宝贵的时间而收效甚微。因此，文献资料不能漫无目的地收集。在调查研究课题尚未最后确定的探索性研究过程中，可以比较宽地涉猎一些文献资料。调查研究课题一经确定以后，就应紧紧围绕研究课题收集文献资料，以提高收集工作的效率。

2.应尽量注意收集原始文献资料

由于次级资料比较容易得到，一些调查研究人员往往会满足于收集和引用次级资料。这种只图方便而不顾资料的可靠性的做法是文献资料的收集和引用过程中的一大弊病。一般来说，原始文献资料要比次级资料可靠，它可以成为分析研究的重要依据和比较研究、动态研究的重要资料来源，因此，文献调查中应当尽量注意查找到文献资料的最初出处，以提高文献资料的权威性和可靠性。

3.应重视文献资料的鉴别与筛选，及时做好资料的摘录工作

对收集到的文献资料不能拿来就用，还必须对它的真伪、可靠性以及对说明研究主题的有效性进行鉴别。一般可通过对同类、同年代文献的相互比较，对文献作出鉴别，在鉴别的基础上再对资料进行取舍。

4.应注意文献资料的引用

引用文献资料，要围绕社会调查课题的主题，最好直接查阅原文，全面、客观地引用原文、原意、原句。引用文献资料应注意该文献资料的出处。

相关链接

美化生活　打假保真

——访宝石鉴定专家张蓓莉

“爱美之心，人皆有之。”随着国民经济的发展和生活水平的提高，穿金戴银已不再是人们的惟一选择，神奇璀璨的珠宝首饰正日益成为一部分人修饰自己、美化生活的新追求。近年来，我国从南到北，珠宝玉石已悄然走进百姓生活之中。据统计，北京市去年(指1993年——编者注，下同)10月珠宝专卖店只有100多家，目前(指1994年7月——编者注，下同)发展到200多家，合肥市去年初不到20家，今年7月已突破40家。由于国内珠宝市场刚刚兴起，许多经营者不懂宝石常识，大部分消费者缺乏鉴别宝石真假的能力，致使珠宝市场以次充好、以假乱真、消费者吃亏上当的事时有发生。

我省有位离休老干部平时生活节俭，结婚几十年从未给老伴买过纪念品。今年初，老伴临终前，他花了1320元买回一枚蓝宝石戒指以安慰老伴。后来经检测，这枚宝石戒指是假货。这种以假充真的现象在各地屡见不鲜。因此，广

大消费者呼唤宝石市场应有“主裁判”，来帮助居民选购货真价实的宝石。7月26日，国家珠宝玉石质量监督检验中心在北京应运而生，本报记者和合肥华云精品楼总经理黄自新应邀参加了该中心成立大会。我们就消费者普遍关心的如何分辨真假宝石，怎样挑选珠宝首饰等问题，走访了中心主任张蓓莉。

张蓓莉主任20世纪60年代毕业于兰州大学地质系，长期从事矿物学研究工作，是国内著名的宝石鉴定专家，英国宝石协会宝石鉴定师资格证书获得者。1983年，她调至北京，先后担任中国地质博物馆宝石研究室和地矿部宝石监测中心主任，十多年来，她带领全体工作人员艰苦创业，通过了国家技术监督局的计量认证和机构审查认可，今年初她负责筹建了中国宝玉石协会珠宝玉石鉴定专业委员会，主持编制了《珠宝玉石鉴定方法》、《珠宝玉石鉴定标准》和《钻石分级标准》，目前，这些标准已成为国内所有宝石鉴定人员必不可少的规范，今年7月经批准又正式建立起国家级珠宝玉石的质检权威机构。

国家珠宝玉石质量监督检验中心担负着全国范围内市场检查、仲裁、委托检验、珠宝产品认证检验和质检人员培训任务。中心的主要技术骨干均为岩矿专业本科生、硕士生及博士生。有8人分别荣获英国宝石协会宝石鉴定师资格证书和比利时钻石高层议会钻石分级资格证书。中心实验室拥有50多套具有国际宝石鉴定先进水平的仪器设备。去年以来.他们为全国20多个省、市以及日本、美国、中国台湾、中国香港等地出具宝石鉴定证书2万份，纠正错误鉴定和定名300多个。国家珠宝玉石质检中心同时也作为北京市珠宝玉石质量监督检验站，积极参加与北京市组织的产品质量监督检验和咨询活动，对首都珠宝市场起到了保护和净化作用。

国家珠宝玉石质量监督检验中心主任张蓓莉对我省珠宝市场非常关心，去年10月，她曾来合肥考察，分析了合肥珠宝市场形势，向有关人士讲解了珠宝知识，据此，合肥华云精品楼根据自身购物环境优雅、服务质量优良等有利条件，与北京戴梦得宝石公司联营，建成华云戴梦得天然珠宝首饰城，于今年6月26日试营业，所售天然珠宝首饰，全部经过国家珠宝玉石质量监督检验中心的鉴定，每枚珠宝都附有鉴定证书，试营业一个月以来销售额高达20万元。

访问中，张主任热情地介绍了分辨真假珠宝玉石的知识，她说，珠宝，从广义上说是指那些用于首饰镶嵌的矿物(宝石、玉石)和一些非矿物(琥珀、珍珠等)。珠宝按其名贵度和矿物等级，可分为名贵珠宝和普通珠宝，名贵珠宝有7种:钻石、祖母绿、红宝石、蓝宝石、猫眼、变石、翡翠。普通珠宝品种很多，主要有珍珠、玛瑙等。珠宝玉石的识别与鉴定是一门专业性很强的技术，珠宝首饰经销单位进货前最好要送到质检部门经过仪器检测，这样可以避免进假货，保护企业和消费者利益。消费者也应该了解一些宝石常识，增强自身的识别能力。

当我们问到怎样挑选珠宝首饰时，她说，宝石的特点是：越珍贵的宝石硬度越高，折光率越高，色散越强。至于宝石的价值，如果种类相同，则要一看重量，二看加工质量，三看颜色，四看透明度。宝石所以为“宝”，颜色和透明度好坏是重要因素。她奉劝消费者购买珠宝首饰时最好还是到与宝石质检中心有合作协议的商店购买有鉴定证书的真宝玉，这样买的放心，用着顺心，放着安心。

（原载 1994 年 8 月 11 日《安徽日报》 作者：黄奇杰）

本章小结

1. 实地观察是指调查者带有明确目的，有计划地运用自己的感觉器官或借助科学观察工具，直接从社会生活现场能动地了解处于自然状态下的社会现象并收集资料的调查方法。

2. 实地观察具有直观性、可靠性、简明性等优点，也存在一定的局限性，主要表现在表面性与偶然性；时间性与空间性；主观性与差异性；客观性与制约性等方面。

3. 实地观察中应注意的问题是要选好观察对象和环境、选准观察时间和场合、与被观察者建立良好的人际关系、把观察与思考、记录紧密结合起来等。

4. 文献是人们专门建立起来储存与传递信息、知识的一切载体，包括了用文字、图像、符号、声频、视频等手段记录人类知识的各种物质形态。文献构成的基本要素是要有一定的信息；要有一定的物质载体；要有一定的记录手段。

5. 文献调查的主要作用能作为社会调查的先导；能为比较研究和动态研究提供必要的依据；能为社会现象的研究提供现实的依据。

6. 收集文献资料，应紧密围绕调研课题收集；尽量注意收集原始文献资料；重视文献资料的鉴别与筛选，及时做好资料的摘录工作；最好直接查阅原文，全面、客观地引用原文、原意、原句。引用文献资料应注意该文献资料发表的出版。

思考与训练

1. 实地观察有哪些特点？
2. 观察误差是怎样产生的，如何减少观察误差？
3. 收集文献资料的方法有哪些？
4. 请结合《山海经》和《汉谟拉比法典》谈谈您对文献调查的认识。
5. 请举例说明参与观察和非参与观察的优点和局限性。

推荐读物

[美]埃德加·斯诺:《西行漫记》,解放军文艺出版社 2002 年版

陈桐生:《史记与诗经》,人民文学出版社 2000 年版

第七章　民意测验与市场调查

导入语

"水能载舟，亦能覆舟。"——《荀子·哀公》

市场有只"看不见的手"。——亚当·斯密《国富论》

本章要点

民意测验是了解公众舆论倾向的一种社会调查。民意测验的内容主要是被调查者的主观愿望、意见和态度，而不是某种客观存在着的社会事实。民意测验具有积极的社会作用。民意测验最早产生于19世纪初的美国。进入20世纪，随着经济和社会的发展需要，美国的民意测验逐渐走向成熟，其标志是科学化调查，创建了盖洛普公司等专门的调查机构。

1980年以后，我国专业民意测验机构相继诞生，并且由学术性机构为主导向商业机构为主导转变，由个体化向组织化转变。

市场调查是指企业或政府进行的一切与市场和市场营销活动有关的各种调查研究活动。

市场调查对企业的作用具体表现，能为企业提供正确的市场信息，为其经营决策提供依据；有助于企业开拓市场和开发新产品；有利于企业在市场竞争中占据有利地位；能促进企业经营管理的改善，增加销售和盈利。

第一节 民意测验

一、民意测验的作用

(一)民意测验的涵义

1. 民意测验的涵义

民意测验,又称舆论测验,是了解公众舆论倾向的一种社会调查。它通过运用科学的调查与统计方法,如实反映一定范围内的民众对某个或某些社会问题的态度倾向。就其内容而言,它属于舆论调查范畴;就其方法而言,它又属于抽样调查范畴。民意测验所研究的是公众普遍关心的政治、经济、社会、生活等热点问题。通过抽样调查等方法,征询调查对象的意见、观点或想法,并以此进行分析和推论,然后向公众公布调查结果,以期说明和解释问题的趋势或倾向,引起社会公众或被调查者的关注和重视,藉此造成舆论并形成影响。

民意测验不是简单地到街上随便找几个人征询一下意见就行的,它要运用科学的调查方法(抽样、访谈、问卷、实地调查等),进行统计分析(资料整理、分组和汇总)等,以反映民意,引导舆论。民意测验自 20 世纪初在美国产生以来,在全球获得了迅速的发展,在政治、经济以及社会管理等领域发挥着重要作用。

例如,2005 年 6 月 1 日国家决定取消 81 种纺织品关税。2005 年 11 月 8 日中美签署纺织品配额协议。这两件大事都与浙江省纺织品企业的民意调查有关。

2004 年 10 月,世界贸易组织决定,从 2005 年 1 月 1 日起,取消全球纺织品配额制度。所谓纺织品配额制度,就是每个企业的出口有固定额度限制,市场竞争不至于混乱。配额取消之后,新的市场份额确定之前,有一个无序竞争时期,纺织服装出口将面临激烈的竞争,甚至是恶性的低价竞争。纺织品配额制度取消后,欧美等国随时可以启动“特保条款”,即采用技术标准、反倾销调查等其他贸易壁垒形式重新设置贸易障碍。也就是说,一旦美国认为中国企业出口的纺织品数量或者某一品种超过了条款限制范围,它就有权禁止中国纺织品入关。2004 年 10 月 8 日美国纺织界要求美国政府对中国进口纺织品进行限制,限制中国成衣出口,涉及针织衬衫、高级针织内衣、男衬衫、牛仔裤、女宽松上衣、裙子和女童装等。2004 年 10 月份,就有一些中国企业的纺织品被扣留在美国海关的仓库里。2005 年上半年起,欧美等国对中国纺织品出口“设限”(限额限量),中国政府不得不于 2005 年 5 月 20 日宣布提高 74 种纺织品出口税率,限制纺织品出口，纺织品出口税率提高幅度达400%。浙江省纺织品出口企业有507家，由于提高关税，增加了成本，减少了2/3的利润，企业纯利润比2005年初下降了3倍，仅浙江省宁波市2005年将损失1.84亿元。像文化衫、小吊带衫每件利润只有0.80元，征1.00元税，每件亏本0.20元。因此将造成浙江省有16万人失业。浙江省经贸厅征求了200多家企业意见，上报国家有关部门，引起我国政府的高度重视，于2005年5月31日宣布，从2005年6月1日起取消81种纺织品出口关税。美国商务部部长不得不来华商谈欧美对华纺织品贸易战之事。

2005年11月8日，中国商务部部长薄熙来与美国贸易代表波特曼和在伦敦签署了中美纺织品配额协议《纺织品和服装贸易的谅解备忘录》，中美纺织品协议将持续到2008年底。该协议将给近半数中国对美纺织品出口设定配额，使一大部分中国纺织品和服装出口在2008年末前重新受到了配额制约。该协议涉及34种不同服装大类，占中国对美纺织品出口的46%。该产业是近2000万产业工人的生活所依，多数是低收入工人。中美纺织品配额协议的签署，从某一方面说，这是浙江省纺织品出口企业的民意测验发挥积极作用的一个例证。

（以上资料来源于新华社、浙江在线）

2. 民意测验的内容

民意测验的内容主要是被调查者的主观愿望、意见和态度，而不是某种客观存在着的社会事实。民意测验所要反映的不是被调查者各个人单独的意见，而是要将一个个被调查者的意见综合起来，通过统计学的方法显示出被调查者总体的态度倾向性，即反映的是一种“民意”。

民意测验可以有广义和狭义两种不同的理解。广义的民意测验包括经济、政治、社会生活等几乎所有领域中对民众意见的调查。随着市场经济的发展，市场调查的作用日益突出，成为了民意调查中具有特殊价值的一种形式。在这种情况下，也可以从狭义的角度将民意测验理解为除了市场调查以外的主要针对政治生活和社会生活领域的民意测验。

过去我国对民意测验一直抱有偏见，认为它是西方民主政治的附属物，资产阶级的伪科学。随着我国改革开放和社会主义市场经济的发展的深入发展，人们对民意测验的社会作用有了新的认识。

（二）民意测验的作用

1. 民意测验的积极作用

在社会主义市场经济条件下，民意测验能发挥其广泛的积极的社会作用。

（1）政府决策参考。民意测验可以成为党和政府联系群众，了解民情、民心，正确制定路线、方针、政策的重要途径。民意测验的议题反映的通常是人民共同关心的并对人民生活有较大影响的事件,因此,民意测验结果所反映的社情民意是政府有关部门拟定决策方案、出台和实施改革政策的重要参考因素。比如,各地有关部门经常进行的价格听政会等,就是民意测验的一种方式。

(2)选拔考察干部。民意测验可以成为人民群众参与国家和企业管理,选拔、考察和监督各级领导干部的重要方法。比如,各级党政部门民主推荐、考察领导干部等。

(3)反映社情民意。民意测验可以成为企事业单位征询民意,不断改进工作的重要形式。比如,媒介收视率、收看率、收听率、点击率调查等。

(4)向人民群众进行思想教育、引导社会舆论朝正确方向发展的重要工具。民意测验结果通过媒体发布,有利于就人民群众普遍关心的、与群众切身利益密切相关的事情广泛地形成社会舆论,反映民声、体恤民情、集中民智,从而拓展了相关决策部门倾听民声民愿的渠道,实现下情上达。民意测验结果一经发布,往往会成为社会大众关心、议论和思考的问题,并对人们的思想、认识、态度和行为产生某种影响,从而引导着社会心理和舆论。

(5)社会科学工作者了解实际情况,进行科学研究的重要手段。

2. 民意测验的局限性

在充分认识民意测验的积极作用的同时,也不能把民意测验的社会作用估计得过高。民意测验也有它的局限性,主要表现在如下方面:

(1)如果民意测验调查所使用的方法不科学,调查结果就会偏离真正的民意,以这样的结果来做出判断、指导工作,就会使工作发生偏差。例如,有些地方、有的单位在工作检查或者考察干部中弄虚作假、行贿拉票等,都将造成民意测验的失真。

(2)民意测验的结果只能反映某种"民意"的倾向性,而不能表明某种民意的是非和对错。例如,用群众投票办法来考评干部,一些坚持原则、大胆改革、真抓实干的干部,有时得票数有可能反不如"老好人"多。因此,要正确发挥民意测验的作用,一方面要讲求民意测验的方法,另一方面要对民意测验的结果作具体分析。

二、民意测验的历史发展

(一)民意测验产生于美国

1. 民意测验起源于大众娱乐

民意测验最早产生于19世纪初的美国,它的最初形式是地方报纸为了追求新闻的趣味性，在总统选举之前举办模拟选举，用来娱乐大众的。其标志性事件是1824年夏天，为了预测选民对当时的4位总统竞选者——亚当斯、杰克逊、克劳福德和克莱的态度，美国《哈利思堡宾夕法人报》的记者对选民进行了调查，并于同年7月24日发布了调查结果。同年，美国《罗里明星报》对北卡罗来纳州的选民也进行了民意调查。这些都是关于民意测验最早期的记录。

2.《文学文摘》的兴衰

到了19世纪末，民意测验成为越来越多的报刊吸引读者的手段之一，为各种类型的选举进行选民投票行为的预测已蔚然成风，选举前的民意测验已经成为报刊的常规任务。1916年美国总统选举时，《文学文摘》杂志举办了空前规模的民意测验，成功地预言了在总统选举中威尔逊当选的结果，后来《文学文摘》又成功地预测了1924年、1928年和1932年美国总统的选举结果，使其名声大振。从此民意测验就成了一种有影响的社会调查方法。《文学文摘》杂志也成了美国有权威的民意测验机构。《文学文摘》的调查方法的创新在于将局部性民意测验推广到全国。其抽样调查的样本框来源于电话号码簿上和汽车登记记录。

但是在1936年总统选举前，《文学文摘》却做出了错误的预测。1936年，富兰克林·罗斯福的首届总统任期届满。这一年为选举年。共和党的候选人是堪萨斯州州长兰登。当时整个国家正在从大萧条中挣扎着慢慢恢复过来，但仍然有900万人失业。1929至1933年间人们的实际收入下降了三分之一，这时正在开始好转。但是兰登一直在抨击政府的经济计划，而罗斯福则在为他的财政赤字辩护。《文学文摘》杂志预测兰登将以57%对43%的选举结果获得胜利。这一预测是在240万选民对一份模拟选票的回答结果的基础上得出的。然而罗斯福终于以62%对38%的优势赢得了1936年的选举。

《文学文摘》的错误是怎么发生的？要找到《文学文摘》的错误所在，就必须弄清他们是怎样抽样的。《文学文摘》的抽样过程是：将问卷邮寄给1000万名选民，收回240万份答案。这1000万选民的姓名和家庭地址是根据电话号码簿和俱乐部成员名单确定的，这样就漏掉了穷人。因为穷人家里一般不会有电话，也不可能是俱乐部成员。因此，《文学文摘》的抽样就产生了违反穷人意愿的很严重的抽样误差。在1936年，随着贫富分化的加剧，政治上的分裂加剧了：穷人都投罗斯福的票，而富人则投兰登的票。因此，《文学文摘》预测失败的重要原因之一是由于严重的抽样误差。当存在严重的抽样误差时，即使抽取很大的样本也是无用的，它只会在更大程度上重复已经存在的基本错误。所以，《文学文摘》在抽样的第一步就犯了大错误。

它在接下来的第二步还有一个错误。在组成样本的那些人被抽中以后，还必须得到他们的意见。如果在被选中的人中有相当数量的人没有填问卷或者没有接受访问，那么调查结果就会产生严重的扭曲，这叫做无回答偏差。他们不回答，是在以另外一种方式表示他们的不同意见。这可以从1936年《文学文摘》所做的调查中看到。他们向在芝加哥地区登记的每3个选民中的1人寄去问卷，结果大约有20%的人回答了，其中赞成兰登的人超过了一半。但是在正式选举时，芝加哥选民倒向罗斯福。结果是2比10。无回答者与回答者是不同的，当无回答率较高时，就要注意无回答偏差产生的可能性。这是《文学文摘》预测失败的第二个重要原因。

《文学文摘》杂志民意测验的结果是根据所抽取的1000万选民中的240万人的回答做出的，这240万回答者并不能真正代表1000万选民，更不能代表全国的选民。因此，《文学文摘》所搞的民意测验被抽样误差和无回答误差这两种误差误导了。专家们提示：调查机构在对社会问题进行调查时，宁可用个别访谈法的形式，而尽量少用邮寄问卷的方式来进行调查。个别访谈的回答率一般为75%，而邮寄问卷的回答率只有25%。

(二)统计等科学的贡献

尽管有民就有意，但只有经过数理统计科学、心理学、社会学、人口学等多学科尤其是统计学和心理学成果的滋养，民意测验才得以发展成长。

1.统计学的贡献

统计是依据小量数据(样本)所提供的资料数据以估计、预测某研究对象总体的方法。在面对不确定情况下，统计学为决策制定提供了科学的方法。英国生物统计学创立人之一高尔顿(1822—1911)于1899年出版的《遗传的自然规律》一书是现代统计学诞生的标志。高尔顿认为，统计学不是一门让人生畏的科学，相反却是处理复杂问题的一种高级手段，它能够帮助人们从重重困难中找到一条好的出路。

杰出的统计学家卡尔·皮尔逊(1857—1936)是高尔顿的学生，看过高尔顿的《遗传的自然规律》这本书后，对统计学产生了浓厚的兴趣。他全面继承和发展了高尔顿的统计相关与回归思想，并建立了相应的数学基础。在此之前，皮尔逊是伦敦大学数学教员。当时，"所有知识都基于统计基础"的想法引起了他的注意。1890年他在格里辛学院讲授课程的题目是《现代科学的范围与概念》。授课时，他越来越强调科学定律的统计基础，最后完全致力于统计理论的研究。经他热心的提倡，人们越来越深信统计数据的分析能为许多重要的问题提供解答方法。

1908年爱尔兰贵尼斯酿酒厂的一位统计工作者威廉司·来·哥司特，第一个注意到用小样本，并认识到从小样本导出可靠数据的重要性以及可能性，从而创立了以小样本代替大样本的方法。

2.心理学的贡献

心理学的真正历史，是从1879年冯特在德国莱比锡大学建立世界上第一个心理实验室开始的。冯特是公认的第一个把心理学转变成一门正式独立学科的真正奠基者，也是心理学史上第一位真正的心理学家。他的《生理心理学原理》是心理学史上第一本真正的心理学专著。

19世纪末20世纪初，心理学的研究呈现出百花齐放、百家争鸣的局面。当时心理学有五个学派，分别是：以冯特、铁钦纳为代表的构造主义学派；以詹姆士、杜威、安吉尔为代表的机能主义学派；以华生、托尔曼、斯金纳为代表的行为主义学派，以维台默、考夫卡、苛勒为代表的格式塔学派；以弗洛伊德、阿德勒、荣格为代表的精神分析学派等等。这些学派以不同的基本理论观点和不同的研究范围和方法各占一席之地。由于都想以自己的理论体系来统率整个心理学，长期的争论和对峙就不可避免了。一方面它表明心理学的不成熟，另一方面也表明它的发展壮大。争论到20世纪30年代，有些学派萎缩了，有些学派发展了。其中新行为主义和新精神分析学派成为两个比较有影响的学派。

到了20世纪60年代，在美国出现了心理学的第三种力量——人本主义心理学，它反对用机械论和还原论的观点研究人，主张心理学应是人化的心理学，强调研究人的本性、价值、尊严和自由。与此同时，认知心理学成为心理学研究的新方向，它认为人的行为主要决定于认识活动，强调心理学主要应研究人类认识的信息加工过程，这一新方向使得心理学在民意测验以及市场调查中得到了极大的应用。

(三)盖洛普与民意测验

进入20世纪，随着经济和社会的发展需要，美国的民意测验逐渐走向成熟，成熟的标志是科学化，这时出现了商品市场调查和政治与社会民意测验，包括对一些公共道德问题的调查，随后就出现了专门的调查机构。

1.盖洛普公司的创建

1935年10月，乔治·盖洛普(1902—1984)创建的“美国民意测验所”，在新泽西州的普林斯顿市成立。乔治·盖洛普博士原是一家广告公司的副总裁，负责市场调查，也是个心理学家，他利用心理学的方法，设计出能准确反映被调查人真实想法的一系列调查问题和调查方法。盖洛普对以往的民意测验方法进行了重大改进，主要表现在以下几个方面：一是采用配额等比抽样，按照全国居民性别、年龄、居住地和收入配额等比抽取，使得一个相对较小的样本群能够比较科学地代表全国居民总体。二是改革访问方式,放弃邮寄调查方法,采用访谈调查法。访谈调查一方面提高了问卷回收率,同时也提高了问卷填写质量。从此,民意调查抽样方法更加科学、采集数据质量更高,民意测验逐渐发展成为一个产业。

使盖洛普一举成名的是1936年的美国总统大选,罗斯福和兰登竞选美国总统时,当时许多民意调查都看好兰登,而不看好罗斯福总统连任,只有盖洛普预测罗斯福能够连任。结果证明,一些当时著名的民意测验机构,如《文学文摘》杂志都预测错了,而盖洛普的"美国民意测验所"正确地预测了罗斯福的胜利。这件事奠定了盖洛普的"美国民意测验所"在美国民意测验领域的地位,从此,盖洛普名声大振。它大大刺激了人们对民意调查的兴趣,使民意测验走出了模拟选举的狭小范围,进入了对广阔的社会生活领域的舆论调查,同时,这一事件的发生有力地推动了民意测验向科学化的方向发展。

2.盖洛普民意测验的特点

盖洛普公司的民意测验有以下特点:

(1)联合媒体。盖洛普的调查大部分都是与媒体联合做的。因为民意测验的结果在新闻媒体中使用得最多,而且也是发布民意测验的最好载体。

(2)关注热点。盖洛普公司除接受委托进行特定项目的民意测验外,其调查项目都是根据新闻热点来确定的。这就保证了所做的民意测验都是大家所关心的议题。因为盖洛普公司坚信民意测验的价值所在是其实用性。

(3)电话采访。电话采访是经常采用的民意测验手段。由于民意测验在美国已有很长的历史,美国公众对它已非常熟悉,因此一般不拒绝回答调查问题。另外,电话调查不需要向被调查对象支付什么报酬,对调查公司来说也是好事。

(4)保护隐私。盖洛普很重视保护被调查人的隐私,他们的姓名等个人资料和所提供的意见都是保密的,所以被调查人一般不会有思想顾虑,能讲出他们的真实想法,这对保证民意测验质量十分重要。值得一提的是,虽然电脑网络在美国已相当普及,但是,盖洛普至今仍坚持不用电脑而用电话进行民意测验。这是因为,尽管电脑在美国已经相当普及,但还是有40%的美国人没有电脑,而有电话的人已经达到97%。另外,使用电脑的群体主要是青少年,许多60岁以上的人和来自不发达国家的新移民只习惯于打电话,根本不用电脑。这样用电脑进行民意测验就不能实现随机抽样的公正性和均衡性。由此可见盖洛普公司为保证民意测验的质量而坚持使用落后技术的良苦用心。

3.盖洛普在中国的发展

经过70多年的发展,目前盖洛普公司已成为全球最著名的调查公司,拥有3000多名员工,在美国有12个地区办公室,它在全球20多个国家拥有40多个分公司。其调查网络覆盖了全世界55%以上的人口。

1984年7月27日，盖洛普民意测验首创者乔治·盖洛普去世。他的儿子阿列克·盖洛普接任盖洛普公司董事长。阿列克·盖洛普多次来过中国。1993年，美国盖洛普公司与中国凯利实业有限公司在中国合资建立“盖洛普咨询有限公司”。盖洛普公司根据我国的国情，在调查方法上有所改变。一是考虑到中国人口数量庞大，扩大了调查的人数，最多一次在全国调查了5000人；二是采取上门调查的办法，因为电话在中国的边远地区还不是很普及，公众对电话采访也还不习惯。

中国盖洛普公司分别就北京申办2008年奥运会和上海申办2010年“世博会”进行民众支持率调查和客流量预测，取得良好结果，为“两会”的申办成功作贡献。

第二次世界大战后，民意测验在全世界范围内兴起，各国都纷纷建立起专门的民意测验机构。到1985年，民意测验世界协会已在55个国家拥有450个集体会员。

(四)我国民意测验的历史与现状

1. 封建统治者对民意的严格控制

在中国，“民意”的概念，开始出现于清末民初，多见于各类政客、官僚的文书公告中，这种所谓的“民意”大多操控于当权者之手。对于人民大众来说，没有真正反映“民意”的权利和方式。

清政府压制“民意”，最突出的表现就是制订法规限制报刊出版发行，残酷迫害报刊和报人。1905年，同盟会成立后，革命浪潮威胁到清政府的统治地位。于是，一些限制报刊出版发行的法律、法规相继出台。1906年7月，清政府颁发了《大清印刷物专律》，对报刊的注册、审批、处罚等都作了严格的规定。1908年清廷正式颁布了《大清报律》，这是我国第一部新闻出版法。该法律严格禁止报刊刊登“妄议朝政”、“妨碍治安”、“败坏风俗”等内容。

封建统治者对报刊和报人的迫害是极其残酷的。据不完全统计，从1899年到1911年，至少有53家报刊被查禁，或受到暂时停刊、警告等处分；有100多人被拘捕、警告或被押解回原籍；有2位报人被杀害。清末记者沈荩因为报道了中俄密约的消息而被捕，未经任何审讯就被宣判“斩立决”。由于当时正值慈禧“万寿庆贺”，不宜公开杀人，奉命改为“立毙杖下”，沈荩被打了200多棍，“血肉飞裂，犹未至打死”，最后只好用绳子“勒索而死”。就连一些支持清政府的外报也认为是“20世纪不应有的野蛮种族之行为”。

《重庆日报》创办人卞小吾因撰写批评慈禧和揭露贪官污吏的劣迹而被捕

惨死于狱中。死后验查发现其“头、目、腹部有刀伤73处”。由此可见，在封建统治下，人民无民意发表可言，更无民意调查之说。

2.中国第一次民意测验

中国开始进行民意测验是“五四”运动之后。1922年11月，我国举行了第一次民意测验，当时在北京高等师范成立14周年纪念活动中，在留美归国的心理学硕士张耀翔的主持下，该校心理学研究室就当时部分时政热点对参加庆典活动的来宾进行了一次民意测验。调查形式采用匿名问卷，内容涉及总统选举、宗教信仰、社会风俗、公共管理等较为敏感问题。调查结果在《晨报》上公开发表，开创了我国民意测验报道的先河。1923年12月北京大学教师也在校庆纪念日时，对参加庆典的来宾进行了类似的民意测验。此后，类似的民意测验不断出现，这是中国早期的民意测验，其社会影响力很小。

民意测验的客观环境基础是开明的政治环境和社会成员的主人翁态度。没有这两点的支持，民意测验是不会有其应有的社会地位的，也不能充分发挥其应有的功能。旧中国政治腐败，对外媚颜屈膝，对内实行高压政策，民众在长期的高压统治下变得麻木。在这种政治下，民意测验只能是学术界的尝试和文人们的娱乐。从1922年中国首次举办民意调查到1949年10月新中国成立前长达27年中，中国没有出现一家专门的民意测验机构，也没有进行过一次全国性的民意测验。其间有3次民意测验活动有一定的影响。

第一次是1936年底至1937年初的“上海报纸和上海读者调查”，由当时上海民治新闻专科学校校长顾执中先生主持。这次调查首次采用了派访问员入户面访的调查方式，访谈调查首次被直接用于指导社会实践。

第二次是1938年2月重庆《新华日报》所进行的读者意见征询活动。该报于2月17日和19日连续两次刊登读者意见调查表，广泛征集读者对报纸内容的评价、意见及改进办法，称这些意见和办法是“极有价值的指示”和改进工作的“准则”。这也是中国共产党历史上所举行的第一次民意测验活动。

第三次是1942年10月10日《大公报》主持的关于中国民众对抗战前途问题看法的民意测验。共收到读者调查回复答卷1230份，社会影响较大。

3.民意测验机构相继产生

1949年新中国成立至1979年，整整30年里，民意测验曾一度被认为是资产阶级的专利品而被拒于国门之外。1978年12月，党的十一届三中全会重新确立了实事求是的思想路线，各项改革不断深入，冰封久远的民意测验才开始复苏。1979年9月《北京日报》内参部在北京维尼纶厂进行民意测验，调查了解不同层次的企业职工对一些重大问题的看法，例如，对实现四个现代化的信心、对真理标准问题讨论的看法、最反感和最感兴趣的事情、认为我国急需解决的问题等。

1980年以后，我国专业民意测验机构相继诞生，并且由学术性机构为主导向商业机构为主导转变，由个体化向组织化转变。1986年10月，中国人民大学舆论所成立；1986年12月中国社会科学院的中国社会调查所成立；1992年，北京零点市场调查与分析公司，广州社情民意研究中心等专业机构相继成立，并在民意测验方面发挥了重要作用。1996年北京广播学院柯惠新教授撰写的《民意调查实务》出版，1998年中国民意测验和市场研究第一次行业代表大会召开，2000年中国市场调查行业分会成立。

与此同时，外国民意测验机构也开始挺进中国市场。1993年秋，盖洛普舆论调查公司在北京设立了分公司"盖洛普在中国"。它在中国的业务限于市场调查。目前它已在中国18个城市建立了工作站，完成了美国有关方面委托的中国苹果和巧克力市场调查等。

4. 袁岳与零点调查公司

袁岳，1965年生，1985年毕业于南京大学法律系，1988年获西南政法大学法学硕士学位，1997至2000年在北京大学社会学系攻读社会学博士，2001年获美国哈佛大学公共管理硕士学位。1988至1992年在国家司法部工作，1992年创建零点调查公司，现任零点调查董事长兼零点前进策略总裁，兼任中国市场调查业协会领导小组成员、北京科技咨询业协会副理事长兼市场调查委员会主任，是欧洲民意与市场研究协会、美国市场营销协会、美国政治咨询顾问协会、美国亚洲研究学会会员。

1992年，袁岳与5个合作伙伴一起创建零点调查公司。袁岳说："'零点'的意思就是不代表正，也不代表负。我们把民众的想法收集起来，然后，把我们发现民众零散意见背后的系统的立场告诉大家，告诉社会，告诉决策者。零点目标很明确，就是收集民意，为商业决策者和公共决策者服务。"

今天的零点调查已经成为国内调查业中一个重要的声音。零点成立10多年来，敏锐地感觉着中国改革开放带来的变化，捕捉着在剧烈变化时代的民众心理和民众意愿变化。

在外商大量进入中国的时候，零点做了中国第一次大规模的外商投资环境调查；在下岗人员大量出现在城市的时候，零点做了中国城市贫困和下岗者调查；当中国出现贫富分化的时候，零点做了中国第一次系统的中产阶级调查、第一次蓝领阶层的调查；面对独生子女一代对于社会文化的影响，他们设定了常规的青少年行为模式调查项目。

自1992年以来，零点调查实际进行并向社会公开发布的民意测验结果超过了600项。日本《读卖新闻》曾在2002年12月24日针对零点调查发布的《中国城市市长支持调查报告》发表评论说,这是中国社会生活中一项"耐人寻味"的发展。今天,对大多数中国城乡人民来说,民意测验并不是什么新鲜事,人们对于民意测验的真实内涵也越来越明了。

三、民意测验的广泛应用

(一)对各级领导干部的选拔、考评和监督

1979年,五届人大二次会议《政府工作报告》,在谈到改善干部管理工作时指出:"在不宜于实行选举的单位,也可以试行定期(例如每年年终)的民意投票,借以对领导干部的工作进行群众性的评定和考核。"

1995年,中共中央颁布的《党政领导干部选拔任用工作暂行条例》,在规范干部选拔任用工作,防止和纠正用人上的不正之风,建设高素质党政领导干部队伍等方面发挥了重要作用。

2002年7月9日,中共中央在《党政领导干部选拔任用工作暂行条例》的基础上修订颁布了《党政领导干部选拔任用工作条例》,明确规定:"选拔任用党政领导干部,必须经过民主推荐提出考察对象。民主推荐包括会议投票推荐和个别谈话推荐";"采取个别谈话、发放征求意见表、民主测评、实地考察、查阅资料、专项调查、同考察对象面谈等方法,广泛深入地了解情况";"实行党政领导干部任职前公示制度。公示期一般为7至15天"。

现在,这种用民意测验、投票选拔和考评各级领导干部的方法,已在全国普遍推广,并取得了良好的效果。

(二)帮助政府了解民情、民意,为党和政府的决策服务

民意测验的一种最常见的形式——听政会制度,目前已成为党和政府了解民情、民意,进行科学、民主决策的重要手段。

2005年11月22日,武汉市水务部门、物价部门、各个社区代表举行居民生活用水价格调整听证会,将武汉市水务集团有限公司提出的《关于全市居民生活用水价格调整改革听证申请》提交听证会全体代表讨论。武汉市目前居民用水价格为1.51元/立方米,是由基本水价、污水处理费和水资源费三部分组成。这次调价是要把基本水价由现在的0.7元/立方米调整到1.20元/立方米或者1.15元/立方米,这样水价就会涨到2.01元/立方米或者是1.96元/立方米。关于此次调价,武汉市水务集团提出16字原则:补偿成本,合理赢利,节约用水,公平负担。除了调整基本水价之外,实行阶梯水价方案也是此次听政会的内容之一。对此,听证代表发表了自己的见解。经过一上午紧张的讨论,代表们对水价上调基本认可,但他们提出水价上涨幅度不宜过高,要关注低保户、底

层居民的用水等问题。对于代表们的意见和水务部门提交的两套方案，物价部门将作一个综合汇总，十天之内交由政府部门审核，审核之后公布于众。

北京市发展和改革委员会2005年12月20日举行《使用电子月票替代公交、地铁纸质月票并适当调整月票价格》听证会，与会的27名听证代表绝大多数同意用IC卡代替现有的纸质月票，但部分代表建议增加月票的使用次数，月票价格暂不做调整，同时充分考虑电子月票的可操性。据北京市交通运营局局长丁保生介绍，此次申请听证方案的主要内容包括：一是采用IC卡替代纸质月票，适当调价。北京市即将发行的IC卡分为普通卡和月票卡两大类。月票卡共发行4种，即公交学生月票卡和成人月票卡，地铁专用月票卡和联合月票卡。具体价格是公交学生月票卡和成人月票卡分别为每张20元和45元；地铁专用月票卡和联合月票卡分别为每张60元和90元。月票卡贴本人照片，限当月使用120次。二是公交、地铁普通票价格不变，使用各种IC卡乘坐月票无效公交路线享受原票价8折的优惠。三是经认定的城市低保人员及特困学生购买月票卡将得到北京市财政给予的10元补贴。

不仅政府部门，就连有的学校对学生处分也进行听政会制度。2003年北京市海淀区教委在全区范围内试行学生处分听证会制度。在处分学生之前，由学生、家长、学生代表、班主任和学校行政干部共同出席听证会，讨论是否给予学生处分，其间允许学生申辩，最后达成共识。

(三)帮助政府改进工作，改善形象

政府形象一直是民意测验的重要内容。从20世纪80年代后期群众反映最强烈的"廉政"问题到90年代中期的"勤政不够"、"效率不高"等，广州社情民意研究中心均作了民意测验并将结果及时反馈给市委、市政府。

2002年，山东省济南市在60个政府部门和有关行业开展了"以党和政府满意、人民群众满意为衡量标准，以进一步转变作风、提高素质、优化服务"为主题的"万人行风大评比"活动。其中济南市民政局通过"满意在民政"向社会展示了民政部门的新变化：一是把20多项与人民群众生活息息相关的民政工作实现完全公开，他们果断将原有46个审批项目精简29项，对保留的17个审批项目，限时办结。一般不超过2至5个工作日，实现审批提速；二是相继开通了"济南民政"和"民政局长"网站，大面积开展网上办公，数字民政步伐加速，办事效率大大提高。围绕"满意"做"服务"文章。服务内容日益丰富，服务范围不断拓宽，服务措施及时完善，精心打造服务品牌。在济南市民政部门办事，到处都是"来有迎声，问有答声，走有送声，事有回声"；"一站式办公"遍及各街道办事处，满意在社区活动在全市的社区普遍开展。"心连心婚庆"、"好帮手家政"、

"韩大妈热线"等便捷的服务渗透到千家万户。

2005年5月12日,北京市政府门户网站——"首都之窗"推出"北京市政风行风热线"专题栏目。此栏目由北京市纠正行业不正之风办公室和北京市信息化工作办公室共同主办。"政风行风热线"栏目主要包括"直播间"、"留言板"和"反馈栏"三个板块。每周四下午三点至四点,将邀请政府部门和有关行业的领导在"直播间"栏目现场介绍本部门、本行业政风行风建设的举措,解答群众的咨询,接受群众的举报投诉;"留言板"栏目将24小时接收群众对政风行风建设的咨询、意见建议和举报投诉,群众在"留言板"填写所要反映的内容,提交到"政风行风热线",由"政风行风热线"将信件及时转往区县、部门、行业或市行政投诉中心网站办理;办理结果将在"反馈栏"中予以反馈、公示。为了监督信件的办理,"反馈栏"建立红绿灯催办系统和满意度测评系统,督促部门、行业和区县按时限要求认真办理群众信件,切实做到"件件有回音,事事有着落",以实际行动取信于民。

此外,民意测验在宣传思想教育和引导社会舆论的工作中,在专家学者所进行的社会科学研究中,也都发挥了重要的作用。

然而,我国民意测验的发展状况还不尽如人意,主要是对民意测验的作用还缺乏足够认识,民意测验的应用面还不广。民意测验领域缺乏相应的法规和健全的行业管理,缺乏自律机制和技术规范,一些粗制滥造的"民意测验"时有发生。

民意测验必须讲求科学性,必须恪守职业道德和技术规范,只有这样,它才能发挥应有的积极作用。但是,我们有些从事民意测验的人员,缺乏社会调查的专门知识和技能,再加上利益的驱使和不正之风的影响,使民意测验偏离了客观和科学的轨道,从而又反过来败坏了民意测验的声誉,抑制了民意测验作用的进一步发挥。

因此,要使民意测验在我国得到健康发展,必须培养出一批社会调查的专业人员,必须健全相应的法规和加强行业管理,必须鼓励民营调查业的发展并促进整个民意调查业的产业化和市场化。

四、民意测验的基本方法

根据民意测验所借助的手段来区分,民意测验的方法有问卷调查法、个别访谈法、电话采访法等方法。

(一)问卷调查法(本书第四章已作介绍)

问卷调查法是借助问卷进行民意测验的方法。这里主要是指通过当场发放和邮寄问卷这两条途径进行问卷调查的方法。这种民意测验方法的主要长处是：

1. 它适用于大范围的民意测验。一些省市乃至全国性的民意测验活动大多是用这种方法进行的。

2. 效率较高，费用较少。它能在较短的时间内对众多对象同时进行调查，因而调查的效率高，成本低。

3. 具有匿名效果。由于问卷调查一般不要求调查对象署名，故他们填答问卷时顾虑较少。问卷调查法的这些长处，使得它在企事业单位领导干部的选拔和考察、报刊进行的民意调查以及一些政府部门和专业机构所举行的民意调查中被广泛采用。

但是，这种调查方法也有它的不足之处：(1)当使用邮寄方式进行问卷调查时，难以对调查过程进行控制，因而问卷的填答率和回收率往往较低，而利用报纸杂志进行问卷调查的回收率就更低。为此，许多报纸杂志在进行问卷调查时不得不利用奖励手段来刺激人们的填答兴趣。(2)问卷调查要受到被调查者文化水平的限制，对文盲和半文盲者这种方法就不宜使用。

(二)个别访谈法

个别访谈法是借助问卷或提纲对被调查对象面对面进行调查的方法。这种民意测验方法的优点是回答率和调查成功率较高，而且不受被调查对象文化水平的限制，适应性较广。这种方法在民意测验中经常被采用。如在对领导干部的考察中，考察人员可以一个个地征询被调查者的意见；在市场调查中，调查员可以在街头或商店门口征询过往行人或顾客的意见等等。这种方法的不足之处主要在于：效率较低，花费较多。由于一个调查员一次只能访问一个对象，而调查对象又往往比较分散，因而个别访谈法须有较多的调查人员，较长的时间，因而也就需要花较多的钱。个别访问中被调查者常常会因缺乏足够的思考时间而在一定程度上影响到回答的质量；个别访问中匿名程度比较低，从而会影响对一些敏感性问题的回答等。

(三)电话采访法

电话采访法是借助电话征询调查对象有关意见和意愿的方法。它通常只适用于就一两个或少数几个问题征询被调查者的意见。要求被调查者回答的通常也只是同意不同意、赞成不赞成等简单的态度倾向。这种民意测验方法的主要长处是比较方便，效率较高，花费也较少。因此它在一些有条件的地区(比如城市)进行民意调查时也可被采用。这种方法的不足之处主要在于：在一些电话尚未普及的地区，这种方法就不适用；即使在一些电话普及程度较高的地区，也会存在一些下层平民没有电话的情况，从而使这种调查方法失去部分代表性；另外，这种方法只适用于简单的民意测验，而不适用于对复杂问题的调查。

五、民意测验的基本要求

(一)抽样的要求

相对于全面调查而言，抽样调查是民意测验中更为常用的一种方法。抽样的方法和具体步骤本书前面已有介绍。在民意测验中根据调查的人力、财力、时间、问题的重要程度等具体情况，可以使用随机抽样方法，也可以使用非随机抽样方法。但不管使用哪一种方法，抽样都必须达到两个最基本的要求：

1. 所抽取的样本要有较高的代表性。民意测验中使用抽样调查的目的，并不是要了解被调查者本身的意愿，而是要根据所调查了解的被调查者的意愿来推论他们所代表的那一类人的总的意愿倾向。因此，所抽取的那部分人能不能代表调查者所要了解的某类人的整体，这就成了抽样调查能否成功的关键问题之一。

一般说来，只要调查人员严格按照随机原则抽样，所抽取的样本就会有较高的代表性。随机抽样方法有：简单随机抽样，系统性抽样，分层抽样，多级抽样等。其中，简单随机抽样和分层抽样适用于范围较小、总体人数不多的民意测验；系统抽样和多级抽样则适用于范围较大、总体人数较多的民意测验。在实际的民意测验中，凡要使用抽样方法的，其所涉及的范围通常都是比较大的(如一所高校、一个县、一个市等)，因此，分层抽样以及与分层抽样相结合的多级抽样法是民意测验中最常用的抽样方法。

由于非随机抽样方法比较简便易行，因此它在民意测验中也常被使用。但是这种方法没有严格按随机原则抽样，容易发生偏差，故使用这种方法时，更要强调分类方法的科学性。在民意调查中常用的分类标志是：性别、年龄、职业、文化程度、(发展程度不同的)地区等等。例如，要在某个规模为 5000 人左右的高校进行在校生就业意向的调查，就应该在总的样本数确定以后(如 500 人)，将样本数按不同的分类标志进行粗略分配。这些分类标志可以是：性别、文理科、年级、家庭所在地等等，每一种类型在样本中都应占一定的比例。这样所抽取的样本就会有比较高的代表性。

又如，在某个 100 万人口以上的大城市进行居民对医疗制度改革的意愿的调查。其样本中就必须包括该城市所有主要的不同类型的居民，如各种不同年龄层的居民，各种不同职业的居民，在不同所有制单位工作的居民等等，每一种类型的居民在样本中都必须占有一定的比例。

民意测验在使用抽样调查方法时，最常犯的一个错误是为了图方便、省事，随便抽取一些对象进行调查，对所要调查的人群总体既不进行事先的初步了解与分析，又不在这一基础上进行科学的分类，这样调查的结果往往不能正确而全面地反映实际情况，调查结论也必然缺乏说服力。

2. 要有大小适中的样本容量。民意测验中使用抽样方法的另一个基本要求是，要有足够而适当的样本数量。由于民意测验的范围通常比较大，因而所需样本也比较多。根据统计学家的研究结果，以及抽样调查所积累的经验，一般来说，在一个数千人或上万人的学校和企业，其抽样的样本数不能低于 400 人；在一个拥有上百万人口的县或大城市，抽样数不能低于 1000 人。没有足够的样本数量，样本中的每一种类型的人就很难保证一定的数量，整个样本就会缺乏代表性。

但是，样本数量也不是越多越好。当样本数大到一定程度时，再增加其数量，对统计结果的影响就不大了。只要比较严格地按随机原则抽样，在一个城市中抽取 1000 个人进行调查与抽取 10000 个人进行调查，其所做出的推断的准确程度和可靠程度是相差不大的。当前，在我国所进行的各种各样的民意调查中，存在的主要问题是样本容量偏小。有些在大城市进行的民意测验，只有 200 至 400 多个样本，其调查结论却用来概括全市居民的整体状况，这是不符合民意测验的要求的。

(二)问卷设计的要求

问卷是民意测验所使用的一种重要的工具，民意测验的问卷设计具有一些特殊的要求。

1. 问卷的设计必须具有时效性。讲求时效是民意测验的一大特点，如果民意测验总是落在社会舆论变化的后面放“马后炮”，那就失去了进行民意测验调查的意义。例如，物价一直是城乡居民普遍关心的问题，但是不同时期，人们关注的热点是不一样的。20 世纪 80 年代中期至 90 年代初期，由于价格改革的深入，粮油副食品价格成了城乡居民关注的热点问题，因为那时候居民生活水平较低，还停留在解决温饱上，故那时所进行的民意调查，大多是征询居民对物价改革以及粮油副食品价格上涨的意见。到了 20 世纪 90 年代末 21 世纪初，随着人们生活水平的大幅提高和对物价变动心理承受能力的增强，粮油副食品价格上涨问题已不再是老百姓普遍关注的热点问题，而住房价格过快、大幅上涨则成了老百姓普遍关注的热点问题。如果这时再来围绕粮油副食品价格问题做民意调查，意义就不大了。因此，民意测验的选题以及所提的问题，应当是人民群众测验的选题和问题的设计也应跟着变化。

2. 民意调查的问题不宜太多。问卷的问题一多，被调查者就会失去耐心，就不容易得到他们的支持与配合。因此，除一些学者在科学研究中进行民意测验时所提问题可以稍多一些以外，多数民意测验都只能提少量的、简单的问题。

3. 对问题的回答方式要尽可能简明。民意测验所使用的问卷调查，一般应采用封闭式的回答方式，尽量少用开放式的回答方式。而且封闭式回答方式通常也只要求被调查者用"√"等符号来表示自己的态度倾向，而不要求用文字来回答。

总之，问卷的设计在体现民意测验的主要目的的前提下，问题提得越简明，回答的方式越简单方便，就越容易得到被调查者的配合，调查也就越容易获得成功。

(三)问卷发放与回收的要求

在民意测验中，问卷的发放与回收这两个环节所要重视解决的核心问题，是提高问卷的填答率和回收率。问卷的填答率和回收率通常须达到80%以上。如果问卷的有效回收率很低(低于问卷发放数的50%)，调查就可能产生较大的偏差。

一般来说，由调查人员亲自上门访问或亲自发放和回收问卷的民意测验方式，问卷的回收不会有大问题。如果是委托他人发放和回收问卷的，所委托的人一定要十分可靠。如果采用邮寄问卷或利用报刊进行问卷调查的方式，则问卷的回收率就很难得到保证。

为了提高报刊上所载问卷的回收率，许多报刊采取了在寄回问卷人中抽奖的办法来刺激人们的参与积极性。但这种办法由于中奖面较小而使人们逐渐失去了兴趣。在这种情况下，有的报刊社开动脑筋，纷纷想出了新的办法。1996年12月26日的《扬子晚报》(南京)上刊登了一张《读者调查表》以了解读者对《扬子晚报》所设栏目的意见。为了提高问卷回收率，报社决定给南京地区每位交回《读者调查表》的人赠送1997年上半年每个星期五的《新华日报》(包括8个正版的《新华日报》和4个版的彩色《新华周末》报)，共赠送6万份，并且申明，凡在这次活动中未拿到赠阅票的，请保存好调查表，报社将在下次赠阅活动中优先满足这些读者的愿望。由于赠阅的数量多，读者都能在送回调查表的时候得到看得见的好处，所以，这次调查表回收活动十分顺利。

第二节 市场调查

一、市场调查的意义与作用

(一)市场调查的意义

市场调查是指企业或政府进行的一切与市场和市场营销活动有关的各种调查研究活动。它通过对市场资料、情报信息的收集、筛选、分类和分析,发现各种现有的或潜在的市场机会,故而成为企业或政府进行决策的科学依据。

市场是由供给和需求两方构成的,它们彼此为对方提供市场,但在市场经济条件下,由于商品供应丰富,市场就主要表现为买方市场。因此,作为供应一方的商品生产者,必然面临着激烈的市场竞争,包括产品竞争、人才竞争、技术竞争等等。但是最核心的竞争还是对消费者的竞争。因为从市场营销的角度来看,市场就是由人口、购买力和需求等要素构成的,而形成需求和选择商品的权力都在消费者手中,企业要解决的问题就是如何把消费者的注意力吸引到本企业的产品上来,谁能赢得消费者,谁就是市场上的成功者,否则就会被挤出市场的大门之外。

因此,企业在作出自己的经营决策之前,必须要知道自己的商品和服务的消费者都是谁,由哪些人组成,他们在众多的商品和服务面前如何作出自己的选择,是哪些因素在影响和支配着他们,等等。这就要求企业必须进行科学的市场调查。

(二)市场调查的原则

科学的有效的市场调查必须遵循以下几个基本原则。

1.理论模型统领原则

所谓“理论模型统领原则”,是指一个市场调查项目在方案设计的时候就必须在某个理论模型的指导下进行,比如,客户要研究品牌问题,要有品牌资产理论作为指导;客户要研究目标市场问题,要有“市场细分、目标市场、市场定位”理论作为指导等。总之,每一个市场调查项目,都应该有某个或某几个理论模型作为项目统领,在这些理论的指导下设计市场调查项目总体思路、问卷、调查对象、统计分析和研究报告等。

2.解决市场难题原则

市场调查是为了解决企业在营销过程中遇到的问题。比如,“为什么本企业产品在市场上的销售走势越来越差?”“为什么开发的新产品没有得到消费者的认可?”等。当企业营销遇到难题需要解决时，市场调查部门要帮助企业设计出解决营销难题的方案，并进行市场调查。

3.研究目标锁定原则

研究目标锁定原则是指对于每个项目要明确一个或两个要解决的营销难题作为市场调查目标，且市场调查目标不能过多。市场调查从项目设计、现场执行到研究报告都应始终围绕着这些目标进行。

4.远近研究并举原则

市场调查既要回答、解释、解决企业眼前的近距离难题，也要回答、解释、解决企业品牌长远战略定位问题。战术问题很重要，它牵涉到企业当前的生存和发展问题;战略问题也很重要，它牵涉到企业未来的生存和发展问题。

(三)市场调查的作用

市场调查对企业的作用具体表现在以下四个方面：

1.能为企业提供正确的市场信息，为其经营决策提供依据；

2.有助于企业开拓市场和开发新产品；

3.有利于企业在市场竞争中占据有利地位；

4.能促进企业经营管理的改善，增加销售和盈利。

市场调查虽有上述作用，却也有不少限制。市场调查报告只代表调查结果，并不能替代经营决策，最后决策仍然操纵于决策者手中;市场是瞬息万变的，市场调查结果一般为估算值，只代表市场调查时的状况，以后的趋势只能是预测。

(四)市场调查的发展历程

1.派林与《销售机会》

广义地说，市场调查是和商品生产、市场经济相联系的，只要有商品生产、市场经济，就会有市场调查。但市场调查作为一门专门的学问和专业性的活动，是在本世纪初从美国逐步发展起来的。1911 年，美国最大的出版商科的斯出版公司聘请派林担任调查部经理，他先后对许多商品的销售渠道进行了系统的调查，还亲自调查访问了 100 多个大城市的主要百货商店，系统地收集了大量第一手资料，积累了丰富的调查经验，并编写了一本名为《销售机会》的专著，提出了许多有创见性的市场调查的理论和方法。派林因此被推崇为现代市场调查科学的先驱。此后，许多大公司也都开始重视市场调查工作，广泛开展市场调查活动。各种专门的市场调查机构也纷纷成立，市场调查逐步发展成为一种重要的行业。

20世纪20至30年代，美国先后出版了一批重要的市场调查专著，例如，芝加哥大学教授邓楷的《商业调查》(1919)、弗里德里克的《工商调查和统计》(1920)、怀特的《市场分析》(1921)等。1937年，美国市场营销协会组织专家集体编写的《市场调查技术》一书，对市场调查这门学科的形成与发展作出了重要贡献。

20世纪30年代以后，市场调查技术获得了很大发展，如限额抽样、随机抽样、消费者与商店的固定样本调查、统计分析推断、回归分析与相关分析、趋势分析等调查方法与技术都得到了很大的发展与提高。电子计算机出现和广泛应用以后，进一步推动了市场调查科学与技术的发展，市场调查已成为现代企业管理和政府宏观经济管理中不可或缺的方法与技术。

目前在美国所有大公司中，有70%以上的公司设有自己的正规的市场调查部门，并由一名专职经理主持这项工作。社会上还有各种专门的市场调查与咨询公司，为大大小小的企业提供市场调查服务。

世界上其他的资本主义国家，也都十分重视市场调查活动。以日本为例，日本不仅重视国内的市场调查活动，而且十分重视国际市场调查，为了打入和渗透美国市场，曾展开过一场“疯狂的情报活动”。日本的市场调查和情报收集活动的效率也得到举世公认。例如，在日本，50—60秒钟即可获得世界各地金融市场行情；1—3分钟可查询日本与世界各地进出口贸易商品的品种、规格等资料；3—5分钟可查询、调用国内1万个重点公司企业当年和历年经营生产情况的时间系列数据；5—10分钟，可查询或调用政府各种法律、法令和国会的记录；5分钟即可利用数量经济模型和计算机模拟，画出因经济因素变化可能给国际宏观经济带来的影响的变动图，并随时可取得当天各地汽车销售、生鲜食品批发市场的产、销、存及价格变动情况。

2.市场调查在我国兴起

改革开放以来，随着社会主义市场经济的发展，我国的市场调查活动也得到迅速发展。其表现如下：

(1)各种专门的市场调查机构如雨后春笋般出现。北京市友邦顾问公司是专业从事营销策划传播的市场调查公司，主要业务包括战略咨询、市场研究、营销策划、媒体传播、会展览策划、图文设计以及影视多媒体制作等，是中国市场信息协会会员，具有国家颁布的甲级社会调查许可证。成立于1995年6月的河南强视市场研究有限公司为众多企业和机构提供了市场调查与研究、市场监测、商务咨询等服务。

(2)各种媒介也都开始提供市场信息，指导市场调查，刊登市场调查报告。

(3)市场调查活动越来越受到各类企业和政府相关部门的高度重视。

二、市场调查的内容与特点

(一)市场调查的内容

1. 市场环境调查

市场环境调查是指与市场经济运行相关的宏观环境调查。人口、经济、社会、政治、科技等因素变化以及未来变化走势,对市场结构及企业行销策略都有较大的影响。这些因素对市场一般起到间接作用。与市场经济运行相关的宏观环境主要有:

(1)政治法律环境:政府经济政策、政治体制与法律制度、政策连续性和稳定性等;

(2)人口经济环境:经济发展水平、经济特征、贸易政策和法规、人口数量及构成、人均国民收入、人口教育程度、人口流动状况等;

(3)社会文化环境:生活方式、价值观、社会分层、社会行为方式等。

2. 市场需求调查

市场需求调查主要是针对消费者消费购买行为进行的市场与销售潜量估计调查。包括消费者购买动机、购买行为决策过程以及购买行为特性等。主要内容有:

(1)货币收入。这是影响需求数量大小的决定性因素,包括职工的工资奖金收入、农民的产品出售收入、技术等有偿转让收入,利息、股息收入、其他收入(赠予、遗产继承等)。

(2)人口数量。人口数量越多,商品需求量越大,尤其是日常食品和日用工业品更是如此。对人口数量调查要与收入调查结合起来,还要把流动人口考虑进去,流动人口比例大,需求增长量多,因此不能忽视。

(3)消费结构。指消费者将货币用于不同商品的比例。通常从人口构成、家庭规模和构成、收入增长情况和商品供应情况入手。

(4)消费行为。包括消费者的心理需要、购买行为类型、消费决策过程等因素。

3. 产品调查

产品调查包括产品设计,开发及试验;消费者对产品形状,包装,品味等喜好;现有产品改良建议,竞争产品之比较分析等。

(1)产品生产能力调查。包括产品原材料来源、生产设施的现代化程度、技术水平情况、资金状况、人员素质等。

(2)产品实体调查。包括产品规格、颜色和图案、味道、式样和类型、原料、产品性能;

(3)产品包装调查。包括产品销售包装、运输包装等。

(4)产品生命周期调查。明确产品处于哪个阶段(引入期、增长期、成熟期、衰退期),在不同阶段调查重点也不同。

(5)产品价格调查。包括自己产品价格和对手产品价格、价格对销售量的影响等。

4.市场营销活动调查

调查市场环境演变,竞争情况及企业相对竞争优势之下,对市场销售量作长期与短期预测,为企业拟定长期经营规划和短期经营计划。市场营销活动调查的主要内容包括:

(1)竞争对手调查。对手的产品优势何在?市场份额多少?竞争的激烈程度?对手的弱点在哪里?

(2)销售渠道调查。该产品的最常见渠道情况、最成功的类型、经销商的要求和条件、经销此种商品的竞争情况、经销商维持的一般库存量多大、产品在每个环节的加价和回扣是多少?

(3)服务调查。在哪些方面需要服务?公认服务好的同类产品有哪些?竞争者在服务方面的优势和不足。

(4)促销活动调查。广告调查、其他促销活动调查(如降价、优惠、有奖销售、现场演示、馈赠等)。测验及评估商品广告及其他各种促销之效果,寻求最佳促销手法,以促进消费者有效购买行为。

(二)市场调查的特点

市场调查的内容是非常广泛的,但不管什么样的市场调查,都有一些基本特点。

1.科学性

市场调查与其他类型的社会调查一样,同样是一项科学研究活动。为了减少调查的盲目性和人财物的浪费,对所需要收集的资料和信息必须经过事先的科学规划,科学地确定调查对象、调查方式,科学地设计调查问卷并进行科学的统计分析等等,所有这些都要建立在科学的数学理论基础之上。

2.针对性

市场调查必须针对本企业、本产品的实际情况进行,针对自己的竞争对手进行,切忌离开本企业的实际情况直接利用别人的现成调查成果,也不能直接借用市场上表现出来的某种信息,否则虽然能够省时省力,但却要冒很大的经营风险。把自己的决策建立在别人的信息基础之上,或者在对竞争对手一无所知的情况下制定自己的竞争战略,最终必将招致经营的失败。

3. 时效性

市场调查是在一定时间内进行的，它只能反映特定时间内的市场信息，错过时机或过了一段时间，调查结果就会失效，不再能作为决策依据。因为市场始终是一个动态的、开放的过程，随着时间的推移、经济的发展、国家政策的调整，都会使市场发生相应的变化，流行的产品可能变得无人问津，滞销的产品也会重新火爆。因此，市场调查必须经常进行，沿用过时的市场信息，只会使企业延误大好时机，陷入困境。

4. 不确定性

市场调查即使是用了科学的方法，但并不等于其结果是完全精确的，相反，市场调查的结果有很大的不确定性。这一点在消费品中更为明显。如被调查者在接受调查时所说的情况和心态与他进行商品选购时的心态可能大不相同。如某一商品在调查时消费者回答首先考虑产品质量，但在具体选购时会不自觉地首先考虑外观。例如在美国，长期以来，肥皂制造商搞不清楚粉红色肥皂是否受欢迎，因为在调查中每当把不同颜色的香皂摆在人们面前时，人们总是指着粉红色香皂，但是在商店里，粉红色香皂却很少成为热门货。

三、市场调查的类型与步骤

(一)市场调查的类型

1. 探索性调查

探索性调查主要用于企业对自身问题不甚了解的情况下发现问题和寻找解决方法的一种市场调查。如某企业近几个月产品销售量迅速下降，其原因何在？这就必须要用探索性调查方法来寻求最可能的原因。

2. 描述性调查

描述性调查是一种了解市场现状的调查，多数市场调查属于描述性调查。如市场潜量、市场占有率、销售分析、分销线路研究、产品研究等等的调查皆属于此类。

3. 因果关系调查

因果关系调查是一种解释性调查，目的在于回答为什么消费者在同类产品中喜欢A品牌，不喜欢B品牌？上半年销售量减少的原因是什么？广告与销售之间是什么关系等。

(二)编写调查建议

当企业面临具体市场问题要进一步收集信息以帮助决策时，负责调查的部门便要编写一份调查建议书提交给决策部门使用。它描述进行调查项目的计划，以及负责调查部门与使用决策部门之间的责权利。调查建议包括双方在调查问题(如调查的对象和范围)上达成一致的记录，确认所需调查的问题。实际上，调查建议可以被认为是衡量调查者对问题的理解程度和进行调查的能力。在调查建议被采纳之后，它就成为调查机构与企业之间合同或协议的基础。调查建议的格式依具体项目而定。一般包括以下内容：

1. 引言。它是对参加各方的简短说明，并简单陈述调查的目的。

2. 对所需调查问题的理解。这是提出所需调查问题的范围，它是初步调查工作的直接结果。包括问题的可能原因、决策问题所面临的市场现状与趋势等内容。

3. 调查对象。它详述了调查的对象。前面所作的一般性陈述在这一部分得到进一步发展，调查准备解决的相关问题也在此列出。

4. 调查计划。这里主要陈述调查方法，包括：直接调查与间接调查、直接调查的具体形式、抽样过程、样本大小以及质量控制过程等。

5. 调查时间表。使用部门要知道调查所需的时间、进度，报告何时能完成。

6. 调查人员与调查费用等。

(三)市场调查的步骤

市场调查不论属于哪种类型，要想获得科学的结论，都必须按照一定的步骤有条不紊地进行。市场调查的步骤就是市场调查自始至终的工作次序，从准备到方案的制订，直到最后的实施和完成等相互关联的各个具体步骤的安排。一般而言，市场调查可分为四个步骤。

1. 确定调查课题

市场调查的课题从哪里来，有两种情况。对专门的市场调查公司来说，调查的课题是受委托进行的，是从客户那里接过来的；对于企业自身而言，调查课题是根据自己的企业经营需要确定的。当企业自己的市场调查部门要根据自己的经营状况确定市场调查课题时，首先要收集相关资料并进行深入分析。有时还要进行非正式的先期调查，以判断企业经营问题之所在。在大量收集第一手资料和第二手资料的基础上再进行商品分析、销售状况分析、市场占有率分析、价格分析、销售渠道分析、经济效益分析以及宣传推广分析，从中揭示出市场调查要明确的已经存在的或潜在的问题。同时还要将这些存在的问题联系社会宏观环境进行总体环境分析，最后选择和确定具体的调查课题。被确定的调查课题必须具体明确，不能模棱两可，并且还要便于取得资料，使调查的计划能够顺利实施。

2. 策划与准备

市场调查的总体策划主要是明确调查目的，确定调查的范围、对象、单位，确定调查项目、信息来源和调查方法进行调查的经费估算与时间安排,从而使整个调查工作有目的、有计划、有组织地进行。通常可按图 7-1 所示进行思考。

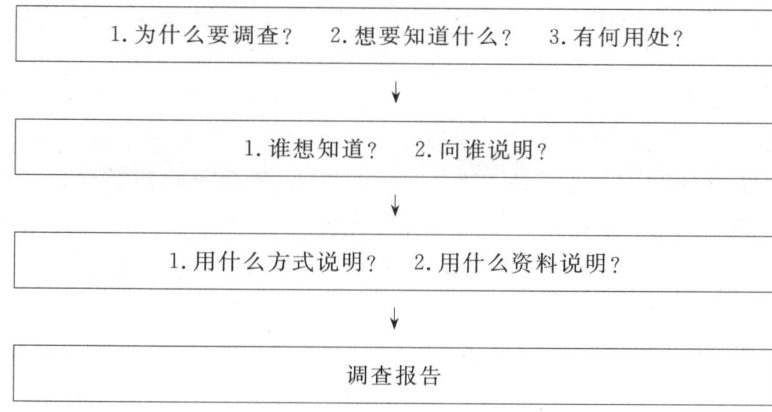

图 7-1 市场调查的总体策划

准备阶段的整体方案设计以及其中的主要步骤,应该说与一般社会调查的程序和步骤没有太大的区别,但这里特别要提到的是,市场调查是一种商业性的调查,经费估算对调查效果影响很大,在提出调查经费估算时,调查单位必须提交一份详细的费用估价单(见表 7-1),将所有费用开支一一列出,供企业审阅。

表 7-1 ××××调查费用估价单

申 请 人:
调查题目:
调查地点:
调查时间: 年 月 日至 年 月 日

项 目	数 量	单 价	金 额	备 注
前期研究费				
问卷设计费				
资料费				
差旅费				
数据处理费				
交际礼品费				
调查费				
劳务费				
印刷费				
不可预见开支				
总 计				

最后还要做好调查前的各项准备工作。如建立调查机构，确定与培训调查人员，设计与印制调查问卷、表格等等。调查的各项准备工作做好以后，一般还要做一次小范围的试调查，以对整个准备工作进行检验和修正。

3. 实施调查

调查的实施阶段，主要任务是资料的收集与整理。按照调查方案的要求充分的收集数据是调查过程中的一个重要环节，只有有了充分准确的数据和资料才能得出正确的调查结论。在实际调查中，要根据不同的调查项目，运用不同的调查方法，从不同的角度收集各种调查资料，使资料的收集尽量做到全面、准确、科学。

4. 分析与总结

资料收集后，不仅要对资料进行汇总、归纳和整理，而且要进行各种统计分析，计算出各种比例，制成各式统计图表，并进行深入的理论分析，总结出规律和提出调查结论，然后撰写调查报告。在初稿完成后，要向委托单位或企业领导详细说明调查结果及对结果的分析，进行意见交流，以便进行最后的修改。报告书要求语言简炼、明确、易于理解，内容讲求实用，配有适当的图表。

应该说明的是，市场调查往往不是一次完成的，在一次调查之后，常常要进行追踪调查。

四、市场调查的基本方法

1. 文献分析

文献分析是在正式市场调查的前期经常使用的一种方法，这种方法主要利用现成的市场信息资料，特别是各种有关市场的历史与现实的动态统计资料。这种市场研究方法的主要优点是可以充分利用各种现成的第二手资料，可以超越时空限制，资料准确可靠，研究方便自由；而且节省调查费用。但这种方法也有明显缺点：所依据的资料可能已经过时，资料也很难全面。

市场调查的文献资料来源非常广泛，主要有：(1)企业内部资料；(2)政府部门公布的统计资料；(3)行业协会提供的资料；(4)研究单位和专业情报机构的研究成果；(5)国内外有关的大众文献（书籍、报刊）；(6)各地营业部、销售部门的经营资料；(7)外国大使馆商务处提供的资料；等等。这些文献资料可以通过有偿和无偿的方式进行收集。

现代社会是一个信息爆炸的社会，在市场调查中往往不是没有信息，而是信息太多，难辨真假。市场调查者必须善于运用文献研究方法，既要善于收集资料，又要善于筛选资料。

文献分析在市场调查中最常见的是用于发展趋势分析和因果关系分析。

所谓发展趋势分析,就是将过去的资料积累起来进行分析对比,加以合理的延伸,从中寻找市场的发展趋势。如某企业在过去一定时期(年、月)内的销售量持续增长10%左右,那么就可以推测近期内销售量增加额或增长速度。发展趋势分析在市场调查研究中主要表现为各种市场定量预测方法,其具体方法很多,最简单的是移动平均法。它是利用算术平均数按时间顺序排列而形成的平均动态数列,以说明某种现象在时间上的发展趋势。这种方法比较简单易行,适合比较稳定形态的商品需求预测,最常见的有平均增减趋势预测法和平均发展速度趋势预测法。但这种平均数法不能充分反映出需求趋势的季节变化。

在因果关系调查中也可以运用文献分析法,通过大量收集与某两个变量有关的文献资料,分析二者之间的相互关系。

2. 实地观察

实地观察就是在目标市场或有潜力的市场现场收集各种原始的第一手信息资料。它的特点是不直接向被调查者提出问题求得答案,而是利用感官视觉或利用一定的器材记录调查对象的言行,以达到收集所需要的信息资料的目的。实地观察一般应在文献研究的基础上进行。其特点是获得的调查资料新、细、具体,但调查成本高,费时费钱,对调查人员的素质要求也比较高。

市场调查中的实地观察法也有参与观察法和非参与观察法之分,并可以用于时间序列观察、横断面观察以及综合观察。例如在商品需求调查中,可以在消费者购买商品的现场,观察消费者对商品的爱好,对商品花色、品种、式样、包装等的反映。还可以对消费者购买和实际使用某种商品进行点数观察,从不同的统计数目中分析消费者的购买行为。又如在了解市场竞争状况中,调查者通过参加展销会、展览会、物资交流会、订货会,观察各家厂商的产品质量、花色品种、式样、包装、装潢以及与会人员的业务水平,分析对手的竞争能力。

3. 抽样调查

抽样调查是从调查单位总体中抽取一部分单位作为样本进行调查研究,并以样本研究的结果来推断总体的调查方法。目的是通过规模有限、能够代表总体的样本的调查结果,对调查总体的状况作出正确的推断,而不是为了了解样本本身的情况。抽样调查在市场调查中经常运用,是最常见的市场调查方法。

对市场的抽样也有随机抽样和非随机抽样两种。具体的抽样方法与我们在前面所学过的方法是一样的。这里主要介绍一下在市场调查中经常使用的配额抽样法。

配额抽样是一种非概率抽样。它将调查总体单位按某种标准进行分类,确定各类样本分配数额,然后由调查员在配额范围内,自由确定调查对象。如要调查90个工薪家庭消费状况,先确定类别:工人家庭30户,干部家庭30户,教师家庭 30 户，分别由三个调查员完成。样本要求是三人户、年龄在 30—45 岁之间。对每个调查员来说，只要符合条件就行，样本可以自由选择。

配额抽样的优点是节约成本，应用方便、快速，特别适合用于无总体名单的情况下使用。

配额抽样可分为独立控制配额和相互控制配额两种。例如，要进行某化妆品市场需求调查，拟调查 400 个样本单位，对样本按年龄、收入、性别三个标准进行分类。在独立控制配额抽样中，每个控制因素独立进行，其他因素可以灵活掌握。而在相互控制配额抽样中则要同时考虑几个因素。

4. 市场实验

通过实验获取市场信息是市场调查中的一种常见的调查方法。市场实验主要利用各种展览会、试销会、交易会、订货会进行。从实验对象看，有商店试销、城市试销和地区试销。但并非任何试销都是实验，实验的特点是控制一个或几个自变量，如广告、包装、价格等，来研究其他变量（如销售量）的变动情况。在其他变量不变的情况下，可以认为：这种变动是实验自变量的影响所致。如在三个相同的商店（或城市、地区）进行销售实验，实行三种不同的价格，看销售量的情况。如果销售量不同，可以看作是价格变动的结果。再如在新产品进入市场之前进行小范围的试验是十分必要的，如在试验过程中新产品被消费者所接受，再进行批量生产和经营，就会大大降低经营风险。

五、避免市场调查的八个误区

市场调查作为企业制定决策的重要依据正逐步被越来越多的企业所重视，企业要开发一个新产品需要市场调查、企业在经营过程中遇到问题要市场调查。如果没有市场调查，企业决策者制定决策就会失去依据、决策就会出现失误。市场调查十分重要，在市场调查工作要避免以下误区。

（一）市场调查目的不明

市场调查的目的是为了收集信息，解决已发现的问题和对未来问题的解决。但有些市场调查往往出现目的不明的情况，主要表现，一方面是决策者不明白要了解什么、调查要起到什么作用，使市场调查目的模糊；另一方面是决策者对市场调查目标锁定过多，希望一次调查能解决很多问题，如对市场调查目的从消费者习惯、特性、产品需求、价格、接受程度、渠道购买因素等应有尽有，结果使市场调查不能在任何一个点上达到目的，使市场调查最终不能解决任何问题。

（二）市场调查方法不妥

市场调查的方法主要包括观察法、实验法、问卷法、入户调查、电话访谈、邮寄问卷等，但在市场调查中往往存在方法不当的误区，表现在该采用定性描述方法却采取定量方法，该采用问卷方法却采取观察法等。由于方法不当使市场调查结果无效，一般而言，定量方法包括观察、实验、访谈，定性方法主要包括深层访谈等。

（三）市场调查内容不当

调查的内容是为调查目的而服务，但在实际市场调查工作中，由于调查内容不当使市场调查无法进行，调查结果无效，主要有以下两个方面，一是调查内容与调查目的不一致：如需要了解产品口味却在调查内容中过多涉及产品价格和包装内容，如需要了解企业市场份额下降的原因，但调查内容却设计为产品调研内容；另一方面调查的内容还涉及被采访者隐私或敏感问题，造成被调查者不愿回答、无法回答或不能准确回答，或者调查内容过多、过长而使调查对象不耐烦，敷衍了事，使调查结果不能反映调查的真实目的。

（四）市场调查人员不得力

调查人员素质不同，市场调查认真程度不同，结果差异就会很大，在一些企业进行市场调查时往往随便招一批人，不经过系统的专业知识培训，直接就开始市场调查工作，或者随便在企业找几个人就开始调查工作。正确的方法是要甄选市场调查人员和合适人员，对他们进行系统的业务培训，使调查人员掌握调查的方法、技巧，这样市场调查才能取得理想效果。

（五）市场调查组织缺乏监督

调查的组织结构，应包括调研负责人、调研督导员、调查人员等，相互制约，互为监督，而一些企业在组织市场调查工作时往往只设调研负责人和调研人员，缺少对调研工作中监督和后期检查的措施。这种组织结构往往造成调查数据造假和市场调查结果偏差。

（六）市场调查样本数不合适

在市场调查中对调查样本数的确定不合适，也是市场调查中容易出现的误区，表现为两种极端：一是样本数量过大，调研人员没有足够时间、精力去完成。二是样本数量过少，图省事，不能真实反映调查意图，结果是无法达到市场调查目的。

（七）市场调查对象错误

主要表现为被调查对象与调查目的不一致，造成这种情况的原因主要有两个，一是调研人员选择被调查对象的错误，未能发现或未能终止调查。二是调查设计时选定对象错误，如企业对儿童产品进行调研，如果以儿童作为被调查对象，从表面看并没有错，但实际上错了，因为儿童虽是产品消费对象，但家长却是购买的决定者。

(八)市场调查分析失误

市场调查从目的到内容以及对象，样本数各个方面都很好，但在对调查结果分析、撰写调研报告最后一环，由于分析人员素质不同、对行业了解不同、以及能力不同，性格、爱好、经历不同，问题思考点就不同，得出的结论也不同。针对这一问题，最好的方法根据调查目的确定不同人员参加，共同调查研究，使市场调查报告更为客观正确。

六、网上市场调查

市场调查对企业而言是必不可少的，它可以使企业了解市场，按消费者的需要进行生产，同时发现营销中存在的问题，发掘潜在的营销机会，制定科学的营销计划，从而增强企业的竞争力。随着网络技术的发展和使用者的增加，越来越多的企业开始利用网络进行市场调查活动。网络作为信息沟通渠道具有开放性、自由性、平等性、广泛性和直接性等特性，使得网上市场调查具有传统的一些市场调查手段和方法所不具备的一些独特的特点和优势。网上市场调查在借鉴了传统市场调查的理论和方法的同时，出现了一些新的调查手段和方法。传统市场调查方法在网上的应用也发生了变化。

(一)网上市场调查的优势

1. 时效性强

网络是传递信息最快速、最及时的媒体，人们可以根据需要随时发布或更新信息内容，具有传统市场调查无法比拟的实时性。只要有上网条件，任何时间都可以浏览网上最新信息，进行或参与网上市场调查。

2. 地域性广

传统的市场调查受区域制约，例如某家用电器企业利用传统方式在全国范围内进行市场调查，需要各个区域代理商的配合。而网上市场调查没有时空和限制。比如，澳大利亚一家市场调查公司曾在中国等 7 个国家同时进行因特网用户在线联合调查。这样的调查活动如果利用传统方式是无法想象的。

3. 互动性好

传统方式的市场调查活动需要耗费大量人力，周期较长。如现在很多洗涤消费品、食品调查进行入户调查，既要担心是否被人拒绝又要考虑不要与人家的工作时间冲突。因特网调查就避免了这种尴尬,因为填写调查问卷的人是主动参与的。网络的互动优势,体现在它能够更好地让每一位被调查者直接成为市场调查中的一个有机组成部分,既是市场调查信息的接受者,也是市场调查信息的传播者。被调查者参与传统市场调查是十分有限的,而网络却不一样,人们通过 BBS、聊天室、网上调查等,可以自由发表意见,提供大量信息。网络的互动性使被调查者成为信息传播的主人。如果对调查题目没有兴趣,他是不会花费时间在线填写调查问卷的。在线调查作为一种新型的调查方式已经受到中国网民的普遍认同。北京零点调查公司与搜狐合作进行了多次颇有效果的网上调查。如果利用传统的方式寻找潜在竞争对手十分艰苦,但是如果使用因特网,这种寻找的过程必然会大大缩短。

4. 技术性优

网络综合多媒体技术和超文本格式带来的图文、音频、视频传播效果,传送图、文、声、像多感官信息,给网民一个独立完整的空间展示信息与服务,使被调查者在视听新境界中感受信息主体的魅力。

(二)网上市场调查的方法

企事业可以利用自己的网站或借用他人的网站广泛开展网上调研,同时可以借鉴和应用传统市场调查方法。

1. 制定网上调查提纲

网上调查是企业在网上营销全过程的第一步。首先要有一个具体化、条理化的调查提纲。

调查提纲是将企业(调查者)与客户(被调查者)两者结合的工具。良好的沟通可以减少或消除将来出现的问题。比如,企业产品是医疗器械,他们的目标客户应该是医院里的医务人员。与医务人员沟通时,应围绕健康主题。调查提纲应当由企业的市场总监或产品经理来草拟。他们应当清楚调研的时间、框架、问题、格式要求、题目细定。一旦企业需要委托专业网上调研公司进行工作,他们就是直接负责人。

2. 寻找竞争对手

利用各种方式收集竞争对手信息,比如利用导航台、索定具体区域、设定与自己产品相同或相似的关键词来寻找竞争对手。仔细查看竞争对手的网址,注意竞争对手的网站有哪些特色值得借鉴,有什么疏漏或错误需要避免,竞争对手是否做过类似的市场调查等。

3. 了解市场需求

调查对象可能是产品直接的购买者、提议者、使用者,要对他们进行具体的角色分析。比如，某种时尚品牌休闲男装，它的目标对象应当是年轻男性，但实际的客户市场不仅仅是这部分人群，而且包括他们的母亲、妻子、女友等女性角色。这就要求调查时，将调查市场对象进行角色细分，充分了解市场需求，使调查结果更具有针对性、准确性。

4. 传统市场调查方法在网上的应用

(1)文献资料调查法。网上二手资料的收集主要通过搜索引擎搜索所需信息的站点的网址，然后访问所想查找信息的网站或网页。如果事先知道载有所需信息的网站名，只要在浏览器的查询框中键入网站名即可查找到需要的信息。

通过网络收集文献资料速度快、信息容量大、足不出户可以收集到世界各地各方面的资料。与传统的文献资料的收集过程相比，网上市场调查过程能够有效的缩短，提高了调查活动的实效性。

(2)定性调查法。网上定性调查的实施方法主要有：一是网上焦点小组访谈法，调查者根据被调查者数据库，找出符合条件的个人，利用电子邮件等方式向他们发出邀请，要求他们在特定的时间登陆特定的网站接受调查。二是网上"一对一"访谈法，调查者从登陆网站上的上网者中挑选合适的人员进行访谈。借助网络的聊天室，调查者和被调查者就调查内容进行交流。三是网上论坛、电子公告板或聊天室访谈，即在网上论坛、电子公告板或聊天室与人谈论看法或者倾听与调查目的有关的内容，从而了解人们对调查内容的看法。

网上定性调查可以邀请到世界各地的被调查者，无需占用任何场地，组织工作方便、快捷；并且被调查者彼此互不见面，没有群体的压力，没有面对面的尴尬，得到的回答较为真实。与传统的定性调查相比，网上定性调查组织起来时间短、成本低、省去了被调查者或是调查人员在路途上花的时间和精力，较好地节约了调查的时间和费用。但是由于没有面对面交流的机会，无法通过受调查者的面部表情、肢体语言、语调和行为的变化来判断被调查者的动机和态度，辨别他们回答的真实程度。同样也无法借助调查人员表情、语气和肢体语言的改变使被调查者身心放松，更好地参与调查。

(3)实地调查法。网上实地调查包括三种：一是访问法。网上的访问可以利用网络聊天工具来进行，如 QICQ、ICQ、MSN、聊天室等；也可以把问卷寄到被调查者的邮箱中实施调查；随着网络技术的发展，还可以利用网络电话或者网络可视电话进行访问。访问法一般通过问卷实施，网上问卷设计的要求与传统市场调查没有太大的区别。只是在网络上问卷调查更加灵活，可以将问卷拆分成若干问题分阶段进行，可以实现不同调查内容的组合，还可以根据受访者背景的不同，设计不同结构、风格的问卷，投其所好。问卷上也可以附加文字、图形、图像和声音等多种形式的背景资料。网上问卷调查的实施不受时间和空间的限制,可以实时得到调查结果,具有传统问卷调查所无法比拟的优越性。

二是观察法。网上观察的实施主要是利用相关软件和人员记录上网者的活动。相关软件能够记录上网者浏览企业的网页时所点击的内容,每个点击进去的内容浏览的时间;在网上喜欢看什么商品页面,也能够记录不同商品的点击率、广告的点击率、文字信息的点击率等观察数据。网上的观察活动大大节省了人员和时间,降低了观察成本;而且上网者不受群体压力的影响,表现出来的行为更真实。

三是实验法。可以通过网络做广告内容与形式的实验。设计几种不同的广告内容和形式在网页或者新闻组上发布,也可以利用电子邮件传递广告。网上实验具有简单、成本低、速度快的优势,在网上商店更换商品、改变商品的价格、改变商品的包装、改变店面的布置远远方便于传统的商店,网上制作和发布广告的过程也方便快捷。

5.适当样品、奖品激励

因特网毕竟是虚拟世界,如果能够提供更多人性化的东西,如果在网上调查过程中加入适当的奖品激励,调查会获得更多的参与者。如摩托罗拉和惠普在网上做调查时,都有奖品激励参与者。某医学杂志在做调查时,提供样刊赠阅,也获得了积极的反馈。

相关链接

“毛发水酱油”令人发毛

谁家的厨房里都会有瓶酱油,一般人也都知道酱油是用豆子、麦子等原料酿造的,可现在市场上发现了另一种自称为“酿造”的酱油,是用一种液体或粉末的东西做出来的,提供这种液体、粉末的是武汉一家生物工程公司,据他们说这是他们新发明的。又是生物工程,又是新发明,听着挺唬人的。

根据调味品批发商提供的地址,记者找到了生产这种酿造酱油的厂家——湖北省荆州市津津乐调味品厂。记者发现,这家厂生产酿造酱油果然像批发商所讲的那样,用一种酱褐色的液体直接配制酱油。一名技术员把一桶一桶的这种酱褐色液体倒进一口大锅里加热。

记者:你倒进去的?

技术员:这是氨基酸液。

据他介绍,酿造酱油的主要成分是氨基酸,使用这种氨基酸液配制酱油,不但不需要用黄豆等原料来发酵,而且氮的含量完全能够达到酿造酱油的国家标准；随后，他就向记者展示了用这种氨基酸液加工酿造酱油所采用的特殊工艺。只见他一边加热氨基酸液，一边往锅里加一种白色片状物。这种东西一加进去，锅里马上就冒出一股强刺激性的气体。

在车间的墙脚，记者发现，装着白色片状物的袋子上，赫然写着工业用"氢氧化钠"。

技术员：是片碱，氢氧化钠。

记者：哦，还要加氢氧化钠？

所谓调碱就是除去氨基酸液里的氨盐，氨盐转化为氨气挥发掉以后，氨基酸液的口感才会变得更好。又熬制一段时间后，他接着往锅里倒进去一瓶一瓶的盐酸，调和氨基酸液的酸碱度。氨基酸液熬制一段时间，再进行过滤后，就可以用来配制酱油了。

技术员按比例把自来水加进锅里，再加些红糖、工业肠衣盐，接着再倒进熬好的氨基酸液，原本一锅的清水，就开始有了酱油的模样，再加进去些焦糖色素后，一锅酱油基本上就熬好了。这些酱油被转移到了楼上的一个大储存罐里。技术员又往罐子里加了一些增稠剂和酱油香精，所谓的酿造酱油就配制完成了。

记者在酱油厂里碰到了一位提供氨基酸液原料厂的生产部部长。他告诉记者，氨基酸液就是他们厂发明的，销路非常好。史部长说：这个量很大，我们一个月向外面卖几百吨，几百吨，拿去可以配制几千吨啦。就在荆州市公安县县城北边，记者找到了氨基酸液的生产厂家——湖北省新生源生物工程股份有限公司。据厂里的负责人介绍，由于氨基酸液需求量很大，为了方便运输，厂里还把一部分氨基酸液加工成氨基酸粉往外卖。据工人介绍，尽管厂里每天都要生产10吨左右的氨基酸粉，但还是供不应求。

工人：最好的酱油就是这个做的，岳阳、常德的酱油厂，每个月都来拉10多吨。重庆每个月都要拉100吨(复合氨基酸粉)。

工人告诉记者，厂里知道内情的人从来都不吃这种酱油。

记者：这是什么加工来的？

工人：就是人身上的毛发。

他告诉记者，人的毛发里含有丰富的蛋白质，简单的酸解后就能提取氨基酸，厂里多年来生产的氨基酸液其实都是用人的毛发来加工的，每天消耗的毛发都在10吨左右。

记者：什么地方收过来的？

工人：全国各地都有。

原料库里毛发堆成了小山，整袋整袋的毛发被倒在台子上进行分拣，里面夹杂着污渍斑斑的废弃物：药棉签、小药瓶、还有用过的避孕套。经过简单分拣，这些污秽不堪的毛发不再作任何处理，就直接被送到机器里打松拉去投料。在生产氨基氮液的投料车间，一名工人正大把大把地把送过来的毛发塞进反应釜里。

随着调查的不断深入，那种用特殊原料配制的酿造酱油终于真相大白：新生代公司“发明”的这种能够直接用来配制酿造酱油的特殊的氨基酸液，竟然是用人的毛发加工而成的。从各地收来的毛发经过酸解加工成氨基酸液，一部分氨基酸液直接卖给附近的酱油厂配制成所谓的酿造酱油，为了运输方便，新生代公司还把另一部分氨基酸液干燥成氨基酸粉，卖到距离较远的酱油厂，酱油厂再将氨基酸粉用水还原成氨基酸液后配制酱油。

据了解，毛发中含有砷、铅等有害物质，对人体的肝、肾、血液系统、生殖系统等有毒副作用，可以致癌。加工过程中也会产生一些有害致癌物质。因此，国家明令禁止用毛发等非食品原料生产氨基酸液配制酱油。

（原载2004年1月5日《安徽市场报》，转载于央视《每周质量报告》）

本章小结

1. 民意测验是了解公众舆论倾向的一种社会调查。民意测验的内容主要是被调查者的主观愿望、意见和态度，而不是某种客观存在着的社会事实。

2. 民意测验具有积极的社会作用，它可以为政府提供决策参考；帮助群众参与国家和企业管理，选拔、考察和监督各级领导干部；可以反映社情民意、成为向人民群众进行思想教育、引导社会舆论向正确方向发展的重要工具。

3. 民意测验最早产生于19世纪初的美国。进入20世纪，随着经济和社会的发展需要，美国的民意测验逐渐走向成熟，其标志是科学化调查，创建了盖洛普公司等专门的调查机构。

4. 1980年以后，我国专业民意测验机构相继诞生，并且由学术性机构为主导向商业机构为主导转变，由个体化向组织化转变。1986年10月，中国人民大学舆论所成立。

5. 市场调查是指企业或政府进行的一切与市场和市场营销活动有关的各种调查研究活动。它通过对市场资料、情报信息的收集、筛选、分类和分析，发现各种现有的或潜在的市场机会，故而成为企业或政府进行决策的科学依据。

6. 市场调查对企业的作用具体表现在以下4个方面：能为企业提供正确的市场信息，为其经营决策提供依据；有助于企业开拓市场和开发新产品；有利于企业在市场竞争中占据有利地位；能促进企业经营管理的改善，增加销售和盈利。

7. 网上市场调查的方法包括制定网上调查提纲;寻找竞争对手;了解市场需求;文献资料调查法、定性调查法、实地调查法等传统市场调查方法在网上的应用。

思考与训练

1. 什么是民意测验,其作用有哪些?
2. 盖洛普公司的民意测验有什么样的特点?
3. 市场调查的内容包括哪些方面?
4. 请谈谈美国《文学文摘》民意测验兴衰的经验教训。
5. 结合案例,谈谈如何避免市场调查中的误区。

推荐读物

袁岳等:《零点调查:民意测验的方法与经验》,福建人民出版社 2005 年版
吴曲辉等:《市场调查与民意测验》,陕西人民教育出版社 1991 年版
李少华、雷培莉:《市场调查与数据分析》,经济管理出版社 2001 年版

第八章　调查资料整理

导入语

“积土成山，风雨兴焉；锲而不舍，金石可镂。”——荀子

本章要点

调查资料整理，就是运用科学的方法，对调查所得的各种原始资料进行审查、检验、汇总与初步加工综合，使之系统化和条理化。整理资料应力求做到真实、准确、完整、统一和简明。统计图主要有条形图、饼形图、曲线图、统计地图等。

通过社会调查实施阶段所获得的原始资料，还只是粗糙的、表面的和零碎的东西，需要经过整理加工，才能进行分析研究并得出科学的结论。因此，调查资料的整理工作是社会调查过程中一个必不可少的环节。

第一节　资料整理的作用和步骤

一、资料整理的作用

(一)资料整理的涵义

所谓资料的整理，就是运用科学的方法，对调查所得的各种原始资料进行审查、检验、汇总与初步加工综合，使之系统化和条理化，从而以集中、简明的方式反映调查对象总体情况的工作过程。

调查资料整理的内容主要包括对资料数据处理与资料数据管理两个方面。

数据处理是指对资料的传输、存储、更新与输出。整理的资料包括初级资料和次级资料。初级资料的整理一般是对调查收集到的原始资料的整理；次级资料的整理主要是对某些已经加工的、现成的综合资料的再整理。

任何资料如果不经过科学的整理，就不可能进行科学分析，得出正确的结论。调查资料加工整理得好，会使综合资料十分丰富，能说明更多的问题及事物的内在联系。由此可见，调查资料的科学整理是社会调查工作的继续和分析的前提条件，它在整个社会调查研究工作中具有十分重要的地位。

(二)资料整理的作用

1. 它是对调查资料的全面检查

在收集资料过程中，难免会出现虚假、差错、短缺、余冗等现象，因此，只有对资料进行科学的整理与审核，检漏补缺，去假存真，去粗取精，才能保证资料的真实、准确和完整，从而保证整个调查研究工作的质量。

2. 它是进一步分析研究资料的基础

对资料的分析研究必须借助于完备的、系统的资料，借助于经过加工整理的反映调查对象总体特征的资料。只有对收集来的分散的、零碎的资料进行加工整理，使之系统化、条理化，在此基础上，对资料的分析研究才成为可能。因此，资料的整理是资料分析研究工作的前提和基础，是研究阶段的第一步工作。

3. 它是保存资料的客观要求

社会调查的原始资料，既是做出调查结论的客观依据，又对今后研究同类现象具有重要的参考价值。只有对资料进行整理后才能使保存的原始资料具有真实性和可靠性，才能使原始资料具有长期保存和利用的价值。

二、资料整理的原则

(一)真实性

真实性是资料整理必须遵循的最基本的原则。由于种种复杂的原因，收集来的资料中难免夹杂着某些虚假的东西，整理过程中必须认真鉴别，去假存真。如果经过整理的资料中还存有某些虚假的东西，那么据此就可能得出错误的结论，严重影响调查的质量。

(二)准确性

即描述事实要准确，特别是数据要准确。如果经整理后的事实材料仍然含糊不清、模棱两可，数据资料仍然笼笼统统、互相矛盾，那么就不可能据此得出科学的结论，也会大大影响调查结论的说服力。

(三)完整性

即反映某一社会现象的资料必须尽可能全面,以便如实地反映该现象的全貌。如果资料残缺不全,就有可能犯以偏概全的错误,导致得出错误的结论。

(四)统一性

即对各个调查指标要有统一的理解和解释,对调查指标的计算方法和计算单位也要统一,否则就无法进行统计,也无法进行比较研究。

(五)简明性

即整理所得的资料要系统化、条理化,并尽可能以简单、明确、集中的形式反映出来,以便于对资料进行分析研究。

总之,整理资料应力求做到真实、准确、完整、统一和简明,只有这样,才能为进一步的分析研究打下良好的基础,才能得出科学的调查结论。

三、资料整理的步骤

整理资料的工作由若干环节组成,是一项细致的工作,应当有组织、有计划地进行,对资料进行整理的步骤如下:

(一)制定资料整理方案

在整理调查资料工作开始以前,首先应制定资料整理方案,或称之为数据分析初步方案。数据分析的方案设想实际上是从调研的起始阶段就在考虑之中的。数据分析本身不是目的,只是一种手段,借以获取能帮助认识、处理目前问题的信息。因此数据分析方案要紧密地围绕中心问题来设计。良好的方案是调查资料整理工作顺利进行的重要保障,主要内容有:

1.确定汇总指标和综合统计表。

2.根据研究目的和任务确定具体分组。如果按照数量标志分组,还要制定出组数和各组的组限值。

3.选择资料汇总的方式:采用手工汇总还是计算机统计汇总。

4.做好组织工作和时间进度的具体安排。

5.确定资料审核的内容和方法。审核的内容主要包括:及时性、完事性和正确性的检查。

6.确定与历史资料衔接的方法。

总之,一个方案的好坏直接影响到工作的质量,是能否完成资料整理工作的关键。

(二)资料的审核

为了保证资料的质量,首先必须对原始资料进行严格的审核。认真审查资料的真实性、准确性和完整性,发现问题,及时解决。统计资料的审核包括完整性、正确性、可比性和及时性审核。

完整性审核是指要求得到的资料是否都得到了,是否有缺页漏项的现象。正确性审核是指判断资料的真假和可靠程度。可比性审核是指资料的计算口径、包括范围、计算方法、计算价格等方面是否可比。及时性审核主要是检查调查单位或调查人员是否按时上报资料,有无拖延。对原始资料进行审核与检查的方法主要有逻辑审核法和验算审核法两种。

(三)资料的编码

如果所收集的资料要输入计算机处理,则必须对原始资料进行编码,编码是用数字作为调查资料的代码,并将代码值集中登录卡片上,以备输入计算机用。

(四)资料的分组

根据社会调查的目的和任务,按照分析研究的需要,确定资料分组的标志,对收集的原始资料进行分组整理和统计,为资料的分析研究做准备。

(五)资料的汇总

即对收集到的数据资料进行汇总计算,从而将分散的资料以集中的形式显示出来。汇总可以是全部数据资料的汇总,也可以是在资料分组基础上的汇总;可以用手工汇总,也可以用计算机汇总。使用哪一种汇总方法与技术,要根据调查的目的和具体的条件而定。汇总过程中对整理好的资料再一次进行审核,以便及时发现和纠正各种差错。

(六)制作统计表和统计图

资料汇总的结果,可以通过编制统计表和统计图以集中、简明、直观的形式显示出来。统计表和统计图是资料整理的表现形式,也是对资料进行统计分析的极为有用的工具。

上述各个步骤在资料整理过程中是有机地联系在一起的,都有其重要的作用。上述的各个步骤之间的顺序并不是绝对的。例如,资料的汇总可以是对未分组的全部数据资料的汇总,也可以是在资料分组基础上的汇总。在使用电子计算机处理资料时,资料的分组与汇总是同时完成的。

第二节 资料的审核与汇总

一、资料审核的要求

资料的审核是整理资料的第一步工作。审核的目的主要是解决原始资料的真实性和有效性问题，以保证原始资料的质量。

资料的审核必须遵循资料整理的一般要求，着重审查资料的真实性、准确性与完整性。

（一）审查资料的真实性

1. 调查资料来源的客观性问题

资料应当是确实发生过的客观事实材料，是通过调查获得的资料，而不是调查者主观杜撰的东西。一切不是通过实地调查得来的，而是通过调查者的主观想象、猜测或臆造的东西都不能成为分析研究的基础，都必须在审核过程中舍去。

2. 调查资料本身的真实性问题

由于种种复杂的原因，即使是实地调查中收集到的资料也难免存在一些虚假的东西。调查者必须根据自己的已有知识和经验，辨别资料的真伪，把那些明显违背常理的、前后矛盾的资料舍去。

（二）审核资料的准确性

要着重检查那些含糊不清、相互矛盾的资料。例如，问卷调查中的笔误与记忆误差。访问调查中被访对象所提供的大概数字或猜测数字等等。这些情况在调查过程中是经常会发生的，在整理时对这些资料都应当作认真审查与核实。对资料的准确性的要求是相对的，并不是所有资料都要越精确越好。例如，表示人均纯收入，以元为单位就可以了，不必精确到角与分。

（三）审核资料完整性

1. 总体调查资料的完整性

检查调查过程是否都按设计的要求完成了；应该调查的项目是否都调查到了。如果是抽样调查，则应检查问卷的回收率以及有效问卷是否达到要求等等。

2. 每份调查资料的完整性

主要审查每份调查表或问卷表上的所有问题是否都按要求填写了，是否有漏填或少填的情况等等。其中若发现有严重漏填的问卷应舍去。

3. 审核资料的阶段性

审核资料是一项十分严肃而细致的工作，调查者必须要有实事求是的科学态度和认真负责的工作作风才能将这件事办好。审核资料包括汇总前审核和汇总后审核两个环节。

资料汇总前审核有逻辑审核和计算审核。资料汇总后的审核主要包括四个方面的工作：复计审查，对每一个指标值重新计算检验；表表审核，利用表与表之间的联系进行审查，例如两个表上有同一项统计指标是否相等；表实审查，把表上的数字资料同实际资料核对，一般是让有实际经验的人来检查，判断其正误；对照审核，利用会计、统计、业务三种核算资料进行审核。

二、资料审核的方法

（一）逻辑审核

逻辑审核也叫逻辑检查，即核查调查资料的内容是否合理、是否合乎逻辑和常识，项目之间有无互相矛盾之处，与其他有关资料进行对照是否有明显出入等。如果在人口普查资料中，有一个人年龄是 18 岁，工龄有 10 年。类似这样的资料就不符合逻辑。

比如，我国 2003 年十大假新闻之一《超过 3000 年女木乃伊出土后受精怀孕》就是一篇“违背常理，不可思议”之作。

大洋网 2003 年 11 月 27 日 12:17:32 讯　据美国《世界新闻周刊》报道，埃及一个考古小组今年 3 月在开罗发掘出一具已逝世超过 3000 年的经防腐处理的女木乃伊。但该学院负责人塞尔德最近获得一个惊人发现，证实这具木乃伊竟在出土后怀孕，至今其腹中胎儿看来已有 8 个月，经超声波检查后得出胎儿正常成长。该学院看守人西塔尔被指认是胎儿的父亲，而他也承认自己难以抗拒女木乃伊的美色，不禁对她表达爱意。

这个估计将在不到两个月后临盆的木乃伊，现存放在学院内。塞尔德表示，他们从未想过木乃伊竟可怀孕，但事实却又发展到如此不可思议的地步。以塞尔德为首的研究员肯定，这具女木乃伊在被发现时没有怀孕的迹象，他们安排了西塔尔负责看守她。西塔尔坦承，这具女木乃伊对他产生一股难以抗拒的吸引力，是他心目中的可爱美人。为此，西塔尔竟向木乃伊表达爱意，并觉得她对其爱的呼唤做出了响应。

据分析，这具女木乃伊应当生存于公元前 1206 至公元前 924 年的时代，其皮肤、肌肉组织和血管仍然存有。塞尔德估计这名女子死于 24 岁左右，应当来自上层社会甚至王室贵族。不过,他无法确定这具木乃伊的真正身份、死因和亲属安排特别安葬方式的目的。

塞尔德表示,这具木乃伊已死去3000年,但却仍能受精怀孕,或许,浸泡这具木乃伊的液体具有神奇功效,竟可令她在死后几千年仍可怀孕甚至生育。木乃伊体内胎儿稳定发出心跳,而且经过检查后已断言胎儿是一名女婴。木乃伊的陪葬品有不少是婴儿用品,似乎显示她的家人寄望她来世有机会做妈妈。

医学和考古专家就此指出,“木乃伊怀孕”根本经不起科学的推敲。南京博物院院长徐胡平研究员接受《扬子晚报》记者采访时说,他看了这则报道,评价是12个字:惊天之作,违背常理,不可思议。他说,木乃伊已经过古代人为防腐处理,其大脑、内脏均已拿掉,人体活的细胞已不复存在,而且木乃伊只有在干燥的特定自然环境中才能存在,怎么可能受孕?南京妇幼保健医院生殖不孕中心李红霞主任医师指出,“怀孕”必须具备几个最基本的条件,女性卵巢功能正常、正常体温,以及维持胚胎生命的液体、激素等,而木乃伊只是一个“标本”,已经没有生命了,根本不能提供怀孕的基本条件,又怎么怀孕呢?!

(二)计算审核

计算审核也叫计算检查,主要从数字上计算。要检查计算数据数字有无错误、计量单位是否合适,前后数字之间有无相互矛盾之处,各分项之和是否等于总计,指标的计算方法是否合理等。

例如,2003年11月2日《人民日报》发表的《范素海:立足岗位做奉献》一文说:

“范师傅名叫范素海,今年41岁,是平顶山市燃气总公司第一门市部的维修工。15年来,他累计维修燃气具4万余次,行程500万公里。”

这篇通讯的作者、编辑、校对和最后审签者都没有意识到500万公里是怎样的概念,它大约相当于沿地球赤道走125圈的路程。15年行程500万公里,平均1年要行程33万多公里,即使1年365天日夜24小时都不休息,平均1天也得行程910公里。就是开车跑长途运输的一位司机也未必能达到。一位维修燃气具的师傅只靠自行车或者汽车作交通工具,能做到日行1800多里吗?即使能做到日行1800里,试问他还有没有时间“立足岗位做奉献”?

再例如,杭州有家报纸在一篇报道中说,“2005年夏天,杭州市民每天平均吃优质西瓜600多万公斤,吃剩西瓜皮达8400吨”。换算一下,8400吨西瓜皮等于840万公斤,吃剩的西瓜皮比西瓜还多,这不符合常理。

(三)资料审核中的问题处理

在资料的审核中,如发现问题,可以区别不同情况予以处理。

1. 对于在调查中已发现并经过认真核实后确认的错误，可由调查者代为更正。

2. 对于资料中的可疑之处或明确有错误与出入的地方，应设法进行补充调查。

3. 在无法进行或无须进行补充调查的情况下，应坚决剔除那些有明显错误的或没有把握的资料，以保证资料的真实性和准确性。

为了保证审核后的资料能得到及时的补充或纠正，一般不应在所有的调查工作都结束、调查队伍离开调查现场后，再去搞资料的整理工作，而是应当在收集资料的过程中及时进行资料的审核工作。每天的调查工作结束后，对当天收集的资料都必须进行初步的整理，重点是审查资料的真实性、准确性和完整性，如发现问题就可以在第二天或者在以后适当的时候进行补充调查或重新核实。

三、资料的编码

如果整理后的资料要用电子计算机进行数据处理，则还须对资料进行编码，即将问卷或调查表中的信息转化成计算机能识别的数字符号。这项工作要借助于编码手册或编码表，编码手册或编码表记录着每个数字所代表的实际意义，就像打电报用的密码手册，调查者要根据它将调查资料变换成计算机能识别的数字符号，输入计算机进行处理；然后再根据它将计算机处理的结果转换成能阅读的资料。

大多数正规的准备用计算机进行处理的问卷调查，在问卷设计时就已经将编码表设计在问卷的右边或上方了。对这种问卷的编码，只要将被调查者在问卷中所选择的项目的代号或所填的数字填入相应的编码表栏目内即可。

例如：宁波市民生活方式问题调查表	编码表
1. 您的性别：	1.1
(1)男(√)　(2)女(　)	
2. 您的年龄：	2.2
(1)18—25 周岁(　)　(2)26—35 周岁(√)	
(2)36—45 周岁(　)　(4)46—60 周岁(　)	
(5)61 周岁以上(　)	
3. 您的文化程度：	3.7
(1)小学以下(　)　(2)小学(　)　(3)初中(　)	
(4)高中或技校(　)　(5)中专(　)　(6)大专(　)	
(7)大学本科以上(√)	
4. 您的职业：	4.1

(1)教师(√) (2)工程师( ) (3)职员( )
(4)研究人员( ) (5)个体户( ) (6)工人( )
(7)机关干部( ) (8)军人( )
(9) 其他(请注明)

☆ 如遇问卷内的某个项目是直接填写的数字,如被调查者的出生年月;则将出生年月的数字直接填入编码表内即可。

☆ 如遇无回答项目,一般以 9,99,999 为代号同样要记入编码表。

☆ 对于事先没有设计编码表的问卷表或调查表,若打算用电子计算机处理数据资料,则须在问卷边上或上方补上编码表,或者另外设计一张编码表,然后再按上述操作方法,将所选项目的代号填入编码表内。

☆ 对于问卷表或调查表中的少数开放式问题,则应在对所有回答进行分类的基础上,给每一类回答定一个代号,制成编码表,然后再将每一份问卷的开放式问题的回答所对应的代号填入编码表内。

为了便于将数字资料输入计算机,在给每一份问卷表编好编码以后,还须将这些数字登录到资料卡片上。登录时只需将编码表中的代码或数字按顺序填入登录卡,每个代码或数字之间可以空一格,也可以将所有代码分成若干组,一组与另一组代码之间空一格(当资料较多时,这样登录不容易出错)。如上例,在登录卡片的第一行登录第一份问卷上的代码,即:001126122……001 为问卷序号。登录第二份问卷上的代码时,必须另起一行,而且每一个针对同一个问题的代码必须在同一纵列的格子内,绝对不能错格(见表 8-1)。

表 8-1 登录表

1	2	3	4	5	6	7	8	…	80
0	0	1	1	2	6	1			
0	0	2	1	1	7	4			
0	0	3	2	2	3	3			
0	0	4	2	3	6	1			
0	0	5	1	3	4	7			

表 8-1 中,1—3 栏填问卷表的序号,第 4 栏填性别项的代码,第 5 栏填年龄项的代码,第 6 栏填文化程度项的代码,第 7 栏填职业项的代码,第 8 栏填第 5 个问题所选答案的代码,第 9 栏填第 6 个问题所选答案的代码……以此类推。一行最多可填入 80 个数字。待所有的代码或数字都登录好以后,就可以将这些数字资料按登录卡片上的顺序输入计算机了。

资料的编码、登录与输入计算机的工作是既简单枯燥又容易出错的工作，需要特别的耐心与细致才能保证整个过程不出差错。

四、资料的汇总

资料的汇总，是指根据调查研究的目的，将资料中的各种分散的数据汇聚起来，以集中的形式反映调查单位的总体状况以及调查总体的内部数量结构的一项工作。资料的汇总是资料整理工作中的必不可少的重要环节，是分析资料前的一项基础性工作。

根据研究的不同目的，可以将资料的汇总分为总体汇总和分组汇总两类汇总方法。前者是为了了解总体情况和总体发展趋势的，后者是为了了解总体内部的结构和差异的；资料的总体汇总可以在对资料未进行分组以前进行，而资料的分组汇总则必须在对资料进行分类与分组后才能进行。

(一)手工汇总

资料汇总的技术主要有两种，手工汇总与计算机汇总。手工汇总主要包括：点线法、过录法和卡片法三种。

1. 点线法

点线法也叫划记法。它是以点或线等记号代表个案次数进行划记汇总的方法。常用的记号有“正”、“册”等，类似于选举中常用的唱票方法。点线法简便易行，是手工汇总中最常用的一种方法。点线法的具体操作方法如表 8-2 所示。

表 8-2 学生考试成绩分布情况汇总

分数段	划 记	次 数
90 分以上	正下	8
80—90	正正正一	16
70—80	正正下	13
60—70	正下	8
60 分以下	一	1
合计		46

2. 过录法

就是把原始调查资料过录到先设计好的过录表或汇总表上，然后汇总的方法。其格式及填写方法如表 8-3 所示。

表 8-3 过录表

个案号	1	2	3	4		
001	男	25	初中	工人		
002	女	27	大专	教师		
003	男	28	高中	干部		
200						

3. 卡片法

卡片法就是将每个个案的资料分别登录到特制的资料卡片上，然后进行汇总的方法。

(二)电子计算机汇总

计算机汇总大致分四个步骤：编码、登录、录入和程序编制。

1. 编码

编码是将问卷中的信息数字化，转换成统计软件和统计程序能够识别的数字，这项工作是一种信息代换的过程。编码工作主要是建立编码手册，编码手册记录着每一个数字所表示的实际意义，它相当于打电报的密码手册。

2. 登录

登录是将编好码的问卷资料过录到资料卡片上去，以便于将它们输入到计算机的磁带、软盘或硬盘上去。

3. 录入

录入是将登录在资料卡片上的数据录入到计算机的存储设备(磁带、软盘、硬盘)上，其工作性质同登录相同。所不同的是登录的操作是在资料卡片上进行，录入是在计算机的终端机上进行。

4. 程序编制

编制程序是一项技术工作，它要求编制者会应用计算机语言。但现在这项工作已由软件工作者为我们做好，我们只需会使用软件包就行了。有很多软件包可以用，最常用的是 SPSS 软件包(社会科学统计软件包)。

第三节　统计表与统计图的制作

一、统计表的制作

(一)统计表的种类

统计工作从开始的设计到最终的分析报告都离不开一种重要的工具，那就是统计表和统计图，图表能使枯燥的数字变得直观、鲜明和生动，尤其适合于社会宣传，成为广大社会公众易于接受的有效方式。

统计表是用纵横垂直交叉的直线所绘制的表格来表现统计资料的形式。它是表现统计资料最常用的形式，应用最为广泛。统计表的广泛应用构成了统计的特色。统计表的种类有：

1. 统计表按其作用不同，可分为调查表、整理表(又称汇总表)和分析表。

调查表就是把调查项目以表格的形式表示出来所形成的统计表；整理表用于登记对统计资料的整理汇总结果；分析表是表述统计分析资料的统计表。它们分别应用于统计工作过程的各个环节。

2. 统计表按对总体是否分组或分组情况的不同，可分为简单表、简单分组表和复合分组表。

简单表是对总体未经任何分组，在主栏中只是总体单位或时间的排列，具有一览表的性质；简单分组表是对总体只按一个标志分组而成的统计表；复合分组表是对总体进行了复合分组而形成的统计表。

3. 统计表按其性质不同，可分为时间数列表、空间数列表和时空数列结合表。

时间数列表是主栏中按时间顺序排列的统计表；空间数列表是反映在同一时间不同空间(如不同的单位、不同的部门、不同的地区、不同的国家)的资料编制成的统计表；时空数列结合表是指同时反映不同时间和不同空间的交叉资料而形成的统计表。

(二)统计表的编制

要想编制符合要求的统计表，需弄清以下问题：

1. 统计表的构成

(1)从统计表的表式结构看，统计表包括总标题、横行标题、纵栏标题和指标数值四部分(见表 8-4)。

表 8-4　某市 2006 年各类工业企业增加值

按经济类型分组	工业企业数(个)	增加值(万元)
甲	(1)	(2)
国有企业	150	60000
集体企业	70	14000
中外合资企业	10	500
私营、个体企业	15	450
其他企业	7	140
合计	252	75090

总标题是统计表的名称,应该简明扼要、清楚地表明全表统计资料的内容,一般位于表的上端中部。如表 8-4 的“某市 2006 年各类工业企业增加值”。

横行标题是横行的名称,一般用来表明各组的名称,代表统计表所要说明的对象,一般列在表的左方。如上表的“国有企业”、“集体企业”、“中外合资企业”、“私营、个体企业”、“其他企业”。

纵栏标题即纵栏的名称,一般用来表明统计指标的名称,列于表的上方。如上表的“工业企业数”、“增加值”。

指标数值即统计指标的具体数值表现,一般列于横行标题和纵栏标题的交叉处。

(2)统计表从内容上看,由主词和宾词两部分组成。

主词是指统计表所要说明的总体及其各组成部分,一般列在表的左方,即横行标题所在的列。宾词是用来说明总体数量特征的各项统计指标,通常列在表的右方,即纵栏标题和指标数值所在的列。

2.编制统计表应注意的问题

编制统计表要遵循科学、实用、简炼、美观的原则。同时还应注意以下若干问题:

(1)统计表的标题要能够确切说明表的内容,文字简明,标题内和标题下应载明资料所属的时间、地点或单位。

(2)统计表主词与宾词之间必须相互对应,以便表明表中任一指标数值反映的量所属的社会经济性质及其限定的时间、空间和条件。横行各项内容和纵栏各项内容的排列应有一个合理的顺序或清晰的逻辑关系。

(3)统计表中的数字要注明单位,或设置“计量单位”栏目。如表内计量单位相同,则可将单位标在表的右上方。

(4)统计表内的数字要对整齐,应用同等的精度。

(5)统计表中不应有空格,当表中不应有内容或可免填时,用"—"表示;当某些数字不足本表最小单位时,用"……"表示。

(6)统计表上下线要用粗线,表内如有两个以上的不同事实,也应用粗线或双线隔开。习惯上统计表左右两端不划线,采用开口式。

(7)特殊需要说明的统计资料,应在表下方注明。统计表编制完毕并经审核后,填表人、主管负责人和单位要分别签字、盖章,以示负责。如果是引用现成资料,应注明来源或出处。

二、统计图的制作

统计图是利用统计资料绘制成的几何图形或具体形象,它可以从数量方面显示出研究对象的规模、水平、结构、发展趋势和比例关系,是表现统计资料的一种重要形式。实际中常见的统计图主要有以下几种:

(一)条形图

条形图是用宽度相同的直条的高低或长短来表示各项统计指标数值大小的图形。根据条形图表现统计资料内容的不同,条形图又分为单式条形图、复式条形图和结构条形图。

1.单式条形图。它是以若干距离相等的单一条形的高低、长短来表明指标数值的一种图形(见图 8-1)。

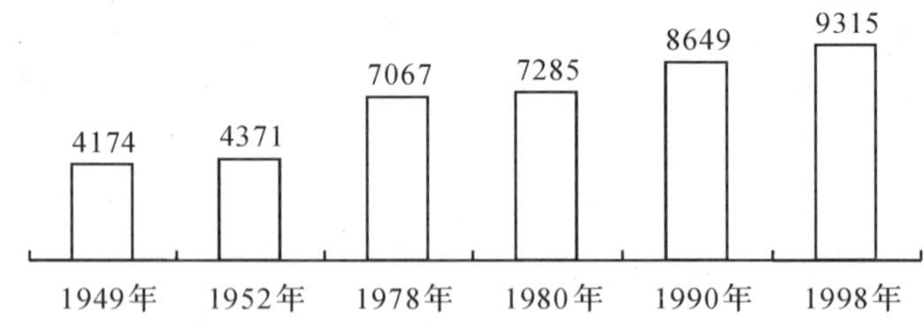

图 8-1 某某省一些有代表年份的年底总人口数示意图(单位:万人)

2.复式条形图

它是以两个以上的条形为一组来进行比较的一种图形,它既可以进行组与组之间的比较,又可以进行组内的比较。它常常用来表现分组资料(见图 8-2)。

3.结构条形图

它是以一个独立的条形或几个条形的全部长度代表被说明现象的总体,并把条形分割为几个小段,用来表示构成这一总体的各个组成部分。它既可以比较现象的各部分在总体中所占比重的大小,又可以说明现象在不同时期的构成

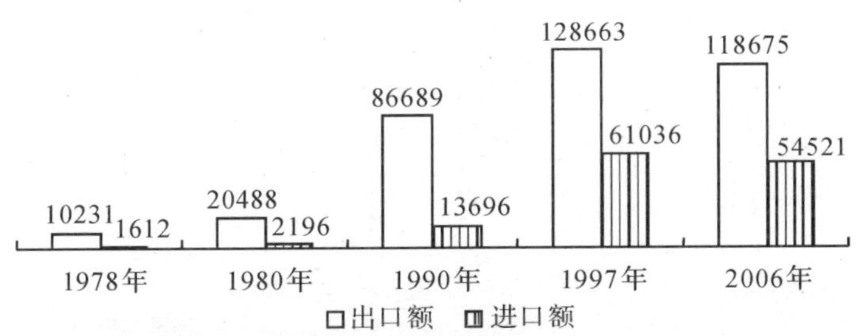

图 8-2 某某省一些有代表年份的进出口额示意图(单位:万美元)

资料。这些资料可以是绝对数,也可以是百分数(见图 8-3)。

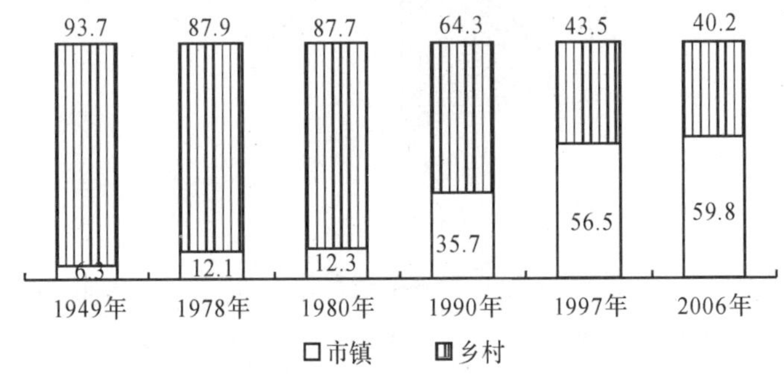

图 8-3 某某省一些有代表年份的人口城乡结构示意图(单位:%)

如果图示的对象是次数分布,此时的条形图又常称为直方图(见图 8-4),还可以在这种图形上附加上折线,从而构成折线图(见图 8-5)。

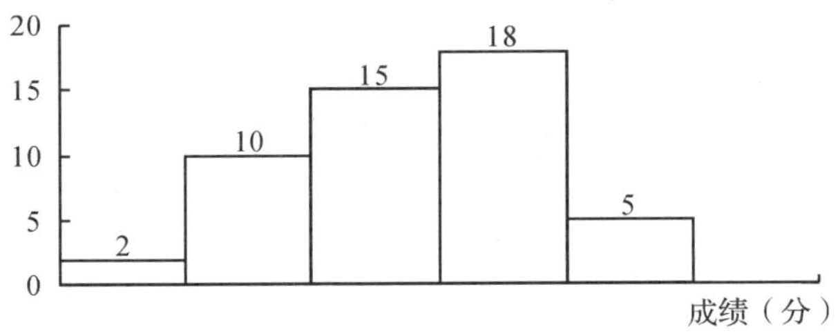

图 8-4 某班统计学考试成绩分布图

(二)饼形图

饼形图通常是以圆形面积或以圆内各扇形面积的大小来表示统计指标数值大小的图形(见图 8-6)。

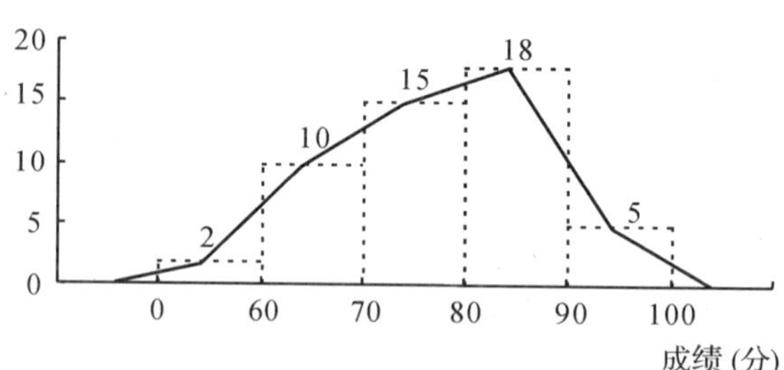

图 8-5　某班统计学考试成绩折线图

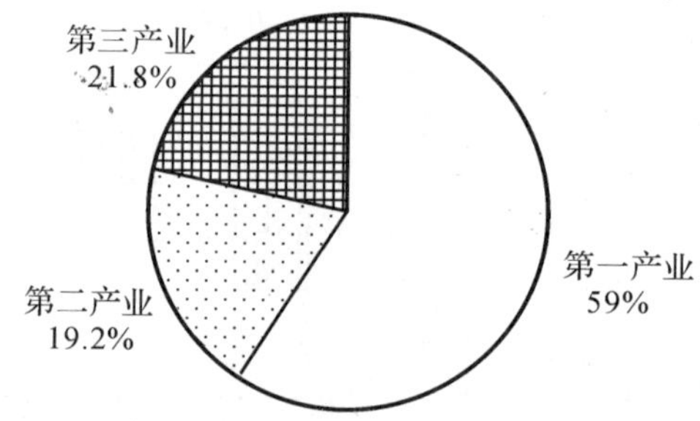

图 8-6　某某省 2004 年从业人员产业构成示意图

(三)曲线图

曲线图是以曲线的升降来表示现象的动态。运用曲线图可以表明事物的发展规律、总体单位的分配情况、揭示事物间的依存关系或表明计划执行的进度(见图 8-7)。

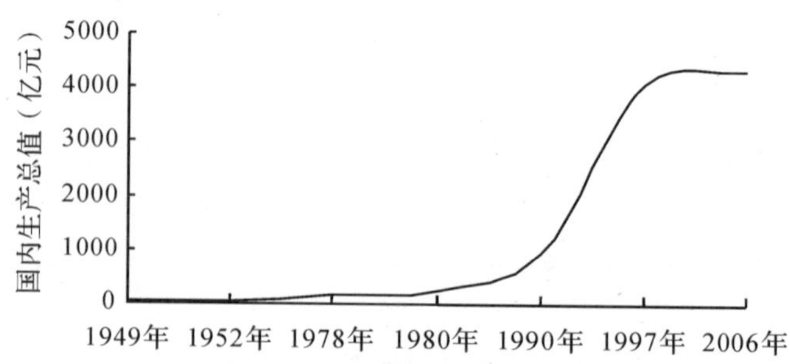

图 8-7　某某省一些年份的国内生产总值曲线图

统计图除了上述几种外,比较常用的还有面积图、圆环图、相关散点图、统计地图、象形图及各式各样的三维立体图等,通用的一些统计软件、电子表格软件和文字编辑软件等都嵌有统计作图功能,有兴趣的读者可进一步参考有关这类书籍。

本章小结

1. 调查资料的整理，就是运用科学的方法，对调查所得的各种原始资料进行审查、检验、汇总与初步加工综合，使之系统化和条理化，从而以集中、简明的方式反映调查对象总体情况的工作过程。

2. 资料整理的作用对调查资料的全面检查，能保证资料的真实、准确和完整，从而保证整个调查研究工作的质量；是进一步分析研究资料的基础，使分散的、零碎的资料系统化、条理化；是保存资料的客观要求。

3. 整理资料应力求做到真实、准确、完整、统一和简明，只有这样，才能为进一步的分析研究打下良好的基础，才能得出科学的调查结论。

4. 审核资料包括汇总前审核和汇总后审核。资料汇总前审核有逻辑审核和计算审核。汇总后审核主要包括复计审查、表表审核、表实审查和对照审核。

5. 统计表的表式结构看，统计表包括总标题、横行标题、纵栏标题和指标数值等四部分。总标题是统计表的名称；横行标题是横行的名称，一般用来表明各组的名称，代表统计表所要说明的对象，一般列在表的左方；纵栏标题即纵栏的名称，一般用来表明统计指标的名称，列于表的上方；指标数值即统计指标的具体数值表现，一般列于横行标题和纵栏标题的交叉处。

6. 统计图是利用统计资料绘制成的几何图形或具体形象，它可以从数量方面显示出研究对象的规模、水平、结构、发展趋势和比例关系，是表现统计资料的一种重要形式。实际中常见的统计图主要有条形图、饼形图、曲线图、面积图、圆环图、相关散点图、统计地图、象形图及各式各样的三维立体图等。

思考与训练

1. 调查资料整理有哪些作用？
2. 整理资料工作由哪几处步骤组成？
3. 什么是逻辑审核和计算审核？
4. 请按统计表的表式结构设计一份《宁波市居民家庭 2006 年月收支情况统计表》。
5. 请绘制一份《××大学各年级本科在校生比例饼形图》。

推荐读物

陈厥祥：《民营企业发展之路》，科学技术文献出版社 2004 年版

白庆祥等：《新闻采访写作编辑案例教程》，新华出版社 2003 年版

第九章 撰写调查报告

导入语

“妙笔生花”——成语·李白的故事

本章要点

调查报告是对当前社会的重大事件或者群众关心的重要问题，进行有目的、有系统的比较全面深入的调查研究之后，将调研所得到的材料和结论，综合整理而写成的书面报告。调查报告的作用，能为实现调查目的提供条件，为制定政策、指导工作提供依据，为发展科学理论提供基础。在调查报告中，调查是基础，研究是桥梁，报告是目的。调查报告的基本结构由报告的标题、前言、正文、结尾四个部分组成。

2005 年春节前，清华大学新闻与传播学院学生李强深入太行山区实地了解中国农村的真实情况，用一个月时间完成一篇 4 万多字的名为《乡村八记》的调查报告。《人民日报》原总编辑、清华大学新闻与传播学院院长范敬宜读后认为，作者很自觉地把在学校学到的知识运用到调查研究中去，表现了一个年轻学子应有的勤奋、踏实的作风和认真了解农村、了解国情的科学态度，反映的农村情况有一定的代表性。他把这篇调查寄给了国务院总理温家宝。2005 年 4 月 28 日，温家宝总理亲笔给《人民日报》原总编辑范敬宜复信，对李强同学的农村调查给予很高评价和热情鼓励。2005 年 6 月 17 日，《人民日报》发表了温家宝总理的信和这篇农村调查报告的概述。

为什么一位普通大学生的调查报告会引起温家宝总理的关注？我们不妨先从温总理给范敬宜的回信中寻找答案，信中说：“一位二年级的大学生如此关心农村，实属难得。从事新闻事业，我以为最重要的是要有责任心，而责任心之来源在于对国家和人民深切的了解和深深的热爱。”显然，涌动在李强心中的责任意识,成为《乡村八记》能够顺利完成的根本因素。

还有一个更为重要的因素,那就是身在都市的李强利用业余时间,一头扎进距离自己所住城市仅有两个半小时车程的农村,用自己的眼睛观察这个陌生的世界,用自己的真心去感悟这片落后的天地。《乡村八记》虽然仅有区区 4 万字,但却凝聚了李强 8 天的乡村生活以及一个月的心血。

事实上,李强的《乡村八记》并非什么深不可测的玄学理论,他能做到的事情,其他的大学生也同样能做到。问题在于李强向着两个半小时车程的农村迈出了扎扎实实的一步,正是这一步,让城市里的大学生对艰苦的农村有了初步印象,有了零距离接触。这一步迈得非常有意义。

美国著名记者普利策有句名言:“倘若一个国家是一条航行在大海上的船,新闻记者就是站在船头上的瞭望者。他要在一望无际的海面上观察一切,审视海上的不测风云和浅滩暗礁,及时发出警告。”这句名言,固然是对新闻记者(或是类似于李强这样即将成为新闻记者的人)说的,要求他们必须有洞若烛火的观察能力与预判能力,但对其他专业的大学生来说,这种观察能力,同样值得借鉴。

相关链接

一份值得推介的调查报告

——清华大学新闻与传播学院院长 范敬宜

我怀着惊异的心情,用了整整一个晚上和一个早晨的时间,一口气读完了李强同学这篇农村调查报告,内心受到强烈的震撼。一位在校学习的大二学生,能够利用短短的假期,如此深入地到农村进行实地调查,写出这样一篇客观、深刻、翔实、生动的反映当前农村现状的报告,令人振奋,也令人深思。

我觉得这篇报告有如下几个特点:

一、报告反映的农村有很大的代表性,虽然作者调查的地方并不多,主要是晋中地区农村的状况,但对华北、西北、东北等区域具有相当的普遍性和代表性。因此,它所提出的问题和建议,不仅对农业部门,而且对教育、文化、卫生等部门乃至各级党政领导部门,都有相当的参考价值(报告中许多情况正是当前中央关注的)。

二、报告通篇贯穿着实事求是的科学态度。既客观、真实地反映了十一届三中全会以来农村发生的巨大变化,又不回避当前农村出现的许多新矛盾、新问题。在揭示农村中存在的种种问题时,不是单纯的指责和抨击,而是从历史和文化的角度指出问题的由来和发展。更可贵的是提出了个人对解决这些问题的途径(尽管不一定成熟),因此令人信服。

三、作者很自觉地把在学院学到的新闻学与传播学知识(包括如何用现代的视野和方法进行社会调查,如何从宏观上观察分析和认识社会现象以及对当前国家政策的了解等等)运用到调查研究中去,还可以看出,他平时重视各方面知识(包括政治、经济、历史、文化等等)的积累,做到了学以致用。他的各位老师应当为此感到欣慰。

四、作者在进行这次农村调查中,表现出了作为一个党的新闻工作者的继承人应有的勤奋、踏实、刻苦、精细的作风。在当今浮躁的社会风气下,作者能够这样沉下心来而不是浮光掠影地走马观花,不厌其烦、不厌其细地求真、较真,实在难能可贵。

《乡村八记》摘要

第一记　一户农家的年收支明细账

这个村大部分人家以农业为主。有一家种着13亩地,种植作物主要为玉米和黄豆,种的小杂粮和菜主要用于自食,还有半亩万寿菊。家有农用机械车一辆,平时跑跑运输,做些买卖。从一笔笔明细账中,可以清楚地看到:这个农户的收入来自农业、副业和工商业,支出主要是税费支出、家庭吃用支出、教育医疗费用支出和农机支出。这个农户在村里算是情况比较好的,可是辛劳一年竟然入不敷出!究其原因,主要在于教育支出过于庞大。供养三人同时上学对于一户农家显然压力过大。高中教育的花销对于农民家庭来说,仍然是一笔相当大的开支,更不必说大学教育。教育成本之高,已使一部分农家子弟望而却步,使大部分农家不堪重负。

中国的现代化进程,归根结底要取决于农村现代化的进程,而教育是提高农民素质的最重要的手段。的确,办教育需要钱,但是我们也要充分考虑农民的承受能力,毕竟教育是一项有没有钱都要办的事业。

第二记　村里的明白人

几经周折,找到了退下来的村支书,了解了村民的生活状况、村里的集体公益事务、村里的教育和村领导机构的情况。老支书说,改革开放以来,村民的生活水平确实有提高,每天两顿白面是没问题的,家家有电视,60%有电话,1/3有摩托车或是农用车。温饱解决了,基本生活可以保证,但仍然很穷,缺钱花。以农业为主,无矿产资源,与有煤的地方相差太远。打工的人也比较少。农民的个人实力有限,很难进行大规模的市场活动,也很难应对市场的变化。

村集体事务主要有农田水利基本建设、植树造林和修路修桥这几项。问题比较大的是水利事业。村子紧靠一条河,但村里没有任何水利灌溉设施,耕地全为旱地。以前的水利设施因为疏于管理荒废掉了。如何充分调动村集体的力量，为整个村子服务，是政府和村民需要考虑的问题。当地人极其重视教育，不惜一切代价供子女读书。20多年来，已经出了十多位大学生(含大专)，年轻人普遍读完初中。但代价也是很重的，据老支书估计，教育支出普遍占到家庭总支出的70%以上！国家免除了乡统筹款和村提留款以后，村干部的工资实行“转移支付”，相当于给一个村免去了上万元的负担。总的来说，这几年国家的税费改革政策的确针对性很强，解决了很多农村迫切需要解决的问题。

第三记　日益衰落的美丽山村

这个村子三面环山，依山而建。优美的景色给人以极大的愉悦之时，也凸现出一个问题：建立在崇山峻岭之间的山村，其赖以生存的农业如何发展？层峦叠嶂给人以美景，但是也表明此处几乎没有平地，那么耕地从何而来？沿途看到不少所谓的耕地，大都是在山岭上较为平坦的地方用镢头开垦出来的坡梁地，这种耕地遍布于山中，东一块西一块，且每块地都很小，大的不足两亩，小的仅有几分。其中不少已经荒芜。

现实的耕地状况直接导致一个严重的现实问题：当地的农业尚处于非常落后的阶段。

其原因有二：第一，这种开垦于山岭之上的坡梁地，有着一个致命的问题，就是跑水、跑土、跑肥，因此称“三跑田”。在这种土地上种植作物，产量大都很低，一般不及平地的一半；第二，坡梁地在山上，这就进一步加大了平时种植养护的难度，因此，当地人在春季播种之后，就很少再对作物进行悉心维护，故而产量进一步降低。据说，当地玉米亩产只有三四百斤，而在过去没有使用良种的时候，仅有一二百斤！这样的农业，能够维持一家温饱已属不易，何谈增收？

第四记　走进县城

某县县中学是全县惟一的省重点中学，设施一流：花坛、假山、喷泉、两座现代化的教学楼、投影仪等电教设施、语音室、微机室、图书馆、实验楼、400米标准田径场等，这样的设施配备，在山西尤其是这样的县城并不多见。多年来，县中学的升学率在全市(注：地级市)名列前茅，升学率高达50%以上，不少学生考上了全国重点高校，甚至清华、北大。

校园内的宣传栏张贴着考取大学的学生照片，下面的说明是：“根据市教育局有关规定，我校出台了对优秀学生的优惠政策：中考考入我校的前10名，奖励10000—1000元；平时期末考试，年级前10名，各奖700元，11至20名，各奖300元；高考考入名牌大学的优秀学生，学校给予重奖，考入清华、北大的，奖2万元。”

且不论这种奖励措施在思想品德教育方面合适与否，在现行的教育体制下，显然是考试成绩说了算的，对成绩好的学生给予奖学金，一方面是对他们努力学习的肯定，另一方面也的确减轻了他们的家庭负担（读书好的大都是农家子弟），最后，或许这还有鼓舞其他同学的功用。

第五记　访“青椒之乡”

在一个被称作“青椒之乡”的村子里，村委会的办公地位于村小学内，最为引人注目的是，墙上悬挂了一块块制作精美的宣传板，介绍了村党建工作、村子概况、村规村约、村委工作、精神文明、政法制度等。此外，各种规章条例令人炫目。另一面墙上，挂满了各种奖状、锦旗。该村是县里树的典型，必然要接受大大小小的视察参观。这种宣传栏是上面要求做的。支书说村委至今仍欠着上千元的制作费。

虽被称作“青椒之乡”，但村里的主要作物为玉米，青椒种植面积只有318亩，不及总面积的1/5，种植青椒的农户，最多只有总户数的一半多，青椒种植还远远没有形成规模效益。问及原因，支书说：“农民太保守，意见无法统一。”中国五千年的农耕文化，历来以农为本，而视商为末业。中国人口众多，治理这个国家的首要任务就是解决千百万人的吃饭问题，而对于普通大众来说，填饱肚子是基本欲求，因此，重农抑商的思想流传至今并且仍然是乡村社会的主流价值判断。不种点粮食，农民的心里不踏实。而且农户之间缺乏通过合作协商使团体利益最大化（同时也是个人利益最大化）的行为方式。而市场经济需要的恰恰是这种行为方式，如何使农民学会运用这种方式处理问题，是我国现代化需要解决的核心问题之一，这是一种思想观念上的转变，其难度要远远大于物质的现代化。

第六记　乡党委书记谈乡政

距县城不远的一个乡，是县里第二大乡，编制内干部45人，另有临时聘用的干部及工作人员23人。“这几年国家大力推行行政机构改革，精简人员和机构，为什么还会有这么多干部？”乡党委书记回答：“精简乡镇人员没有去向，国家进行行政机构改革，中央的可以精简到省里，省里的可以精简到市里，市里的精简到县里，县里的精简到乡里，乡里再精简，那就精简到地里去啦。过去是吃皇粮，现在得吃自己，谈何容易？”

为解决这么多干部的吃饭问题，就出现了所谓的“引税”。通过各种关系，引来外地税源，由于要给予纳税人一定的回扣，以吸引其来此地纳税，因此又称为“买税”。据这位书记说，贫困地区大都采用这种办法，也是出于无奈。2003年实行费改税后，该乡开始引资办企业，解决财政收入问题。

这场浩浩荡荡的税费改革，抓住了现今乡村的一个关键症结，它不仅直接减轻了农民的税费负担，也间接地促使基层政府由不作为转向作为，使得乡村经济得到主动、自觉的发展，从而使农民受益。

第七记　县志上的县情

在调查中遇到的一些问题，需要对县一级政权有所了解才能回答。因临近春节，找不到要采访的人，便阅读该县的县志和其他有关资料。该县位于山西省东南部，历史上英才辈出；20世纪50年代后期，围绕农业办工业，兴建"万宝全"工厂，曾名扬全国。但后来发展中出现的问题值得思考。

县志记载，该县的食品工业在计划经济时期曾经相当辉煌，但上世纪90年代后却日渐衰微，原因有四：一是"耕读传家，读书做官"习俗的影响，二是思想保守、墨守成规作风的影响，三是政府职能定位对企业发展的影响，四是缺乏品牌意识。

第八记　归途（略）

后记：写这篇调查报告时，我总是带着一种极其饱满的感情，一种不吐不快的感觉始终占据着我的大脑，而眼前也总是呈现着一幅画面：一个处于社会转型期的乡村世界的形象——它太需要人们去关注了，因为它始终是中国社会的主体，事实上、物质上的主体。没有它的现代化，我们所谓的现代化将永远是观念上的现代化，一种局部的现代化。

第一节　调查报告的作用

一、调查报告的涵义

调查报告是对当前社会的重大事件或者群众关心的重要问题，进行有目的、有系统的比较全面深入的调查研究之后，将调研所得到的材料和结论，综合整理而写成的书面报告。

调查报告要提出新鲜问题，总结经验教训，揭示事物真相，研究事物的发展规律。一份调查报告的好坏直接关系到社会调查成果质量的高低和社会作用的大小。因此，撰写调查报告是社会调查总结阶段的一项重要工作。

调查报告既是公文文体，又是新闻文体，在实际工作中和新闻报道中被广泛应用。社会生活中，不断有新事物、新情况、新问题出现，需要人们去认识、反映。而要了解社会问题、揭示事物规律、提高思想认识，就离不开深入细致的调查研究工作，同时也离不开实事求是的文字表达。所以说，做好调查研究，写好调查报告，是每一位社会工作者的基本功。

二、调查报告的作用

社会调查的目的就是要掌握客观情况，解决存在的问题。对事物认识不清，方向不明，不仅不利于开展工作，甚至还会造成失误和损失。因此，作为一种实用性较强的公文文体和新闻文体，调查报告就义不容辞地担负起"反映现实情况、揭示存在问题、发掘内在规律、提高思想认识、指导社会实践"的任务。这使它具有明确的社会功利目的，在现实生活中体现了极高的实用价值。

（一）调查报告为实现调查目的提供条件

任何社会调查都是为了某种目的而进行的，目的性是社会调查的重要特征。然而，社会调查要想实现其目的，必须借助于调查报告。因为单纯地收集一堆调查材料，并不能说明问题。只有将分散的、零乱的调查材料，按照事物本身的逻辑，整理出次序来，进而通过调查报告这种书面形式，把社会调查的成果巩固下来，才能够揭示出社会现象存在的条件和发展的规律，得出科学的结论。

（二）调查报告为制定政策、指导工作提供依据

毛泽东在《改造我们的学习》一文中指出："共产党领导机关的基本任务，就在于了解情况和掌握政策两件大事，前一件事就是所谓认识世界，后一件事就是所谓改造世界。"调查报告的写作，对完成这两大任务具有重大作用。正确的方针政策不是人们凭空想象出来的，也不是闭门创造出来的，而是靠对社会各方面的现实情况乃至历史事实的深刻了解而逐步形成的。要了解情况，最基本的方法就是对社会作实事求是、系统深入的调查研究。历史经验告诉我们，要指导全局性工作，就必须脚踏实地进行周密系统的调查研究工作。只有这样，我们才能制定出有利于社会主义事业的好政策，才能尽可能地减少失误和损失。

改革开放以来，国家出台的一系列有关"三农"的方针政策，从 1978 年的联产承包责任制、到 2000 年的农村税费改革试点、到 2004 年减免农业税、再到 2005 年党的十六届五中全会提出建设社会主义新农村、2006 年取消农业税等，都是党和政府根据我国农业、农村、农民"三农"实际情况，进行广泛调查研究后制定出来的。根据实际调查结果写出的调查报告，不仅为党政领导机关制定新政策提供了重要依据，更为我国发展现代农业奠定了重要的基石。

如果不了解本地区、本单位、本企业的实际情况，就无法制定出正确的政策，做出科学的决策，也就无法指导本地区、本单位的工作和企业的生产经营。只有掌握实际情况，才能找到正确的方法，才能切合实际地贯彻执行政策，才能把政策切实落到实处，让好的政策收到好的成效。比如，改革开放以来，浙江省

宁波市经济社会发展十分迅速，成效非常显著，其中2005年荣获“全国文明城市”称号，2006年宁波市实现财政总收入561亿元人民币，超过全国多数省份和自治区的财政收入。这是宁波市各级党政领导和全市人民及时抓住党和国家沿海开放的政策机遇和港口、民营经济的本地实际，在广泛调查研究，提出可行性报告的基础上敢想实干的结果。

（三）调查报告为发展科学理论提供基础

调查报告是调查研究成果的集中体现，它不仅能够提供大量的客观事实和有价值的资料，而且能够通过对客观事实的分析，揭示社会现象的本质和发展规律，为人们提供认识社会的科学理论。如费孝通教授的调查报告《小城镇 大问题》关于小城镇研究极大地推动了我国城市化理论的发展，同时也极大地推动了我国的小城镇建设和发展。他在《瞭望》周刊上发表的《小商品 大市场》、《家底实 创新业》、《筑码头 闯天下》这三篇关于温州经济的调查报告，对“温州模式”的关注和保护，对浙江经济发展都起到了极大的促进作用。大量事实说明，许多有重大价值的理论突破都是在调查报告中揭示出来的，它是人们发现问题、解释现象、推动认识发展的重要途径和形式。虽然就具体的报告来看，由于人们的认识水平不同，对调查对象的反映程度有别，报告的理论价值相异，但只要坚持实事求是的原则，写出的调查报告会对关于人类社会的科学理论的发展起到这样或那样的促进作用。

第二节　调查报告的分类

一、调查报告的类型

根据社会调查的对象、范围、具体内容以及阅读对象的不同而分为不同的类型。按社会调查的对象分，有工业调查报告、农业调查报告、市场调查报告、社会调查报告等；按社会调查的内容来划分，有综合性调查报告和专题性调查报告；按社会调查的主要目的来划分，有指导型调查报告、定性型调查报告、咨议型调查报告、研究型调查报告等。

（一）综合性调查报告

综合性调查报告也叫概况性调查报告。是指对调查对象的基本情况和发展变化过程作比较全面、系统、完整、具体反映的调查报告。这类调查报告一般着重分析社会的基本状况，研究带有共性的问题，提出具有普遍意义的建议。

综合性调查报告一般有以下几个特征：

1. 对调查对象的基本情况进行较为完整的描述，它的内容所涉及的范围比较广泛，包括一个地区甚至特定社会的地理、人口、阶级、阶层、政治、经济、文化等各方面的基本情况，所依据的资料比较丰富，覆盖面大，指导作用强。

2. 对调查对象的发展变化情况作纵横两方面的介绍。

3. 以一条主线来串联庞杂的具体材料，使整篇报告形神合一，达到清楚地说明调查问题的目的。

(二)专题性调查报告

专题性调查报告是指围绕某一特定事物、问题或问题的某些侧面而撰写的调查报告。这类调查报告的特点是内容比较专一，问题比较集中，篇幅一般都比较短小，依据资料不及综合性调查报告那么广泛，反映问题也不及综合性调查报告普遍，但它能够帮助有关部门及时了解和处理现实生活中急需解决的具体问题。专题性调查报告在党政机关、社会团体、企事业单位的日常工作中应用广泛。如行政管理部门的生产事故、灾情、纠纷的调查；公安司法部门的刑事民事案件调查；科研部门对某一社会问题和社会现象的调查；企业某一时期对产品或市场情况调查等，都采用专题性调查报告。

(三)应用性调查报告

应用性调查报告是以解决现实问题为主要目的而撰写的调查报告。这类调查报告又可分为以下几种：

1. 社会情况调查报告

这类调查报告是在深入、系统地调查研究社会基本情况后写出来的。其目的主要是认识社会现象、了解社会现状。其内容主要反映社会的政治、经济、文化、教育、生活方式等方面的基本情况。在写法上，这类调查报告以突出事实为主，对事实的叙述全面、系统、具体、深入。

2. 政策研究调查报告

这类调查报告主要是为政策的制定和执行服务的。这类调查报告的写作，既要叙述必要的调查材料，又要进行深入的论证和分析；既要对问题做出正确的估计和判断，同时又要对今后的工作提出具体的意见和建议。

浙江万里学院是教育部确定为国有高校实行新的管理模式和运行机制的试点单位。浙江万里学院理事长徐亚芬、执行校长陈厥祥等联合调研撰写的报告《创新办学体制，探索和建立保障教育质量的长效机制》，获得 2005 年高等教育国家级教学成果二等奖。这项国家级教学成果奖是对浙江万里学院体制改革与保障教育质量长效机制建立的充分肯定。“万里模式”对我国高校体制和机制改革将具有政策研究价值和试行推广价值。

3.总结经验调查报告

这类调查报告是以总结和推广先进经验为目的，以"点"上的经验去指导和推动"面"上的工作。它对于表彰和推广先进典型、指导各项工作具有重要意义。这类调查报告在写法上，一般要求概括叙述调查对象的基本情况、主要经验、现实意义、具体措施和今后设想等。如商业部、北京市财办、新华社北京分社联合调查组进行的"北京市天桥百货商场实行经营承包责任制的调查"，在此基础上写出了《国有商店改革管理体制的成功典型》的经验调查报告，率先向全国推广北京市天桥百货商场实行经营承包责任制的经验和做法，引起了极大的社会反响。

费孝通教授的《小城镇，新探索》属于小城镇发展的总结经验调查报告。经验调查侧重于对某个单位成功的做法做出调查和报告，意在推广经验。这类调查报告常根据工作总结写成。其目的是发挥以一当十、以点带面、典型引路的示范作用和推动作用。所以多写、多登这类调查报告，是运用典型经验指导面上工作的有效方式。

4.揭露问题调查报告

这类调查报告的主要目的是揭露现实生活中存在的突出问题，以引起社会的重视，使人们从中吸取教训，提高认识。同时也为有关部门了解情况、解决问题提供依据。写作这类调查报告，不仅要如实地揭露问题，而且要客观地分析问题产生的原因，准确地判明问题的性质，指出问题的严重性和危害性，提出解决问题的办法和处理问题的具体建议。比如，2005年12月8日《财富时报》刊载了张帆撰写的《安徽省阜阳官场癌变　一个国家贫困县200官员涉案》的调查报告，作者最后指出，"大批官员腐败落马，对于阜阳人民来说未尝不是好事。大乱必大治，这是社会发展的规律。但是，由此造成政治、舆论、经济、社会等生态体系严重失衡的结果，对于阜阳人民来说，这个代价已显得太过高昂"。

揭露问题的调查报告往往较易引起社会的关注和反响，但是这类调查报告比情况调查和经验调查要难调查难写作。它具有很强的战斗性和政策性，不仅需要作者有大无畏的战斗精神和勇气，而且还需要作者具备排除调查障碍的坚韧性和技巧。

(四)定性型调查报告

定性型调查报告被党政机关、企事业单位的政工、组织和纪律检查部门广泛使用。它以党的路线和国家政策为准绳，其出发点是查明事实真相，以便对某个案件及有关人员作出准确的定性结论。比如一些考察历史事实的调查报告，通过对某一历史事件、某一阶段的史实调查，力求以确凿的证据，实事求是地反映历史，还历史本来面目。比如《天安门事件真相》就属于这一种。

定性型调查报告调查对象是个别的，只用于直接解决某个问题，不需要议论，作者在摆出调查所得的事实真相后，即可下定性结论，提出处理办法，语言文字要明确、严谨、准确。

(五)研究型调查报告

研究型调查报告侧重于对现实生活中有研究价值的问题开展调查研究，提出调查者的思考。它既不是总结推广经验，也不是揭露具有倾向性的重大问题，而是通过对某种新生事物的调查研究，分析其存在的优势和问题，为其进一步发展和完善提出建设性的意见。这类调查具有明显的研究性质，一般不公开发表，多数作为内参供给上级或有关单位作为制定政策、改进工作的参考。在改革开放的今天，新事物越来越多，这类调查报告的写作具有很大的现实意义。

(六)学术型调查报告

学术型调查报告是以揭示社会现象的本质及其发展规律为主要目的而撰写的调查报告。这类调查报告，主要是通过对现实问题的调查和研究，来达到对客观社会现象作出科学的理论概括和说明。写作这类调查报告，要求调查材料真实、系统、完整；在论证上要有严密的逻辑体系和科学的分析；在研究结论上，要观点鲜明、准确、新颖，具有较强的理论意义和实践意义。

调查报告的分类，只有相对的意义，不能绝对化。同一篇调查报告，分类的标准和侧重点不同，就可以归入不同的类型。比如，毛泽东的《湖南农民运动考察报告》，既可以说是综合性调查报告，也可以说是专题性调查报告，还可以说是具有重要学术价值的学术性调查报告。

二、调查报告与工作总结的比较

(一)共同点

1. 任务相同。它们都是以党的路线、方针、政策为依据，在深入细致的调查研究基础上，总结规律性的东西；

2. 手段相同。它们都要用事实说话，要比较完整地反映事物发展的全过程；

3. 效果相同。它们都必须运用典型材料来说明观点，都具有较强的客观性、针对性和指导性。

(二)不同点

1. 从写作题材上看，调查报告的范围较广，可以写历史，也可写现状；可以报道典型经验,扶植新生事物,也可揭露社会问题。调查报告的材料一定是通过实地调查等调查方法得来的材料,而且是开展专门的直接调查之后得到的材料。

工作总结则局限于反映某一地区、部门、单位在贯彻执行党的方针、政策、任务方面的做法和经验教训,或者某一企业的生产经营情况。工作总结中的材料不一定必须经过实地调查,它只是对自身工作实践的一个回顾,可以通过简报、领导报告、统计报表等文献资料获得写作材料。

2. 从写作目的看,调查报告要求以点指导面,重点在于启发群众、总结规律性的东西,直接向全局提出要求,指明方向。而工作总结要求从全局出发,总结本单位的工作,目的在于总结经验教训,找出差距,分析原因,提出措施,改进工作。

3. 从写作时间上看,调查报告要求迅速及时地反映并指导现实,具有较强的时效性,而工作总结一般都在事后进行,所以对时效性的要求就没有那么强。

4. 从写作的视角看,调查报告是站在旁观者的立场对有关事件、人物等进行调查研究,并从局外人的角度将情况客观地反映出来。而工作总结是对自身实践的回顾,所以要从当事人的角度审视已往的做法和经验,力图找出规律性的东西。

5. 从写作所用的人称看,调查报告一般用第三人称,而工作总结则用第一人称。

第三节 调查报告的特点

调查报告要通过反映情况,总结经验,揭示问题,提高认识,为各级领导机关正确制定和执行各项方针、政策提供可靠依据,为广大企业生产经营提供决策参考。因此,对于调查报告而言,实事求是地反映客观现实可以说是它的最基本的任务。

在调查报告中,调查是基础,研究是桥梁,报告是目的。所谓调查,就是对现实生活中的典型事物和工作中的问题进行深入地了解,广泛地考查。所谓研究,就是作者带着问题对所掌握的材料进行系统的分析综合,揭示它们的本质规律。所谓报告,则是用文字将调查研究的所得客观地介绍给读者,其中,除了展示所得的各种材料外,还可以表达作者的态度和观点,并提出问题的解决办法。调查报告的基本特点有以下几个:

一、针对性

任何社会调查都是为了一定的目的而进行的，这就决定了调查报告具有强烈的针对性。也就是说，调查报告都是为某一问题而写的，或者理论问题，或者现实问题。调查报告总是要根据调查研究的结果，明确地提出解决问题的方案。针对性越强，调查报告的社会价值越高，发挥的作用也就越大。同时，在撰写调查报告时，还要针对调查报告的读者对象，即要明确调查报告是写给谁看的。调查报告的读者一般是三类人，第一类是领导、决策机关和职能部门。他们希望听到对现行政策的意见和评价，他们最感兴趣的是报告中的那些具有针对性的建议。第二类是科研工作者。他们侧重于寻找社会现象的原因和发展趋势，关心调查研究的新成果。他们对调查报告的要求较高，既要求结构严谨，同时要求数据、资料准确无误，还希望报告内容能有所创新、有所突破。第三类是一般群众，他们希望更多地了解身边正在发生的社会变化，希望听到有说服力的解释，得到有关的知识帮助。针对调查报告的读者对象不同，报告的内容侧重点、发表形式也将不同。

二、实证性

调查报告是以事实为基础的，社会事实是社会调查研究的对象。社会事实是已经发生或正在发生的客观社会事件和事物。而社会调查就是要围绕研究主题，收集有关的社会事实。调查报告必须全面正确地反映社会事实，用事实来说话是调查报告最基本的表现手段。实证性特点就是实事求是原则在社会调查过程中的具体表现。调查报告作为社会现象的调查说明材料，必须忠实地反映社会现象的本来面貌。只有充分地、准确地以社会事实为根据，用客观事实说明问题，才能正确反映社会现实，找出社会现象出现的原因，引出正确的结论，用以指导实践。客观事实是调查报告赖以存在的基础，是调查报告的生命；实证性则是调查报告的基本特点。撰写调查报告，必须坚持实证方法，详尽地、系统地、全面地占有材料，特别是要掌握“第一手”材料。坚持实证方法，就是强调调查报告材料必须真实、具体、准确，而绝不能虚假、抽象、含混不清。如果调查报告的材料不能真实地反映客观现实，事实不清楚，数据不准确，那就失去调查报告的意义。

三、时效性

调查报告中所反映的通常都是现实社会生活中迫切需要解决的问题，这就决定了调查报告必须讲究时效性。调查报告不仅要全面、准确地反映社会现实和社会问题，而且更要及时地提出解释社会现象和解决社会问题的答案和对策。如果调查报告延误了时间，错过了时机，不能及时地回答人们迫切需要了解的问题，就会“时过境迁”，成为“马后炮”，那样，调查报告也就失去了指导作用和应有的社会意义。

四、指导性

调查报告通常是就某个单位或部门的某一突出问题，也即就某一“点”上的具体问题进行调查研究，以此树立标本和样板，回答或解决“面”上迫切需要解决的普遍性问题。所以它对实际工作和群众的日常生活往往会起到普遍的指导作用。如1990年7月23日《人民日报》第5版曾发表一篇调查报告《初步解决温饱后应怎么办?》，报告是关于四川省大巴山地区扶贫情况的调查，文章总结了该地区巩固温饱和开发脱贫的一些经验，并提出了“初步解决温饱后需要注意的几个问题”，这些经验和做法，对正在开展扶贫工作的地区，无疑具有十分有益的指导作用和借鉴作用。

五、材料性

强调调查报告的材料性，是实事求是的办事方针的基本要求。恩格斯在其长篇调查报告《英国工人阶级状况》的序言中说：“在21个月内从亲身考察和亲身交往中，直接研究了英国的无产阶级，研究了他们的要求，他们的痛苦和快乐；同时又以必要的可靠的材料补充了自己的考察。”可见，写调查报告，深入的调查是必不可少的，而这样做的目的，就在于要获得大量真实可靠的第一手资料。向人们提供事实材料，帮助人们认识事物的真实面貌，掌握事物发展的客观规律，为党和政府制定方针政策提供依据，发挥好向导的作用，是调查报告的重要职责所在。因此，如果没有丰富的事实材料，调查报告也就失去了它的价值，甚至可能带来完全相反的效果，给实际工作带来不可估量的损失。

可见，要写好调查报告，占有材料是基础。但是，有了基础不等于就可以盖好高楼，占有了材料也不等于就一定能写好调查报告。因为一篇好的调查报告不是仅靠罗列材料就能发挥其提高人们的认识、提供决策依据的作用的，它必须通过对有关材料的陈述，揭示事物的本质和特点，指出其发展规律，这才是我们写作调查报告的目的。因此，我们必须认真审核所占有的材料，看看所占有的材料是否全面，是否系统，是否真实可靠。所谓全面而不片面，就是说必须占有正面与反面的材料，还必须占有具体而可靠的材料，既掌握“点”上的材料，也掌握“面”上的材料，切忌以偏概全。所谓系统，就是要了解事物发生、发展的全过程，摸清它的变化规律，而不能只抓一点，不及其余，不能割断历史。所谓真实可靠，就是要如实地反映情况，不能弄虚作假。初学者在写作调查报告的时候，往往只注意挖掘典型事例，而忽视了对普遍现象的把握，只看到现实材料，却忽略了对历史事实的了解，以至一叶障目，只见树木，不见森林，这样写出来的调查报告自然是难以反映全貌的。

调查报告是材料性的文章，它不必作细腻的描写和强烈的渲染，而是要用简明朴素的笔调、言简意明的语句把客观情况翔实地报道出来。整个写作过程可以说都是围绕着材料的收集和选择进行的。动笔前，要深入调查，充分地掌握材料；要认真研究，科学地分析材料。动笔时，要根据确定的主题，精心地选择材料；要全面地考虑布局，恰当地安排材料；还要反复地推敲，准确地遣词造句，精确地表达材料。

六、纪实性

调查报告必须凭事实说话，用事实讲道理，所以，纪实也是它的一个重要特点。这与消息、通讯等新闻体裁是一样的。但是调查报告的容量更大，篇幅更长。在写法上，消息、通讯等新闻体裁重在对事实的叙述，对当前现实及时客观的报道，而调查报告则更强调从事实的叙述中引出规律、提供经验，或是探讨问题，因此，调查报告较之新闻更适合于报道党的方针政策在贯彻执行中出现的新情况，生产建设中出现的新成就或新问题，以其客观报道的真实性，探讨问题的深入性，写作手法的纪实性而引起人们对有关问题的注意。

调查报告的纪实应该是能动地纪实，它既不是镜子般地呆板地再现现实，也不需要细致的描绘和形象的刻画。因为要通过事实的报道来讲道理，探讨问题，所以叙述和议论相结合是调查报告一个重要的纪实手段。叙，就是叙述情况、事实；议，就是论证观点，表明态度。一篇好的调查报告的叙议结合，应该是事与理的结合，是观点和材料的统一。它主要依靠事实反映客观情况，说明问题的实质，用大量的材料证明观点，同时，在叙述事实的过程中，画龙点睛、提纲挈领地发表议论。一般初学写作调查报告的人常常处理不好叙事和议理的关系，不是罗列现象，堆砌材料，就是空发议论，只见观点，不见事实。其结果，往往造成观点和材料的脱节。因此，写作调查报告，不仅要学会从材料中提炼观点，还要学会用观点去统帅材料，不仅做到观点从材料中来，而且要使材料为阐发观点服务，使大量事实材料成为有帅之兵，使报告的纪实有目的、有方向。

第四节　调查报告的写作程序

调查报告的写作程序，主要在于把握好四个重要的环节，即：确定主题、选择材料、拟定提纲、撰写报告。

一、确定主题

主题是调查报告的宗旨和灵魂，是作者说明事物、阐明道理所表现出来的基本思想，也是全篇调查报告中心思想。因此，准确、恰当地确定主题，是写好调查报告的关键。

确定调查报告的主题，要考虑三个方面的因素：

(一)调查研究的最初目的

在许多情况下，调查报告的主题是由上级机关或委托调查的有关部门事先确定的。如一些总结经验性的专题调查，其调查的任务和目的本来就很明确，深入调查研究的任务在于使主题更加清晰、明确。因此，许多调查报告的主题就要根据调查研究的最初目的来确定。

(二)调查所获得的实际材料

调查报告的主题，不管是领导机关确定的，还是自己拟定的，或者在调查阶段酝酿而成的，最后都要根据调查所获得的实际材料来确定主题。有时主题事先确定或者酝酿好之后，调查所获得的实际材料却与之不完全一致，甚至完全相反，这时，就要对调查前确定的主题加以必要的修正、补充或深化，甚至确定新的主题。

(三)主题要紧密联系现实生活中迫切需要回答的问题

这是调查研究的任务决定的，同时也是调查报告的意义和作用之所在。

二、选择材料

确定了调查报告的主题之后，就要全面分析和研究调查所得的全部材料，并且精心选择那些能够表现主题、论证主题的调查材料，作为撰写调查报告之用。选择材料时，要注意这样几个方面：

(一)分析鉴别材料

对调查材料中所反映的现象和本质、主流和支流、成绩和缺点等要辨别和认识清楚,从中找出规律性的东西,努力做到去粗取精,去伪存真,确保材料的有效性和真实可靠性。

(二)区分典型材料和一般材料

面上的一般材料反映事物的总体面貌,是证明普遍结论的主要支柱。而典型材料则是深刻反映事物本质的具有代表性的材料。因此,只有把两者有机地结合起来,才能充分说明现象的总体情况。

(三)运用对比材料和排比材料

对比材料是通过新与旧、好与坏、先进与落后、历史与现实等等的对比,使调查报告的主题更加突出,给人以更强烈、更深刻的印象。排比材料则是通过一组不同的材料,从不同角度、不同侧面多方面阐明主题,使主题更深刻、更有说服力。

(四)重视统计材料的作用

统计材料包括绝对数、相对数、平均数、指数、离散系数、相关系数等。统计数字具有很强的概括力和表现力,有的问题、有的观点用很多的文字叙述也难以表达清楚,而用一些简单的统计数字,就可以使事物的总体面貌一目了然。因此,在写作调查报告时,要重视运用统计材料,以增强调查报告的科学性、准确性和说服力。

三、拟定提纲

拟定提纲的任务在于设计出调查报告的总体结构。设计和拟定提纲,可以帮助我们找到调查报告的最佳写作方案。调查报告的主题是否突出,表现主题的层次是否清晰,材料的安排是否妥当,内在的逻辑联系是否紧密等等,都可以在拟定提纲时解决。

提纲的内容要包括四个方面:一是本次报告的论题;二是说明论题的材料;三是报告结构及各层次内容的安排;四是每部分标题及内容概述。

提纲的形式可分为条目提纲和观点提纲两类:条目提纲就是从层次上列出调查报告的章、节、目;观点提纲则是在此基础上列出各章、节、目所要叙述的观点。在一般情况下,写作前先拟定条目提纲,把调查报告的几大部分定下来,然后再充实、详尽,形成观点提纲。提纲拟定得越细、越具体,撰写报告时就越顺利。

四、撰写报告

调查报告是一种以叙事为主、叙议结合的说明性文体。在写作过程中,要根据主题精神，依照拟好的提纲，合理使用调查得到的材料。同时，在语言的运用方面，还要力求做到准确、简洁、朴实、生动。具体说来，撰写调查报告必须掌握如下要点：

(一)要力求通俗易懂

由于调查报告写的都是目前发生的、被社会普遍关注的事情，为使广大群众都能看懂，要尽可能通俗，做到摆事实，讲道理，少用专业术语，不用华而不实的词汇，使人一看就明白。

(二)采用议叙结合的表达方式

在一般的调查报告中，叙述用于交待事实，议论则用于阐明观点，叙述的成份多于议论的成份。要保证叙议结合得恰到好处，其基本原则一是作者的观点必须是从材料中提取出来的，而不是外加的，二是在确定观点之后，应以观点作为标尺去选取材料和审定叙述材料的角度。

(三)语言要力求准确、简洁、朴实和生动

准确是指在行文时，对事实的陈述要真实可靠，数字要正确无误，议论要把握分寸，不能任意拔高或贬低。

简洁是指行文时要开门见山，不拐弯抹角。对事实的叙述不要作过多的描绘，对观点的阐释，不要作烦琐的论证。

朴实是指在行文过程中，不随便运用夸张的手法和奇特的比喻，不过多使用华丽的辞藻。

生动是指行文要活泼、形象，可适当引用一些群众语言和通俗的比喻，但切忌使用那些多数人不懂的土语、方言。

第五节　调查报告的结构

调查报告的结构是根据研究目的的不同和研究内容的需要而在格式上做出的不同安排。人们由于不同的研究目的，可以写出不同类型的调查报告，并在其格式、表达方式等方面表现出不同的特点。从这个意义上讲，调查报告没有固定不变的模式。但是，就各种类型的调查报告的基本结构来看，它们之间又存在着共性。一般说来，调查报告的基本结构，由报告的标题、前言、正文、结尾四个部分组成的，有的调查报告还有附录等。掌握调查报告的格式和基本结构，是写好调查报告的重要前提。

一、标题

标题是文章的眼睛,"题好一半文",因此,撰写调查报告应该十分重视标题的设计,力争给读者一个良好而深刻的第一印象。调查报告的标题,通常有三种写法。

调查报告的标题可以有三种写法:

(一)单行标题

用调查对象及其主要问题作标题。这种标题法比较简明、客观、主题突出,但往往显得呆板平淡,缺乏吸引力。

1.揭示主题或主要内容的标题。例如《莫把温饱当小康》、《家里要不要有辆车》。

2.揭示调查对象或范围的标题。例如《当代大学生人生价值观调查》。

3.用提问作标题。这种标题常常运用于揭露问题和总结经验方面的调查报告。如《10名婴儿死亡的原因在哪里?》、《×××单位的领导班子为什么涣散无力?》等。这种标题既简洁明快,又尖锐泼辣,对读者具有较强的吸引力。

(二)双行标题

主标题与副标题相结合的复式标题。一般由正题揭示报告的主题或主要内容,副题则标示出报告的调查对象或范围。例如《为什么产值增长利润反而下降——关于××省××县乡镇企业积累与分配问题的调查》。这种标题的主标题部分是一种判断或评价,而副标题部分则是对主标题所作的必要补充和说明。《非经济因素对经济发展的影响——一个欠发达地区的考察报告》、《发展外向型经济的社会环境——福建省石狮市三镇一乡的社会调查》等。这些标题的主标题既表明了作者的态度,鲜明地揭示了主题,又富有吸引力,但是调查对象、调查范围以及所研究的问题在主标题中不易看出,因此,必须用副标题来加以补充和说明。

(三)公文式标题

用介宾结构作"调查报告"或"调查"定语。其形式是"关于……的调查报告"或"关于……的调查"。例如《关于宁波市高校大学生手机使用情况的调查》。公文式标题揭示了调查的对象和范围。

调查报告标题的写法比较灵活,但不论采用何种标题法,一般要注意以下几点:第一,标题要与报告主题相吻合、协调;第二,标题要文字简洁,一目了然;第三,标题要有吸引力和感染力。

二、前言

前言也叫引言，它是调查报告的有机组成部分，对整篇调查报告起着总领和引导作用。前言写得如何，对激发读者的兴趣，具有重要的意义。

(一)前言的主要任务

1. 简要说明调查研究的目的和意义

首先要说明为什么要进行某项调查研究，其理论意义和实践意义是什么。同时，还要说明这次调查所要探讨解决的主要问题。

2. 简要说明开展调查研究的基本情况

包括调查的主持者、承办单位、参加人员，调查的对象、时间、地点、步骤、方法等。对于抽样调查和典型调查，要说明选样的根据、方法和步骤，评价样本的代表性，以及测量手段的信度和效度，以便别人对研究结论进行验证。

3. 简要说明调查对象和有关概念的界定

如果调查对象是私营企业，那么就要界定什么是私营企业(雇工 8 人或 8 人以上，生产资料属于业主私人所有的企业)，以便于读者的理解以及在利用研究成果时参考和借鉴。

4. 可以开门见山地简要介绍调查的成果和结论。

(二)前言的写作方法

前言一般有六种写法：

1. 主旨直述法

在前言中着重说明调查研究的目的和宗旨，阐述调查的意义，说明调查的重要性，以引起读者的注意。例如《关于非公有制经济代表人士政治要求的调查与思考》的前言：改革开放以来，我国经济成份的构成，发生了重要的变化，崛起了一支日渐强壮的非公有制经济力量，特别是在市场发育较早的广东，个体、私营经济发展的数量及其上缴的税收，均居全国前列。据初步统计，“八五”期间，广东个体、私营企业共有 148 万户，共创产值 2080 亿元，向国家缴纳税金 215 亿元。有些市县在税收方面出现了“三分天下有其一”甚至是“平分秋色”的状况，成为广东经济的重要增长点。因此，对广东非公有制经济代表人士的状况进行调查研究，形成科学的结论，做出正确的决策，不但对广东，而且对全国非公有制经济的决策和统战工作都有重大意义，现根据调查所掌握的资料(包括对 300 份问卷的统计)，就广东非公有制经济代表人士政治要求的若干问题，作些初步的探讨。

这种写法直接说明调查者的目的和意图，有利于读者具体把握调查报告的主要宗旨和基本精神，从而引起读者的重视，主旨直述法是一种应用较多的前言写作方法。

2. 情况交代法

在前言中着重说明调查的目的、时间、地点、对象、方法以及调查工作的过程和具体情况。如《今年挣钱"知青"唱主角》的前言：新世纪第一年挣钱谁来唱主角？今年老百姓的钱会往哪儿花？这可能是很多读者都关注的问题。广东省城调队最近在广东的 18 个市、县对 1600 户城镇居民家庭进行了一次收入预期和消费意向调查。我们将调查结果呈现给大家，也许它能给您一些想象或启发吧。这种写作方法，便于读者了解调查研究的历史条件和具体情况，也是前言比较常用的写作方法。

3. 结论先行法

开门见山，直接把调查的结论写在前头，使人一目了然，并引起人们的重视。如《完善企业管理机制 强化资金管理的好形式——××县两家企业"内部银行"的调查》的前言：企业实行二级承包，划小核算单位以后，如何管好用活资金，提高经济效益？一些企业进行了新的资金管理尝试，出现了企业的"内部银行"。4 月底，我们对搞得比较好的××县羽绒厂、××镇供销社的"内部银行"进行了调查。其结果表明：建立企业"内部银行"是完善企业管理机制，强化资金管理的好形式，是增强企业活力、提高经济效益的有效途径。

这种写法，观点鲜明，先将调查结论写出来，引导读者积极思索，然后在主体部分再去作论证。这样使人容易把握报告的主体，加深对问题的认识。

4. 悬念提问法

开头首先提出问题，设下悬念，增强调查报告的吸引力，以引起人们对调查内容的注意。如《南京化工厂是怎样成为"无泄漏工厂"的？》的前言：南京化工厂地处风景秀丽的长江之滨，是一个有 35 年历史的企业。由于过去"三废"（废水、废气、废渣）污染严重，1978 年国务院环境保护领导小组曾在《人民日报》上提出批评。这件事对干部、职工震动很大。他们经过几年的努力，现在已经基本上达到了上级的要求。经南京市根据化工部规定的标准验收，该厂被命名为"无泄漏工厂"，企业的各项经济指标，都有显著提高，那么，他们是怎样成为"无泄漏工厂"的呢？

再如《偏见与现实：独生子女教育问题的调查与分析》的前言："独生子女是 70 年代末以来出现在我国社会中的一代特殊人口。现在的问题是，独生子女家长在总体上比非独生子女家长更溺爱孩子吗？"

这种写法，在前言中提出报告所要揭示的问题，能引起读者读下去的兴趣。

5.说明缘由法

即在前言中说明调查的理由和根据，让读者明白所选择的调查对象的典型性。例如《国有资产是怎样流失的》的前言：“在当前新旧体制转换过程中，由于产权没理顺，产权管理薄弱，加之金融、财经秩序混乱，使国有资产流失、损失十分严重。据《经济日报》载：近13年来，我国的国有资产每天大约流失1亿元，到目前为止，国家至少有5000亿元“家当”通过各种渠道流失，进入了个人或小团体的腰包。国有资产是怎样流失的呢？1993年下半年，由国家国有资产管理局牵头，财政部和国家经贸委共同参加组织了一次全国性的国有资产情况专题调查，通过调查，我们认为国有资产的流失主要有以下几个渠道……”

6.介绍对象法

在前言中介绍调查对象的概况，让人们对所要接触的调查内容有一个大概的了解。有时还可以描述现场亲眼所见的景象，以增强现场感。例如《增产又增收 税企均满意——××市税务局帮助××纺织厂发展生产的调查报告》的前言：早就听说××市税务局在促生产方面搞得很有起色。他们是怎样做的呢？前不久，我们走访了××市最大的一家纺织企业——××纺织厂，请这个厂的同志用亲身经历谈谈市税务局是如何帮助他们发展生产的。当我们来到这个厂的时候，看到的是纱锭飞转，听到的是布机欢歌，好一派兴旺景象！从厂财务科的财务报表上，我们也看到了一串令人心悦的数字。今年元月至3月份与上年同期比较：该厂产值增长5.75%，销售收入增长18.17%，实现利润上升75.49%。当我们与该厂的同志谈起取得的这些成绩时，总经济师×××同志对我们说：回顾这几年我们纺织厂所走过的道路，每当关键时候市税务部门总是及时支持我们。

调查报告前言部分的写作方法，形式比较多样，没有固定的模式。在具体的写作过程中，可根据所撰写的调查报告的类型、目的、内容以及手头所掌握的资料和估计的篇幅等情况作适当选择，灵活运用。

三、正文

正文是调查报告的主题和中心部分。衡量一篇调查报告的质量高低和价值大小，主要看正文部分写得如何。因此，掌握好正文部分的写作方法是非常重要的。调查报告的种类不同，掌握和选择的材料不同，确定的调查报告主题不同，正文部分的写作要求和写作手法也就不一样。一般来说，正文部分的写作应考虑以下三个方面因素：一是表现主题的需要。即什么写法最能表现主题，就采用什么写法。二是调查材料的状况。即依据所获得的调查材料的不同，调查报告正文的写法也不一样。三是谋篇布局。安排好调查报告的结构，对于写好调查报告的正文具有重要意义。如果把主题比作调查报告的灵魂，把材料比作调查报告的血肉，那么，结构或布局就是调查报告的骨架。一篇高质量的调查报告，既要有深刻的主题，又要有丰富的材料和完美、恰当的结构，三者缺一不可。

报告正文部分的写作方法，最常见的有以下几种：

(一)并列法

即调查报告的正文的各部分之间没有严密的逻辑联系，仅根据内容的不同而分类阐述。如《上海市社区服务现状》的正文部分有(这里只举出正文的标题内容，以下同)："一、居民日常生活现状分析；二、居民对社区服务需求分析；三、居民对现有社区服务的评价；四、社区服务与居委会；五、社区服务与街道办事处；六、上海市社区服务展望。"这种写法，多用于客观地叙述研究对象和现象的基本情况及其相关行为，阐述其性质和特点。

(二)逐步深入法

即在叙述调查内容的基础上，进一步分析各种现象之间的内在联系，解释某种社会现象和社会行为的原因，预测其发展趋势。如《农村家庭结构变动趋向的社区分析——湖南省桃源县同仁村调查)的正文部分是："一、家庭结构的现实与理想；二、家庭结构变动的原因；三、家庭结构的演变趋向；四、同仁村调查的几点启示。"

(三)"三部曲"法

也叫逐步深入法。这种写法通常只写 3 块内容，解决 3 个方面的问题，即"是什么"、"为什么"和"应该怎样"的问题。如《我国 8 大城市劳动力择业意愿研究》的正文：一、择业意愿超前发展，招工难与就业难并存；二、对现阶段劳动力择业意愿的分析和认识；三、设想和建议。

四、结尾

也叫结语或结论，是调查报告的最后部分。结尾的写作，主要是在正文的基础上评价调查研究工作的得失，说明调查研究在理论上和实践上所取得的进展以及存在的局限性，为今后进一步调查研究提出参考性的意见。结尾的写法，主要有以下几种：

(一)概括主题，深化主题

即概括地说明整篇调查报告的主要观点，有如画龙点睛，使主题更加鲜明、突出，增强调查报告的说服力和感染力。例如《传统农业地区的婚姻特征——

山东省陵县调查》的结尾，首先用一句话概括出全篇的主题："现在，影响农村婚姻的是经济因素、社会因素和习俗因素，感情因素尚未上升为农村婚姻中的首要因素。"然后又写道："在农村转型的社会变革中，婚姻作为亚文化的特征越来越明显，和经济发展、社会发展的关系也越来越密切。在社会动态发展中，很难确定婚姻和经济发展的线性因果链条，因为婚姻作为人类种的繁衍的基本形式和人性的展示，本身就是生产力的有机组成部分。"这种写法既概括了主题，又进一步深化了主题。

（二）总结经验，形成结论

即根据调查的实际情况，总结出实践的基本经验，并根据调查研究的结果，形成调查的基本结论。如《村庄的转型与现代化——江苏省太仓县马北村调查》的结尾写道："第一，马北村所以能够在短短的十一二年的时间中获得如此深刻的发展，关键在于有一个好的党支部；第二，马北村党支部在发展商品经济的实践中深深体会到，自给自足的小农经济思想是农村现代化的一大障碍，挣脱小农经济思想的束缚应该是现代化的题中应有之义；第三，关键是干部——人才的培养和引进；第四，改革旧的组织形式和管理体制，探索新的经济和社会管理经验。"

（三）指出问题，提出对策

即根据调查的结果，指出当前存在的问题；并提出解决问题的办法。如《1992—1993 年：中国职工状况的分析与预测——对 5 万名职工的问卷调查》的"结论与对策"中，先指出在转型时期，职工队伍中存在的对经济生活的不满足、劳动积极性不高以及不同职工阶层、群体的境遇很不相同等问题，然后再提出对策。

（四）预测趋势，说明意义

即根据调查报告正文中关于调查研究对象的研究分析，做出合乎逻辑的科学推论，预测对象未来的发展趋势及其重要意义。如《辛口村调查——关于中国农村人口城市化道路的探讨》的"结论"中，就预测："'离土不离乡'只是过渡政策，从长远的发展来看，将来势必既离土也离乡。原因是目前的乡村工业分散经营，重复建设，设备和技术落后，信息不灵，因此产品成本高，在市场上缺乏竞争力；一旦乡村企业惟一占优势的劳力资源失去优势，它就很难在市场上立住脚跟。此外它对资源的利用和环境的污染都是不合算的。这些在目前阶段不可避免的缺点，在将来的发展中将会变成不能容忍的弊端，随着乡村工业的相对集中，必然伴随着乡村人口向城市的流动。对于这种'离土又离乡'的发展趋势，中国现代化建设的领导者，现在就应当预见并有所准备。"

调查报告的结尾，要根据调查报告的内容表达和结构安排的需要，采取灵活多样的写法。在表达上，要力求简洁有力，有话则长，无话则短；切不可画蛇添足，损害正文。

五、附录

附录是调查报告的附加部分。调查报告正文包容不了或者没有说到；但又必须加以说明的问题和情况，可以将其写出来，附于全篇调查报告之后，以便参考。

本章小结

1. 调查报告是对当前社会的重大事件或者群众关心的重要问题，进行有目的、有系统的比较全面深入的调查研究之后，将调研所得到的材料和结论，综合整理而写成的书面报告。

2. 调查报告的作用，能为实现调查目的提供条件，为制定政策、指导工作提供依据，为发展科学理论提供基础。

3. 根据社会调查的对象、范围、具体内容以及阅读对象的不同而分为不同的类型有工业调查报告、农业调查报告、市场调查报告、社会调查报告等；有综合性调查报告和专题性调查报告；有指导型调查报告、定性型调查报告、咨议型调查报告、研究型调查报告等。

4. 在调查报告中，调查是基础，研究是桥梁，报告是目的。所谓调查，就是对现实生活中的典型事物和工作中的问题进行深入地了解，广泛地考查。所谓研究，就是作者带着问题对所掌握的材料进行系统的分析综合，揭示它们的本质规律。所谓报告，则是用文字将调查研究的所得客观地介绍给读者。

5. 撰写报告是一种以叙事为主，叙议结合的说明性文体。撰写调查报告必须掌握如下要点：要力求通俗易懂、采用议叙结合的表达方式、语言要力求准确、简洁、朴实和生动。

6. 调查报告的基本结构由报告的标题、前言、正文、结尾四个部分组成。

思考与训练

1. 调查报告的涵义及其作用是什么？
2. 调查报告具有哪些特点？
3. 调查报告的写作包括哪些程序？
4. 结合实际谈谈调查报告的调研方式方法。
5. 调查报告《乡村八记》为何能受到温家宝总理很高评价？

推荐读物

紫薇,佐桐:《中国校园性观念调查》,民族出版社出版社 2004 年版

李振杰 :《草根调查——中国基层发展问题分析》,经济管理出版社 2004 年版

第十章　新闻调查

导入语

"扒粪者。"——西奥多·罗斯福

本章要点

新闻调查，也称为调查性报道，或者深度报道。它既是一种特殊的社会调查活动，又是一种以比较深入地揭露政府、公共机构以及社会中存在的突出问题，并寻求解决方法为主旨的新闻报道形式。

新闻调查的理论依据就是"社会责任论"。新闻调查采访尽可能收取一切可靠证据。证据的收集必须合法；证据的目的在于证明事件的事实真相。新闻调查的选题要立足百姓，同时要时刻注意配合党和政府特定时期的工作重点。只要不是停留在就事论事的浅层次报道上，独辟蹊径，努力寻找百姓视角，新闻调查就会做到真实可信，贴近生活、贴近百姓。

第一节　新闻调查的特点和意义

一、新闻调查是一种揭露性报道

(一)新闻调查的涵义

新闻调查，也称为调查性报道，或者深度报道。它既是一种特殊的社会调查活动；又是一种以比较深入地揭露政府、公共机构以及社会中存在的突出问题，并寻求解决方法为主旨的新闻报道形式；由此还可以引用为报纸专刊、专版或电视、广播、网络栏目的名称。比如中央电视台的《新闻调查》等。

新闻调查从20世纪80年代起在我国迅速崛起，至今已成为新闻媒体加强舆论监督、增强竞争力、提升传媒品牌、扩大社会影响、吸引受众注意力的有力手段。

在西方，新闻调查是一种专门的揭露性报道，被称为“揭丑”报道、“揭黑”报道等。

本教材主要是从新闻报道形式的角度来叙述新闻调查的。所谓新闻调查，是指系统反映重大新闻事件和社会问题，揭示其本质，追踪和探索其发展趋向的一种深度报道方式。它具有题材重大、报道面广、全息组合、富有理性思辨等特征。

(二)新闻调查的分类

新闻调查，根据其报道内容，可以分为解释性报道、调查性报道和预测性报道等。根据报道形式，又可分为集合型报道、单一型报道。

1.解释性报道

解释性报道，也称分析性报道。解释性报道是提供新闻背景并对有关新闻事实进行解释或分析的报道。解释性报道区别于传统的客观报道的最显著的特征，就是要回答新闻5要素中的“为何”要素；同时报道中要充分运用大量的背景材料。

2.调查性报道

调查性报道，也称批评性报道、揭露性报道。它的主要任务是发挥舆论监督功能，揭露社会热点问题，并寻求解决问题的办法。

3.预测性报道

预测性报道是指通过对现有新闻材料的研究分析，对未来可能发生的新闻事件进行推论的新闻报道形式。

4.单一型报道

单一型报道包含综合概括、分析解释、提出问题、典型传播、热点透视、对比揭示等多种类型。

(1)提出问题类。只提出问题，这种问题一般是典型的、有普遍意义的，但又为大众所忽略的问题。文中虽不对问题进行解答，但能引发人们深层次的思考。

(2)综合概括类。对某一方面或某一主题之下的众多事实，加以归纳综合。

(3)分析解释类。对某些较复杂的新闻事实，或新出现的、人们普遍关注而又迷惑不解的事实进行分析、解释，揭示其实质、意义，预测其发展趋向等。

(4)对比揭示类。通过两方面的性质不同的事实进行对比，揭示主题。

(5)典型传播类。对工作中的典型经验或教训，进行详细叙述、深入分析。

5.集合型报道

集合型报道由多篇报道组成的深度报道形式。包括以下几种：

(1)连续报道。即对新闻事件或新闻人物在一定时间内进行持续的报道，使受众对报道对象和内容有完整、全面而深入的了解。此类报道又有两种情况：进行式连续报道。往往用来报道正在发展过程中的事物、处于“正在进行时”的事件，以事物的连续性和时间的先后为着眼点，不断地发表多篇报道。反应式连续报道。往往是重要的、典型的事件、人物或问题经媒体报道之后，引起了社会各方面的不同反应，然后将这些“反应”报道出来。

(2)系列报道。即从多个侧面、多个角度、不同层次，运用多种报道体裁和形式反映同一重大新闻事件和新闻人物。它不是着眼于时间性和连续性，而是重在深入解剖、深刻透视。

(3)组合报道。即围绕同一主题、同一主线、同一问题，将内容不同、形式和体裁不同、来源不同的新闻稿件编排组合在一起(同一版面上)，从而形成强势，使报道深化、立体化。

(三)新闻调查的特点

1.重要性

新闻调查题材重大，其报道对象大多是与受众利益密切相关的重大事件、重要问题，或是社会各界关注的热点。意义重大，富有强烈的现实针对性和时代感，要求满足实际工作和广大受众的需求。

2.完整性

完整性表现在时间、空间上、宏观的、微观的、多侧面、多角度、全方位，既回顾过去，又剖析现在，也预测未来。全面反映社会问题，寻求解决问题方法，具有一定的广度。报道客观事实信息，展示事件发展过程，具有一定的力度。

3.深刻性

通过对大量的、丰富的材料进行深度加工，有分析、有思辨、也有预测，挖掘新闻背后的新闻，揭示事件深层的、发人深思的内涵与本质。

4.综合性

综合性往往表现为体裁的综合、手法的综合、内容的综合。提供大量的背景材料、涉及古今中外各类学科知识，以满足受众需求。

5.自主性

新闻界包括新闻从业人员和广大公民记者可以自主地选择报道或者揭露

目标，自主进行调查活动。它不是依赖机关企事业单位发表的材料写报道，而是由新闻从业人员包括广大公民记者亲自进行调查，逼近客观真相；它也不是像独家新闻那样只依靠单个的材料，而是通过彻底的调查采访，揭示事件的整体情况。

6. 新闻性

新闻调查在于新闻性。首先是内容要“新”，所报道的内容，其目标的选择是当前读者最关心的热点话题。其次是时间要“新”，所报道的事实，应是新近发生的社会普遍关注的大事。即使是用大量的背景材料的解释性报道，也要有新近发生的“新闻由头”。

7. 科学性

新闻调查的科学性，是指要运用科学的调查方法，它的威力与魅力是建立在扎扎实实、深入细致的调查研究之上的；同时在写作过程中也要讲究科学、实事求是。

8. 风险性

新闻调查作为深度报道，一般篇幅较长、分量较重，费时、费力，同时，从采访、写作到发表都具有一定的风险性。

(四)新闻调查的社会意义

1. 新闻调查的理论依据

18 世纪思想启蒙运动的杰出代表和法国大革命的理论导师卢梭在《社会契约论》中指出，政府是建立在人民同意与授权的基础之上的，政府是人民的代理人或人民的公仆。既然政府是人民的公仆，应为人民的同意和为了人民的幸福而存在，对人民负责。所以人民批评政府为理所当然，有权利检察仆人的过错，并提出批评。

我国是社会主义国家，人民当家作主，是社会的主人。政府机关及其公务员是人民的公仆，为人民服务是其工作宗旨，其必须对人民负责，人民是主人，有权对仆人的行为加以监督。这是舆论监督的法理基础。

在我国，新闻传媒是党和政府的喉舌，同时，作为保证公民“知情权”的“社会公器”，也是全体公民的舆论阵地。公众要求新闻从业人员应更多地、真实全面地反映社会发展状态及出现的种种问题，使公众及时、准确地了解政府部门公共决策情况并参与其中，保证公众真正享有“知晓的权利”，维护公共利益。

新闻调查的理论依据就是“社会责任论”。这一理论最早出现于 20 世纪 40 年代的美国。它认为，大众传媒在执行自己的职能时，还要对社会负责任，注重保护个人权利和重大的社会利益。

1956年,美国学者韦尔伯·施拉姆在《报刊的四种理论》中说,社会责任论下的报刊主要有6项职能:一是提供关于公共事务的消息、讨论和辩论,为政治制度服务;二是启发公众使他们能够自治;三是作为监督政府的一个哨兵,以保卫个人权利;四是主要通过广告媒介,沟通商品和服务的买卖双方,为经济制度服务;五是提供娱乐;六是维持财政的自给自足,使报刊能够不受特殊利益的压迫。归根结底,新闻媒介、新闻工作者最根本的责任,乃是为大众提供信息,满足他们的知情权。[①]

2.新闻调查的政策依据

我国《宪法》第45条规定:"公民对于任何国家机关和国家工作人员享有提出批评建议的权利。"公民如何行使《宪法》赋予的权力呢?通过自己的喉舌表达意见,提出批评是其中最为重要的方式之一。这是新闻调查包括舆论监督的法律依据和法律保障。

中国共产党作为执政党,经过几十年的实践证明代表了最广大人民的根本利益。党和政府历来特别党的十一届三中全会以来高度重视舆论监督工作。1981年1月,中共中央发出《关于当前报刊新闻广播宣传方针的决定》指出:"近年来,许多报纸刊物重视反映群众的意见和呼声,积极地开展批评与自我批评,增强了党和人民群众的联系,也提高了党和报刊的声誉。今后要坚持这样做。各级党委要善于运用报刊开展批评,推动工作。"这是党中央以文件的形式确立了新闻调查包括批评报道的合法性。

1987年10月,中国共产党第十三次代表大会报告提出:"提高领导机关的开放程度,重大情况让人民知道,重大问题经人民讨论。""要通过各种现代化的新闻和宣传工具,增加对政务和党务活动的报道,发挥舆论监督的作用,支持群众批评工作中的缺点错误,反对官僚主义,同各种不正之风作斗争。"党的十三大报告第一次在党的正式文件中使用了"舆论监督"这一概念。1992年党的十四大、1997年党的十五大报告都有"舆论监督"的表述。2002年,党的十六大报告再次提出:"认真推行政务公开制度,加强组织监督和民主监督,发挥舆论监督的作用。"所有这些都使新闻媒体开展舆论监督有了政策上的依据。

3.新闻调查的社会意义

(1)密切政府与公众关系。新闻媒介只有及时报道社会动态,充分反映社会舆论,才能代表民意,有效地监督政府以及企事业单位的活动,体现政治民主;另一方面,社会公众也具有各不相同的政治意愿,需要通过新闻媒介,了解

① 陶涵:《新闻学传播学新名词辞典》,经济日报出版社,第128页。

社会各方面的动态，了解政府的活动，反映自己的政治愿望和要求，以期达到参政、议政的目的。

(2)满足公众的知情权。1945 年，美联社记者肯特·库珀首先使用了“知情权”这一概念，它指的是民众享有通过新闻媒介了解政府工作情况的法定权利。西方法学理论认为，知情权是公民行使一切民主权利的基本前提。没有知情权，公民的言论自由权利、选举权、参政权等都无从谈起。知情权作为公众的一项社会权利和政治权利，是现代国家民主宪政的基础要素。一个民主的政府，必须经常了解民众对其决策和其他工作情况的意见，否则，它势必会闭目塞听，作出某些违背民意的决策和判断。如果所有的公共决策都交付公众进行讨论，新闻媒介充分分析其利弊所在，政府就很难做坏事。因此，政府充分民主化很重要的一个前提条件，就是政府与公众之间通过新闻媒介进行信息反馈和调节。[①]

(3)促使问题解决。新闻调查能够推进有关部门重视解决社会问题。中央电视台的《新闻调查》栏目曾率先在 2001 年 12 月中旬对足球界的“黑哨风波”进行了深入采访，播放后引起公众特别是人大代表的高度关注，从而促使司法机关开始对足球界“黑哨”的调查。

(4)履行社会责任。公众推举传媒和新闻记者作为“代言人”，媒体及其从业人员对社会负有天然的责任，必须及时传递信息，沟通意见，并代为监督政府的行为。新闻媒介对社会的责任大致可总结为：①提供多元化的信息给公众选择、判断。②描述社会各阶层、各集团的典型图景。③成为交换不同意见和批评的“公共论坛”。④为“缺少声音”的少数人大声疾呼。⑤限制政府权力的无限扩大，促进政府的透明、公开。

(5)推动社会变革和民主进程。防止忽视个人权利的最佳保障措施，就是保证人们能经常性地参与表达这些权利。这就是新闻调查存在并深受公众喜爱的原因。比如，《南方都市报》有关“孙志刚事件”的新闻调查，促成我国收容法规的重新制订与实施。

2003 年 4 月 25 日《南方都市报》以《被收容者孙志刚之死》为题，首次披露了湖北武汉男青年孙志刚惨死事件。2003 年 3 月 17 日晚 10 时许，孙志刚在广州外出因未带身份证，被作为“三无人员”带回派出所并送往收容遣送站。孙志刚因“身体不适”被转往广州市收容人员救护站，遭到同病房 8 名被收治人员轮番毒打后死亡。2003 年 6 月 20 日，国务院发布第 381 号令，《城市生活无着的

---

① 徐耀魁：《西方新闻理论评析》，新华出版社 1998 年版，第 187 页。

流浪乞讨人员救助管理办法》自 2003 年 8 月 1 日起施行。1982 年 5 月国务院发布的《城市流浪乞讨人员收容遣送办法》同时废止。

二、新闻调查源于美国"扒粪运动"

(一)美国的"扒粪运动"

19 世纪下半叶,随着美国工业化进程加快和经济的"腾飞",美国人崇尚物质主义和拜金主义,社会贫富两极分化加剧,官商勾结腐败行为层出不穷。美国一系列的社会问题成为有识之士奋力揭发的"黑幕"。大众化期刊的兴起,为揭发"黑幕"创造了良好的传播条件。1893 年至 1913 年的 20 年间,美国购买杂志的人从 25 万增加到 300 万。"黑幕"揭发者主要是一批新闻记者。其代表人物有林肯·斯蒂芬斯、埃达·塔贝尔等。

林肯·斯蒂芬斯(1866—1936),出生在旧金山商人家庭,在美国和欧洲求学,读过哲学、心理学和伦理学三门专业,于 26 岁回到美国进入纽约报界。他开始接触了金融领域,发现严重的腐败现象,随后在警署又发现了警匪勾结的猫腻,时间一长,接触一多,便发现从城市到农村,从地方到国家,普遍存在着腐败现象,其根源便是权力派生出来的特权。于是,斯蒂芬斯写出了《城市的耻辱》和《为自治而斗争》两本著作,向强大的官僚势力宣战。对政府腐败进行了鞭辟入里的揭露。

当时,美国总统西奥多·罗斯福对"黑幕"揭发者非常气愤。罗斯福在 1906 年 4 月 14 日众议院办公大楼奠基典礼的演讲中,严厉指责"黑幕"揭发者是一些不谙世事、只注意"地上的污秽"而从不仰看"头上的皇冠"的"扒粪者"。"扒粪者"——这个人物来自班扬的小说《天路历程》,"手拿粪扒目不转睛,对美好事物视而不见,专门盯住卑鄙堕落的东西不放。"罗斯福对新闻记者的公开谴责在全国引起轩然大波。"黑幕"揭发者将"扒粪者"当作崇高的称谓,干脆以"扒粪者"身份到处去搜寻污点。而那些大众化杂志也抓住发行的契机,积极鼓励揭丑。其他行业的改革派也纷纷加入,一场颇有声势的"黑幕揭发运动"由此在全美国展开。

(二)"水门事件"调查

1972 年 6 月 18 日,一条奇怪的新闻出现在《华盛顿邮报》上。报道含混不清地提到,在水门大楼发生了一起盗窃事件。在现场的一本笔记本上,人们发现了"霍华德·亨特——WH(白宫的简写)"的字样。尼克松总统此后度过了充满羞辱的两年。一个有关间谍和"肮脏伎俩"的阴谋不断被揭露,并有越来越多的证据表明,这一丑闻与总统本人有关。1973 年春天,参议院召开了一项关于

“水门事件”的听证会。《华盛顿邮报》的连续报道以及电视直播的听证节目吸引了无数的读者和观众。此后，尼克松总统的民意支持率由1972年大选时的68%直线下滑到31%。1974年8月8日，尼克松总统被迫辞职。

“水门事件”成为美国人政治生活中的一项重大事件，使调查性报道的声誉跃上了顶峰，调查性报道一时风靡美国新闻界。20世纪70年代，美国专门研究调查性新闻报道的调查新闻学应运而生。1975年，美国成立了“调查性报道记者与编辑协会”。1985年普利策新闻奖增设调查性报道奖。同时，美国还设立了“调查性报道基金会”，为新闻调查记者提供资金上的帮助。

三、新闻调查在我国的兴起

(一)新闻调查的发展

20世纪60年代初，《人民日报》记者连云山赴深圳调查边民逃港事件，并顶着巨大的政治压力写下了4篇内参，建议建立深圳特别政策优惠区，给予边民政策优惠，避免逃港事件的再次发生，这4篇内参直接送到了时任中央书记处总书记的邓小平同志的手里。这是有关“深圳特区”的最早建议，也是新中国新闻界最早的新闻调查之一。1980年《工人日报》率先披露了“渤海二号”沉船事件，促使有关部门查处了相关领导的责任。

从连云山的“内参”到《工人日报》公开报道“渤海二号”沉船事件，舆论环境已有了极大改善。“渤海二号”沉船事件的公开见报并产生影响，标志着我国的新闻调查从“内参”走上了公开发行的报刊，从而使这些原本秘而不宣的事件置之于公众视线及强大舆论之下，新闻调查得以发挥它巨大的影响力。

我国的新闻调查，能从“地下”转入“地上”，主要是舆论环境得到改善。1981年1月，中共中央作出《关于当前报刊新闻广播宣传方针的决定》，要求“各级党委要善于运用报刊开展批评，推动工作”。1987年10月，党的十三大报告首次在党的正式文件中使用“舆论监督”这一概念。2003年12月31日，《中国共产党党内监督条例(试行)》施行，其中第8节专讲“舆论监督”。

1987年，《中国青年报》刊发的3篇深度报道——《红色的警告》、《黑色的咏叹》、《绿色的悲哀》，被业界认为是早期我国新闻调查报道的经典之作。进入20世纪90年代，新闻媒体开始把反映民众呼声，从事舆论监督视作自身的一项神圣职责。一些报刊尤其是电视媒体开始在新闻调查方面发挥自身的巨大作用。20世纪90年代初，北京电视台开设《北京特快》栏目，以针砭时弊为主旨，赢得了首都市民的喜爱。这或许是电视新闻调查专栏的发端。

中央电视台1994年起先后开办了《焦点访谈》、《新闻调查》等栏目，以“时事追踪报道，新闻背景分析，社会热点透视，大众话题评说” 和“用事实说话”为宗旨，迅速成长为中央电视台收视率最高的新闻栏目之一。10 多年来，《焦点访谈》收视率长期保持在 30%左右，堪称中国电视业的奇迹。李鹏、朱镕基两位总理先后为《焦点访谈》题词以资勉励，标志着以新闻调查为手段的中国舆论监督赢得了比较宽松自由的环境。以《南方周末》、《南方都市报》、《大河报》等为代表的都市类报纸发表了大量“揭黑”的新闻调查作品。

（二）新闻调查的兴盛

党的十六大以来，我国的舆论监督环境进一步宽松，新闻调查的力度、深度、广度进一步加大。新闻调查和舆论监督的形式多样，被调查、监督的典型案件增多、涉及的范围和涉案人员职别增大。

2000 年至 2007 年的近 8 年中，我国新闻调查的典型事件有：

1.“南丹矿难”调查

2001 年 7 月 17 日凌晨，广西南丹发生了造成 81 人死亡的特大矿难。按规定，特大安全事故须在 24 小时内报告中央，而南丹矿难却被隐瞒了整整 17 天。

有关网站最早发表“南丹事故”这一信息时只是使用“据不愿提供姓名的人士提供”等方式。2001 年 7 月 30 日，《人民日报》驻广西记者向总社发回了关于南丹事故的第一篇内参《关于广西南丹矿井事故的紧急报告》；31 日给人民网传回了关于南丹矿难的第一篇新闻《广西南丹矿区事故扑朔迷离》。事后证实，这是中央重点新闻网站发布的第一篇自采新闻。然而就在 31 日同一天，广西两个主管安全生产的单位上报中央的一份报告中仍称，“所谓南丹事故纯属是谣传。”中央电视台《焦点访谈》、《新闻调查》也参与了此案的调查。由于媒体记者的深入调查，“南丹矿难”终于被揭露。后来，一直密切关注着“南丹矿难”调查进程的朱镕基总理指出：“没有记者来揭露这件事，就冤沉水底了。”

2.“孙志刚案”调查

2003 年 4 月 25 日《南方都市报》以《被收容者孙志刚之死》为题，首先揭露了公民孙志刚被打死在收容站的案件，随后收容遣送法规被废止。

3.“兰成长案”调查

2007 年 1 月 10 日，《中国贸易报》山西记者站聘用人员兰成长到山西浑源县一家煤矿调查，被矿上的人打成重伤，因抢救无效于 11 日死亡。此案发生后，各级领导对此案高度重视，相继作出重要批示，要求迅速查明情况，并尽快报告结果。经过警方连日侦破，犯罪嫌疑人已被刑事拘留。南方报业网率先报道了此案。

(三)《新闻调查》的启示

"接近真相,从现场开始。"中央电视台《新闻调查》节目明确提出记者要以调查行为和采访来完成节目,这可以说是《新闻调查》明显的外化标志。《新闻调查》对记者有特别的要求:

1. 质疑的精神

《新闻调查》的记者必须要有怀疑一切的介入态度和打破砂锅问到底的工作作风。对于《新闻调查》的记者来说,所有进行调查的人物和事件都有问题;所以他们有这样一句话:质疑是我们的生存方式。

2. 平衡的意识

《新闻调查》的记者,应该让事件中的冲突双方和不同的利益集团有同等的发言机会。

3. 平等的视角

在《新闻调查》记者面前,只有被调查者这一相同的身份,没有尊卑贵贱之别。

4. 平静的心态

《新闻调查》的记者要多一份理性、少一份冲动,这会有助于对事物做出更准确的判断。

在《新闻调查》逐步成长的岁月里,培养和正在培养着大批成熟、优秀的品牌记者,从王志、董倩到杨春、柴静,他们各有各的风格,各有各的特点,在《新闻调查》中为广大观众所熟识、所接受,也为《新闻调查》不断输入新的血液,增强了《新闻调查》的专业性和可视性。

王志最大的特点是全身心地投入,最大的成功是质疑。王志把质疑作为新闻的切入点,不断地刺激被采访者,也不断刺激观众把节目看下去。有点怀疑,总要探一个究竟;因为怀疑,使对方要表白自己,这种状态能调动别人谈话的欲望,调动人家把自己的心里话说出来。他与那个组织偷渡的蛇头斗智斗勇,与敢于打破蓝田神话的小人物刘姝威的对话,对那个居然杀死生身母亲的中学生徐力内心世界的探究,直到他戴上大口罩,来到广州 SARS 疫区对病人和医务人员的采访,至今让人津津乐道。

杨春是《新闻调查》中继王志之后又一个出色的男性出镜记者。杨春的提问没有王志那样鲜明的质疑色彩,但是他更像一个调查者,带着观众一步一步走进现场,更多凭借肢体语言或者动作语言带领观众去现场,去看、去分析,而不仅仅是发问。因此,杨春更像一个敏捷的侦探,反应异常迅速却又在憨憨的外表掩盖下更容易接近那些狡猾的调查对象,在离奇的案件性调查中就更加难能可贵。

“大地春如海，男儿国是家。龙灯花鼓夜，长剑走天涯。”这首儿时的歌谣是杨春的理想。也许在《新闻调查》的日子让他距离他的理想越来越近了。“在充满了被扭曲的意义、被蒙蔽的现实的时光之水下，我只愿睁大双眼，做一个坚定的守望者，希望能把我和同仁们探寻到的真相，大声地告诉这个世界。我坚信，哪怕是一丝丝的光亮，也能照亮人生的整个隧道。”

电视机里的柴静在用心与采访对象交流，不管是正常人还是有心理障碍的人，抑或无法用言语表达的人。在拍摄《张润栓的年关》时，张润栓的儿子张胜勇是一个聋哑人。编导对柴静开玩笑地说，这次我们要用三种语言采访：普通话、山西话、哑语。柴静想，为什么不呢？柴静花了20分钟学了简单的哑语，用哑语与被采访对象进行了一次特殊的采访。“我能够用哑语跟他交流，应该是对他更尊重，以后需要突破常规、更大胆的表现方式，只要我觉得遵守了我所理解的新闻原则，我还是会那么做的。”

柴静说：我想我会在调查做十年。其实，面对中国复杂的社会现实，也许十年的时间都不够。当下中国的新闻资源极大的丰富，是记者的黄金时代，足可以做十年。

第二节　新闻调查的采访

一、新闻调查线索的收集

要写出一篇引人入胜、引起震动的新闻调查报道，前提是要获得有很高新闻价值的新闻线索。新闻线索是新闻调查存在的基本条件。所谓新闻调查的线索，是指新近发生的涉及重大社会问题的客观事实的信息。在社会主义市场经济条件下，媒体和新闻从业人员获取新闻调查的线索，可以是免费的，也可以是有偿的。近年来，我国一些媒体实行“有奖征集新闻线索”，希望能够获得更多的独家的新闻调查线索；也有的聘用“新闻职业线人”，有偿购买新闻线索。

新闻调查线索的来源，一般来说，有以下几种：

(一)新闻热线

我国各类各级媒介都有设立了新闻热线、读者热线、“新闻110”等，每天24小时有专人值班，接听受众来电，从中获取新闻调查线索。

（二）受众信访

很多媒体都设有群众工作部、受众信访部，接待群众来信来访。有的开设专栏、专题节目。一方面可以帮助读者解决实际问题，增强其亲和力，另一方面也是获取报道线索的好方法。对待每一位读者和观众都应耐心和亲切，争取做到有问必答。如果无法给出答复，也要向读者说明原因。若得到受众的信任，当他们发现真正的线索时，会向媒体反映情况。比如中央电视台《焦点访谈》、《南方周末》等越办越火，能够得到一些甚至连当地媒体都难以得到的新闻线索，原因在于这些媒体已经得到广大受众的信任。

（三）实地观察

在社会生活中，随时随地注意反常现象，比如某人在回答提问时含糊其辞、有意掩饰；比如某个食堂平时一日三餐吃饭的人很多，近期突然少了许多等等，事件的发展与常情不符，值得提出疑问。

（四）知情人员

知情者可能来自该单位的内部，也可能原来在这个单位，后来因单位原因而离开，也可能是这个单位的竞争对手。有的知情人会公开自己的身份，以证明新闻线索的可靠性，但有的线索提供者不愿公开身份。对于这些匿名的线索来源应持审慎的态度。尽量说服他留下联系的方式方法，在首次通话时尽可能了解更多的情况，避免因线索不清而徒劳往返。

（五）新闻“线人”

在有关部门培养自己的“线人”。这些“线人”是牢靠的朋友，又是部门内部的知情者。包括领导、部门负责人、具体工作人员、秘书、打字员、司机等。和其中一些人交上朋友，会有意想不到的收获——私下谈话时的只言片语，有意无意露出的口风，都是新闻调查不可多得的线索。前提是必须成为他们的朋友，取得足够信任。

（六）公开报道

善于在各种媒体的公开报道中寻找线索是优秀调查记者的一项基本功。可以从其他媒介报道的信息中发现不足，寻找深入报道的线索，作延伸解释性报道，或者预测性报道等。

（七）内部资料

内部资料也是新闻调查的极佳线索来源。各级党政机关、许多企事业单位都编印内部资料，包括媒体内参、内部参考、情况反映等，为领导机关提供研究问题、制定政策的依据。这些资料，可以成为新闻调查有用的线索。除涉及国家机密,确实不宜公开者外,在征得管理部门和编辑部的同意后,按照内部资料提供的线索追踪调查,写出极具价值的新闻调查。

(八)正式文件

党政机关、许多企事业单位的文件中也有不少值得挖掘的线索。比如,从一年一度的单位审计报告、统计报告、工作总结等中发现问题。

(九)案情记录

案情记录也是重要的线索来源。包括党委、政府、人大、公检法机关收到的群众反映的问题、案情等,只要不违反法规,征得有关部门同意,都可以作为新闻调查的线索。

(十)其他文献

既包括前面提到的公开报道、内参、统计局数字、工商局的企业登记状况,还包括网友论坛、新闻链接等网络信息,以及一些通常不对外公开的资料,比如档案馆的重要档案、警方的讯问笔录、信访部门的情况汇总、以及某些学者的个人研究等。

二、新闻调查的对象与计划

(一)新闻调查的对象

新闻调查的采访对象大致可分为五类:对手、友人、受害者、专家、警察等。

1. 对手

当试图调查一个人的不法行为时,这个人的对手就是最好的消息来源。曾经败在某个人手下的人肯定会对此人耿耿于怀。竞聘上岗时的手下败将、同行业的竞争对手等,他们都可能会提供不为人知的内幕消息。

2. 友人

朋友知道的情况相对较多,从调查对象的朋友处可以获取大量不为外界所知的材料。

3. 受害者

受害者是最容易找到的采访对象。事实上,许多新闻线索都是他们提供的。一般情况下,受害者通常会主动提供具体的事例和情节,并帮助寻找其他调查线索。

4. 专家

各领域的专家不仅可以为新闻调查提供专业技术知识,还可以帮助解答疑问,发现问题。

5. 警察

警察也从事社会调查工作，寻找线索、查访证人、整合事件的全貌并得出答案，警察还具有独特的优势，他们是执法机构的工作人员，拥有跟踪权、讯问权等一系列法定权利。通常情况下，警察了解情况更多、更详细、更全面，这些情况详细记录于警方档案中。因此，拥有公安机关的朋友是极为重要的。

(二)新闻调查的计划

想要高效、高质地完成调查任务，调查前制订一份完备周密的采访计划是必不可少的。这份采访计划包括：

1. 列出祥细的调查问题和表格，选择合适的调查对象。

2. 安排调查对象的先后次序，根据不同对象提出不同的问题。

3. 合理安排调查顺序，详尽考虑被访者间错综复杂的关系以及他们对彼此的影响。如果一个人提供的材料可能引出其他人抛出更多的情况，就应先对他进行采访，反之，就把他放在后面。

当然，采访计划并非一成不变，它应当具有灵活性，当采访出现曲折时，及时修改计划是很必要的。

中央电视台《焦点访谈》的调查路径：知情人、目击者、参与人、当事人。层层逼近核心真实。

三、提问的技巧

新闻调查采访的成败在很大程度上取决于如何正确地提问。提问的方式多种多样，关键是如何在正确的时刻运用正确的艺术。对待心有疑虑、初次接受采访的人，要耐心、和善；对油猾巨奸者，可单刀直入，一针见血，比绕圈子来得有效；对蛮横无礼的对象，可以给其“当头一棒”，让他收起蛮横态度，配合调查等。

(一)五级提问

1. 一级提问，寒暄类的问题，调节气氛；

2. 二级提问，导入类的问题，进行正题；

3. 三级提问，基础类的问题，涉及主题；

4. 四级提问，要点类的问题，产生新闻价值的问题；

5. 五级提问，独家类的问题，发掘重大新闻价值的问题。

(二)暗访的法律思考

暗访，也称为隐性采访、秘密采访，是新闻调查中常用的一种采访方法。1996 年新华出版社出版的《中国新闻实用大辞典》对新闻暗访的定义是：“不公开记者身份，或是公开记者身份但不道出真实意图的采访。”

暗访，可以分为介入式采访和非介入式采访。介入式采访即记者假冒各种身份，与事件的当事人交往，以获得新闻信息；非介入式采访，是指记者不显露自己的身份，以旁观者的眼光观察，没有介入或干预事件的发生、发展过程而获得新闻信息。介入式的记者暗访是违反新闻职业规范的，一般情况下不宜采用；非介入式暗访可以适当采用，但也要依情况而定，不能滥用。有一些法律问题值得所有新闻工作者深思：一是记者为揭露违法犯罪现象进行暗访时，只能以一个旁观者、记录者的身份，而不是以审判者、执法者的身份参与到新闻事件中；二是作为一名暗访者，记者应该是新闻事件的见证者，而不是新闻事件的制造者。

四、证据的力量

新闻调查是批评性报道，采访中尽可能收取一切可靠证据，是非常必要的。一切事实真实的证明都是证据。证据具有如下特征：必须是客观存在的事实；必须与事件所涉及的问题有关联性；证据的收集必须合法；证据的目的在于证明事件的事实真相。

（一）求证

前人把人的知识来源分为三类：一是亲知，即亲身感觉到的知识；二是闻知，也就是靠传授得到的知识；三是说知，根据已有的知识，通过推理得到的知识。新闻线索也就是知识。深入调查，深入挖掘，亲身体验，掌握第一手材料或者说“证据”。

所谓求证，是指对于新闻事实和新闻线索的主体作真实性的探明。求证要依靠科学，尽量贴近现场或事实本身，力求亲身感知，同时要有追本求源的精神。

（二）验证

所谓验证，就是对于新闻素材的重要细节进行一一考求，以科学实验的态度对新闻素材的全部真实性负责。

（三）有证为据

能证明新闻调查的真实性的证据是无价之宝。这些证据包括：采访笔记、录音和录像带以及照片、各种书证、实物证据、文件资料的原件、副本、复印件、抄件等。要妥善保管好所有的证明材料。

五、网上调查

随着网络媒体的迅速普及，在线采访开始成为新闻从业人员常用的采访手段。事实上，善用互联网络上提供的许多服务，例如：E-mail、ICQ、BBS 等，可以为调查记者提供许多便利。

(一)利用 E-mail 进行调查

与传统的调查方式相比，利用 E-mail 进行调查有以下优势：

1. 速度快捷

人们可以在几分钟里把请求调查的电子邮件发到对方的邮箱里；还可以利用群发功能，同时给一批人发去要求采访的电子邮件。这就省下了一个一个打电话的时间，并有可能在较短的时间里获得更多人的意见。

2. 费用低廉

以前，人们远距离调查，只有出差、打电话或发传真，费时、费力、费财。使用电子邮件后既满足时效性的要求又极其廉价，只需支付上网的费用即可。

3. 图文并茂

电子邮件可以传送大容量的文件、彩色图像和声音，有利于调查者提交背景文件，以及更好地表达自己的调查意图，也有利于收取图文并茂的资料。

4. 超越时空

电子邮件和手机通话一样，不受地域限制，被调查者在世界各地都可以随时接收信息。这对于找到那些“飞人”型的被调查对象非常有效。

使用 E-mail 进行调查，调查者最好为调查采访拟出一个能够充分打动对方的标题，并在内容部分做精彩的自我介绍，一次性列出详细的调查提纲，以便被调查对象能够全面了解你的调查意图，有的放矢地回答问题。使用 E-mail 进行调查也有其不便之处：一是互动性较差；二是不可以反复追问；三是较难获得有效的证据。

(二)使用 ICQ 或 MSN 进行调查

ICQ 是“I SEEK YOU”的缩写，汉语意思就是“我发现你了”或者“我找到你了”。它是一家以色列公司开发出来的免费软件。用户安装这种软件时，会自动连接到 ICQ 的专用服务器上，让用户输入自己的相关信息进行注册。注册之后，用户就会得到一个惟一的号码，俗称 ICQ 号；以后，用户再上网时，打开 ICQ，就会发送出信息通知服务器。“我已经上网了！”这样，用户就可以让别人知道自己现在是不是正在网上。只要你的朋友都装了 ICQ，那么只要他们一上网，ICQ 马上就会通知你，省去苦苦等待和寻找的麻烦。所以，人们给 ICQ 一个亲切的昵称——“网络寻呼机”。

ICQ号及用户的注册信息都能够通过专用服务器进行定向搜索,可以让用户在因特网上寻找兴趣相投之人。ICQ还具有传送信息的强大功能,供用户之间进行即时的交流。

QQ是我国最早的网络即时通讯工具OICQ的简称,由深圳腾讯公司开发的适合中国网友使用的网络通讯工具,需要申请。

使用ICQ进行采访至少有如下几个特点:

1. 无须知晓对方的电子邮件地址即可找到所需要的被调查对象。在E-mail调查中,调查者必须首先获得对方的E-mail地址,才能和对方进行联系。而使用ICQ方式调查则可以通过专用服务器对ICQ号及用户的注册信息进行定向搜索,可以让调查者在互联网上寻找知情人士或是对某个新闻事件乐于发表看法的人。

2. 互动性更强。通过ICQ,调查者可以对被采访者进行即时的一问一答式的采访和交谈,如果双方都安装了音频和视频软件,再配置摄像探头等一系列设备,那么,记者就可以实现两地之间的远程视频采访,对被采访对象的音容笑貌一览无遗,气氛也更加现场化。其互动性丝毫不弱于传统的面谈,而又比面谈更为便利和经济。

(三)使用网络聊天室和BBS进行调查

网络聊天室和BBS都是多用户、多频道的实时交流系统。每个进入网络聊天室和BBS的用户可以选择一个自己感兴趣的内容,加入讨论。它们同样有着ICQ即时、迅速的特点,但比起ICQ来,它可以同时容纳多人进行交谈,属于群体式信源,因此调查者作多元求证时更加便利。尤其是在专业性较强的讨论区或新闻组,其信息通常较为可靠,所以非常适合新闻调查。不过,目前的网络聊天室系统还不能支持视频调查,因此,在还原现场真实感上,它又比不上使用ICQ方式进行调查。同时,在聊天室和BBS里绝大部分都是匿名者,因此,对待网络聊天和讨论也应该抱有较大的警惕性,不要把随口的传闻当成真实的新闻事件来轻易相信。区分E-mail和聊天内容的可信度的标准线是其信源的实在化。一个在现实中与你相识的、或以真实身份参与交互的谈话者的信息,通常比之于非真实身份的、匿名的聊天信息内容可信得多。

需要强调的是,新闻调查采访永远是与人交流的艺术。作为一种调查采访用的先进的技术手段,网络调查为人们提供了更多的可能,但它不可能、也不应该完全代替面对面的交谈。

第三节 新闻调查的写作

一、选择重大题材，确立重要主题

新闻调查以其报道新闻的透彻、深刻，分析新闻事件的发生、发展过程，从而弘扬时代主旋律，引导社会舆论。新闻调查的选题显得至关重要。在选题中力求探寻贴近群众生活的选题，要体现平实之中见深度。应侧重于百姓生活中的热点、为百姓利益鼓与呼。

新闻调查一般要选择重大的题材，即涉及国计民生的重大问题、社会生活中迫切需要的问题、人民群众普遍关注而又迷惑不解的问题等。多为"三点"题材，即社会中的热点、工作中的重点、受众关注的焦点。通过重大题材的选择，对新闻事件、人物或问题进行多角度、全方位的分析解剖，从而揭示出重大的主题。

新闻调查的选题要立足百姓，同时要时刻注意配合党和政府特定时期的工作重点，尽量避免主观色彩很强的硬性宣传以及经验材料似的介绍，努力寻找普通百姓的审视角度或思维方式。只要不是停留在就事论事的浅层次报道上，独辟蹊径，努力寻找百姓视角，新闻调查就会做到真实可信，贴近生活、贴近百姓。

例如 1987 年 5 月，大兴安岭特大火灾震惊了全国人民。100 多名记者冲破重重阻挠，奔赴火灾现场采访，改变过去简单化地把灾情与错误变成"歌功颂德"报道的做法，对火灾事件进行了全面的揭示。《中国青年报》先后发表了《红色的警告》、《黑色的咏叹》、《绿色的悲哀》3 篇连续性报道，从引起火灾的表面原因("厄尔尼诺"现象与"职工违反操作规程")到火灾背后的官僚主义弊端，进行了深层次的揭露。

2007 年 4 月 2 日，《现代快报》发表了题为《官场情人成贪官腐败动力 疯狂吞噬社会财富》的新闻调查，深刻揭露了贪官们"情深似海，欲海难填"，将大肆掠夺来的社会财富，源源不断流进情人的腰包。

二、全方位的透视，多角度的思考

新闻调查既要表现时间、空间上的兼容，宏观、微观上的兼备，还要注重多侧面、多角度、全方位的考察和透视。它与其他新闻、通讯体裁有相同之处，但又有其突出的个性。它要求对新闻要素中的"why"(为什么)和"how"(怎么样)

进一步深化，重在“以今日的事态核对昨日的背景，从而说出明日的意义来”。但在“when”(何时)上，既要说明现在，又要追溯过去，还要预测未来；在“where”(何地)上，既要报道现场情况，又要兼顾其空间的延伸和波及；在“who”(谁)上，既要采访当事人、目击者，又要采访其他直接间接的有关人员；在“what”(什么)上，既要撷取典型的、关键性的材料，又要收集丰富的有关新闻事实的其他细节。因此，新闻调查是全面的、完整的、动态的、立体的反映。写作时应忌片面、零碎、静止和平面化。

三、把握篇章结构，行文引人入胜

刘勰在《文心雕龙》中谈到作文时，文章的开头、主体、结尾应该像“凤头、猪肚、豹尾”。也就是说开头要引人入胜，主体要丰富多姿，结尾要言简意赅。

引人入胜的导语，包括归纳性导语、描绘性导语、叙述性导语、引语式导语、提问式导语等。新闻调查的主体，要写得丰富多姿，就应紧扣主题，精心选择和合理组织材料；叙事要尽量具体、充实完整；叙述要生动，行文要有波澜；要灵活运用背景材料。新闻调查的结尾，可以采用评论式、对比式、引语式等，要给受众留下深刻难忘、回味无穷的印象。

四、表达自由灵活，语言风格多样

新闻调查与一般新闻报道在表达方式上也有不同。它既有直接叙述，又有主观议论，通常夹叙夹议、边述边评，可用思辨性的语言揭示事物的本质，也可用抒情性的议论发表作者的见解。但也不宜过分地表现主观意识，更不能用议论代替事实。

在语言上，新闻调查既要求准确、朴实，又追求生动、形象；既可写得庄重严肃，又可写得轻松活泼。语言风格可以多样化。同时，应避免追求庄重严肃而成为“面目可憎”，追求轻松活泼而变得“花里胡哨”。

五、报道篇幅适度，把握鲜明导向。

新闻调查由于其题材重大，情节复杂，纪实性强，要叙述事实、分析原因、剖析道理，交待背景，一般篇幅较长。但也并非都要写成长篇大论，可以长短结合、大小并举。新闻调查虽然是深度报道，但它依然属于新闻报道形式范畴，同样要求新、求快、求短，求深、求影响力，片面追求虚假的“全”和“深”，搞“假、大、空”的新闻调查深度报道，也是没有必要的。

党的十六大以后，我国政治民主化进程进一步加快，新闻调查有了更大的发展。新闻调查已成为安定民心的社会“稳压器”、促进社会进步的“推进器”。

它不再局限于曝光式的批评性报道，更多的眼光投向富有建设性的议题。无论报纸还是广播、电视、网络的新闻调查都更注意捕捉“社情民意”，报道百姓真正关心的话题，例如就业工程、医疗制度改革、帮困扶贫工作、全民健身、环境保护与生态平衡、社区文化建设等。新闻调查要注意把握鲜明的导向，正确引导社会舆论，促进和谐社会的构建。

六、抓住细节线索，依靠法律保护

新闻调查如同一个案件的侦破，任何蛛丝马迹都会为调查带来继续下去的理由。在对山西临汾矿难死亡矿工人数的新闻调查中，当中央电视台记者曲长缨采访完毕准备离开时，走过破烂不堪的矿工宿舍，他发现一个宿舍的窗户没有关，从窗户望去，他看到角落里有一件破衣服，强烈的新闻敏感让他停了下来，他拣了一根树枝挑开了衣服，发现了一个小小的电话号码本，他按照上面的电话一个个打过去，最终借助一个惟一拨通的电话打开了通向事实真相的重要通道，原来矿工的死亡人数被掩盖了。细节不仅是通向真相的航标，而且会成为写作新闻调查的重要素材，它会提供证据，也会提供吸引读者把报道看下去的兴趣。

新闻调查常常被称为新闻官司的“雷区”。被控“失实”甚至“侵权”，是从事新闻调查报道记者常常面临的问题。因此，记者要特别注意自己工作行为的合法性，以获得法律的保护，从而把握工作的主动权。

相关链接

官场情人成贪官腐败动力　疯狂吞噬社会财富

从表面上看，是贪官在掠夺财富，可他们掠夺来的财富，有很多却源源不断流进情人的腰包。情深似海，欲海难填。在这场掠夺财富大战中，贪官的情人们个个都能征善战。

2006 年 11 月 3 日上午 9 点，中国建设银行原董事长×××在北京市第一中级人民法院的刑事审判庭上，以受贿罪被判处有期徒刑 15 年。具有讽刺意味的是，×××的辩护律师高子程说过的一句话，跟判案本身一起被媒体广泛转载。高表示，他曾给 30 多位高官做过辩护律师，×××是惟一一位没有婚外私情的贪官。

作为贪官污吏中相对比较“正统”的一位“雅贪”，×××也因此得到了几分额外的惋惜和同情。曾几何时，“贪而不淫”也成为新闻了？

从成克杰、胡长清，到雷渊利、刘俊卿……一个个好色贪官在“金弹”加“肉弹”的一阵狂轰滥炸之下，“色”令智昏，沉湎于声色犬马而前“腐”后继，色情成为腐败的催化剂。贪官必有情妇，这几乎成了铁律。同时，伴随着汹涌的养情妇浪潮而来的，则是官场情妇阶层的逐渐成形、壮大，以及伴随这一阶层与生俱来的对社会财富疯狂的渴望和吞噬。

找情人已成为贪官的时尚。据有关统计表明，被查处的贪官中95%都有“情妇”。在1999年广州、深圳、珠海公布的102宗官员贪污受贿案件中，100%包养了“二奶”。

而这些情人呢，通过其美貌的外表、万种的风情和深沉的心机，与官员们勾结在一起，成为了贪官大肆贪腐的导火索、加速器、催化剂、中转站、安全通道，甚至洗钱机器。贪官和情人表面上是通过“情”字联系在一起，实际上是权色交易和金钱关系。从已经披露的众多贪官案件卷宗中，我们看到，贪官一旦倒台，伴随的就是情妇们的翻脸不认人和落井下石。不少贪官还是因为情妇闹事、告发而被拉下马，于是民间又有“反贪靠情妇”的笑谈流传，被戏称是“中国特色”。

河北巨贪李真在说到“情人”问题时说：“现在的贪官们，不仅给阿娇们置别墅，还要给她们买名车，让她们抛头露面，给她们牵线搭桥，让她们打着自己的牌子经商挣钱，代自己受贿。甚至还有给她们弄个一官半职的呢。”说到底，就是贪官好色，情人搂钱，百姓买单。

这些情妇们又是通过哪些手段来坐享贪官们的金钱，掠夺社会财富，成就她们的物质梦想的呢？从美色与贪官的关系和相互作用来看，大体有以下几种类型。

这种关系又称“床上培养干部”。情妇和贪官看起来柔情蜜意，实质上是一种冷冰冰的交换关系：一是贪官用权力换取美色；二是用色相交换贪官手中的权，再用权去敛财。美色可以变成权力，权力再可以化作金钱。

色助官贪

当一个女人征服了一个地位显赫的男人，她就征服了这个男人管辖的范围。

这方面最典型的例子首推大贪官成克杰及其情妇李×。成克杰绝大多数的收受贿赂之举是与李×联手合作实现的，两人可谓配合默契，成克杰甚至说出了“共产党恩重如山，情妇李×情深似海”这样令人齿冷的话。李×出面“揽活”、搞钱，成克杰背后用手中权力给出钱的人办事。

由于情妇与贪官的特殊关系，情人往往就成为能够掌握和沟通贪官周边经常在利益场上混的人，可以更好地为贪官谋取生财之道。一些腐败高官开始搞钱时，常常由情妇牵线。在贪官们贪污受贿的过程中，有时情妇还起到中介作用。因此，将情妇当作“交通站”和“中转库”，是有些贪官惯用的敛财手段。情妇作为贪官的“贿托”，便成为一些贪官敛财的路径。

在浙江义乌，当地的私企老板对为他们牵线搭桥的“义乌表姐”赵××非常尊敬。赵××既是原义乌市公安局长柳××的情妇，又是柳××受贿案中的“贿托”。这位擅长交际、公安局不上编制的“大姐大”，穿梭于行贿人与受贿人之间，为其牵线搭桥、介绍贿赂，为柳至多介绍来不少“生意”。

情妇大多是依附在贪官们身上的寄生虫，而贪官们在喂养这些寄生虫的同时，又千方百计利用这些寄生虫去蚕食国家财富。情妇们“贿托功用”的发挥，更证明了绝对的权力必然导致绝对的腐败。

贪钱买色

当官与色一旦交媾，多数情人都成了贪官的投币机，成了贪官不得不腐败的巨大动力，一是贪官为防止情人“流失”而主动出钱；二是情人们总能死死捏住贪官们“天不怕地不怕，就怕因丑闻败露而掉官”这根软肋，主动索要甚至勒索。

原重庆市公安局交通管理局车管所证照科科长卞××利用手中的权力，为情妇周××开起了“驾照代审公司”。4年来，两人共捞钱314万元。

卞××在庭审中痛哭流涕：“都怪我受不住美色诱惑，才会犯下这样的错。”卞称，他不想犯罪，但周××常以需要生活费等为由对他进行威胁。因为怕周到单位去闹，到家里去闹，他被迫一次次在周拿来审验的驾照报表上签字。

卞还辩称自己并不知道情人捞了这么多钱，而且他没得到一分一厘。“我曾在办公室里给她下跪，但她还是没有放过我，我太懦弱了，她想榨干我的血。”卞××忍不住放声大哭。只是，早知今日，何必当初呢？

近年来，还发生了数起官员杀情妇案。江苏常熟冶塘镇王庄办事处主任陈某、哈尔滨市公安局副局级调研员董××、内蒙古自治区呼和浩特市公安局南地企业分局局长梁××、云南省昌宁县县委书记杨××等，都是因为不堪情人索求无度，均将情人杀死。

色逼官贪

在时下包养情妇的贪官中，似乎已形成一种来势颇猛的攀比浪潮，即谁拥有的情妇多，便说明谁的能耐大。南京奶业集团公司原总经理、号称金陵“奶王”的副厅级贪官金××创立的金式“情妇逻辑”谬种流传：“像我这样级别的领导干部谁没有几个情人？这不仅是生理的需要，更是身份的象征，否则，别人会打心眼里瞧不起你。”

南京市车管所原所长查××年近花甲，居然包养了13个情妇。查所长经常在熟人面前情不自禁地自我炫耀：“《红楼梦》里有金陵十二钗，我呢，有金陵十三钗。”查所长的包养纪录还未来得及申报，同在南京为官的江苏省建设厅原厅长徐××就已将其纪录刷新。徐某人以包养140多个情妇的骄人业绩,可称得上贪官中的翘楚了。

贪官与女人非正常的交往,无论是找相好、包二奶、养情人,还是带小蜜,或是嫖娼狎妓,都需要强大的"经济后盾"。仅仅靠公务员的工资,是不可能承担得了如此高昂的买色费用。许多贪官为了实现自己的"粉色理想",就伸出罪恶黑手,贪污受贿,积攒买色实力。

中国人民保险公司河南分公司经理周××贪污22万元,索贿受贿11万元、挪用公款5900万元。公司在深圳、珠海、厦门有十几个房地产项目,他将每个项目分别交给不同的女人负责,和每个女人都是单线联系,欲心似火之时就电话叫来一个云雨一番。他在与某妓女一夜风流时被录音,此女借机对其敲诈50万元。周××大言不惭道:"一个婊子,我最多拿20万元!"从此,周××20万元嫖妓的故事被传为笑料。

色相贿赂

现在,一些人想找掌权者办事,见送钱送物不起作用,便使出撒手锏——送美女。在2005年的一次研讨会上,最高人民检察院一位领导语出惊人:最高人民检察院查办的省部级干部大案中,几乎每人都有情妇,"性贿赂目前在行贿犯罪中已相当普遍"。

湖北省原副省长孟××就是栽在大款们布下的粉红陷阱里的。孟××担任海南省副省长期间,曾主管土地、基建、机电产品进出口等,大权在握的优势成了他放纵自己兽欲的资本。一个个体户老板有意派一颇有姿色的女秘书去取批文。这个漂亮的女秘书"不辱使命",从孟××的秘书手里拿到批件后,还要求当面向孟副省长表示一下"谢意"。而女秘书一走进孟××的办公室,就卖弄风骚,孟副省长哪经得起如此挑逗?他夸女秘书"有气质,和别的女孩不同,给人一种不可抗拒的力量",把她抱在办公室的长条桌上行起了苟合之事。那个个体老板知道情况后对女秘书说:"老孟就喜欢这个。你忍着点,我们抓住他的这种事,让他为我们办事!"

有"中国官场第一美女"之称的刘××,原是辽宁省鞍山市国税局直属分局下辖税务所的一名普通女税管员,为了讨得官员们的喜欢,她不惜花费500万元巨资,先后多次到韩国、澳大利亚、中国香港等地做面部整容、隆胸术、臀部整容,仅臀部整形一项就花了52万余元,整成了鞍山市"最美的屁股"。凭此资本,她周旋于那些握有实权的领导干部之间,短短几年时间,就从一名普通的税管员,一步步升迁至税务所副所长、所长、税政科副科长、科长,直至攀升到市国税局局长的宝座。

安××是中国"性受贿第一案"的主角,更为奇特的是她是作为女性接受

“性贿赂”的第一人。据媒体披露，在罗湖政法系统流传甚广的说法是：安××多次以出外考察的名义，指定年轻英俊的男警员单独跟随她外出，期间向英俊下属作出性暗示。如顺其要求，回深圳后将迅速升迁；反之则升职无望，理由是“有待磨炼”。

“钱贿赂”是手段，“性贿赂”是目的。“性贿赂”成本远远低于“钱贿赂”。“性贿赂”和“性受贿”相辅相成，“性贿赂”造就了“性受贿”，“性受贿”促进了“性贿赂”；“性贿赂”是以色谋权或者以色谋钱；“性受贿”是“以权得色”。

用强有力制度　铲除权力情人

一个接一个关于贪官的报道，佐证了一个公认的结论：95%的贪官都有情人。掌握权力的官员一旦有了情人，情人就会坠在权力的绳索上打秋千，公权力就会变成私权力。所以那些贪官的情人，无一例外都是权力的情人。如果你自食其力养情人，不侵占社会公众的利益，我们倒也无话可说。但是，现在官员的工资收入，有几个能做这样的高消费？何况有的还养几个几十个情人。他们养情人的方法，就是动用公权力。为情人服务就不可能全心全意为人民服务。权力成了贪官养情人的金子库。社会财富就这么被一群“彩色娘子军”吞食，怎不令人扼腕长叹！

因此，监督官员的情人问题，应该提到议事日程，专题列项，制订专门的制度，通过强有力的制度建设，进行有效的监督治理。多年以来，组织部门和纪委定期叫领导干部如实填写交待的个人情况，就是工资外收入、老婆孩子的经商、出国、房产等等，只检查了“贪内助”，没有管“贪外助”。现在应该在检查的项目中再加上重要的一条：情人二奶情况。而且应该将他们自己填写报告的情人信息，不管真实还是不真实，都公之于众，让本单位和全社会了解和监督。

另外，必须把贪官情人这个社会影响极坏的问题单列出来，作为一个硬指标，检查官员的思想作风。

中纪委副书记干以胜 2007 年 2 月 13 日在新闻发布会上说，反腐败是一个系统工程，如何铲除贪官的情人，则是这个系统工程中的一个重要工程。既然情人盯住的是权力，就要对掌权者进行严格的限制。凡是喜欢玩女人的官员，不管他有多能干，应该一律从权力岗位上除名。那些在玩女人的事情上有劣迹的人，一律不要让他们进入干部候选队伍的名单，不然他们会弄出一个排的“贪外助”。我们也要刮起一股风，吹垮官员养情人的歪风，要让那些喜欢玩女人的人，永远进不了掌握社会公权力的干部队伍。如若是，权力的情人就会大大减少甚至绝迹。

（原载 2007 年 4 月 2 日《现代快报》，略有删节）

本章小结

1. 新闻调查，也称为调查性报道，或者深度报道。它既是一种特殊的社会调查活动；又是一种以比较深入地揭露政府、公共机构以及社会中存在的突出问题，并寻求解决方法为主旨的新闻报道形式；由此还可以引用为报纸专刊、专版或电视、广播、网络栏目的名称。比如中央电视台的《新闻调查》等。

2. 新闻调查，根据其报道内容，可以分为解释性报道、调查性报道和预测性报道等。根据报道形式，又可分为集合型报道、单一型报道。

3. 新闻调查的理论依据就是“社会责任论”。这一理论最早出现于 20 世纪 40 年代的美国。它认为，大众传媒在执行自己的职能时，还要对社会负责任，注重保护个人权利和重大的社会利益。

4. 我国《宪法》第 45 条规定：“公民对于任何国家机关和国家工作人员享有提出批评建议的权利。”公民如何行使《宪法》赋予的权力呢？通过自己的喉舌表达意见，提出批评是其中最为重要的方式之一。这是新闻调查包括舆论监督的法律依据和法律保障。

5. 新闻调查是批评性报道，采访中尽可能收取一切可靠证据，是非常必要的。一切事实真实的证明都是证据。证据具有如下特征：必须是客观存在的事实；必须与事件所涉及的问题有关联性；证据的收集必须合法；证据的目的在于证明事件的事实真相。

6. 新闻调查的选题要立足百姓，同时要时刻注意配合党和政府特定时期的工作重点，尽量避免主观色彩很强的硬性宣传以及经验材料似的介绍，努力寻找普通百姓的审视角度或思维方式。只要不是停留在就事论事的浅层次报道上，独辟蹊径，努力寻找百姓视角，新闻调查就会做到真实可信，贴近生活、贴近百姓。

思考与训练

1. 什么是新闻调查？
2. 新闻调查的特点有哪些？
3. 新闻调查写作的要求包括哪些方面？
4. “社会责任论”下的报刊主要职能有哪些？
5. 请选读 1 至 2 篇新闻调查作品，并结合作品谈谈新闻调查的意义。

推荐读物

[美]林肯·斯蒂芬斯：《新闻与揭丑》(展江、万胜译)，海南出版社 2000 年版
肖东升：《新闻内幕》(第 1 辑)，新华出版社 1999 年版

主要参考文献

风笑天著.现代社会调查方法.武汉:华中科技大学出版社,2001

吴增基、吴鹏森、苏振芳主编.现代社会调查方法.上海:上海人民出版社,1998

袁岳等编著.零点调查:民意测验的方法与经验..福州:福建人民出版社,2005

陈厥祥等主编.民营企业发展之路.北京:科学技术文献出版社,2004

张敦福主编.现代社会学教程.北京:高等教育出版社,2001

周海燕著.调查性报道采访与写作.北京:新华出版社,1999

余炳辉等编译.社会研究的方法.杭州:浙江人民出版社,1986

陆建华著.中国社会问题报告.北京:石油工业出版社,2002

陈妙云主编.大学写作教程.广州:广东人民出版社,2003

[美]巴比著,邱泽奇译.社会研究方法.北京:华夏出版社,2005

[美]埃德加·斯诺著(董乐山译).西行漫记.北京:解放军文艺出版社,2002

[美]林肯·斯蒂芬斯著(展江、万胜译).新闻与揭丑Ⅰ.海口:海南出版社,2000

[美]林肯·斯蒂芬斯著(展江、万胜译).新闻与揭丑Ⅱ.海口:海南出版社,2000

肖东升编著.新闻内幕(第1辑).北京:新华出版社,1999

吴曲辉等编著.市场调查与民意测验.西安:陕西人民教育出版社,1991

李少华、雷培莉编著.市场调查与数据分析.北京:经济管理出版社,2001

费孝通著.从事社会学五十年.天津:天津人民出版社,1993

董广安、纪元主编.中国高级记者成名作透视通讯卷.郑州:河南人民出版社,2003

边燕杰主编.市场转型与社会分层:美国社会学者分析中国.北京:北京三

联书店,2002

白庆祥等编著.新闻采访写作编辑案例教程.北京:新华出版社,2003

高宁远等编著.现代新闻采访写作教程.北京:新华出版社,1998

林如鹏著.新闻采访学.广州:暨南大学出版社,1998

李振杰著.草根调查——中国基层发展问题分析.北京:经济管理出版社,2004

朱贻庭主编.儒家文化与和谐社会.上海:学林出版社,2005

后 记

在新闻业界“晃悠”了 32 年，真是“心”苦万分！有很多收获，也有不少遗憾！2003 年终于实现了 10 多年前的意愿，来到浙江省高校新闻学界当了一名“教书匠”。

这是一所四季如春的花园式校园；这是一所充满活力的新兴学府。我来这里从教的第一门课就是《社会调查与分析》，虽然有一定的新闻采编工作经历，但对于能否上好这门新课，开始心里没有多少把握。我丝毫没有懈怠，博览群书，精心备课。首先要感谢本教材主要编者、文化与传播学院院长、复旦大学新闻学博士后蔡罕教授，从课程设置、教学计划、教材构架，到编写审定，他都积极参与、细心编审。我们经历 5 个学年的讲课实践，形成了这样一本还比较粗浅的讲稿《社会调查方法概论》。

同时，我们要感谢浙江大学出版社总编辑徐有智教授、李海燕和李苗苗老师。为提高教学质量，培养社会急需的应用型人才，他们组织策划出版一套“应用型本科规划教材”丛书，并将《社会调查方法概论》纳入出版计划之内。

编写《社会调查方法概论》时，我们参考和汲取了许多专家、学者的研究成果和写作经验，也引用了一些报刊、网络上的相关资料。在此，我们衷心地感谢那些为本教材提供大量文献资料的人们，是他们奠定了本教材出版的基础，他们也是当然的编者之一。还要感谢学校教务部和广大师生等所有支持、帮助过我们的人。“滴水之恩，当以涌泉相报。”

由于编写时间匆促，也由于编者水平所限，这本教材的体例还不是很统一，疏漏和错误更是难免。我们恳切希望使用这本教材的老师、同学和广大社会读者给我们提出宝贵意见，以便将来修改提高。

黄奇杰

2007 年 3 月

图书在版编目（CIP）数据

社会调查方法概论 / 黄奇杰，蔡罕编著. —杭州：浙江大学出版社，2007.8(2018.6 重印)

应用型本科规划教材

ISBN 978-7-308-05427-0

Ⅰ.社… Ⅱ.①黄…②蔡… Ⅲ.社会调查－调查方法－高等学校－教材 Ⅳ.C915

中国版本图书馆 CIP 数据核字（2007）第 130172 号

社会调查方法概论

黄奇杰　蔡　罕　编著

丛书策划　李海燕
责任编辑　李海燕
出版发行　浙江大学出版社
（杭州市天目山路 148 号　邮政编码 310007）
（网址：http://www.zjupress.com）
排　　版　杭州中大图文设计有限公司
印　　刷　嘉兴华源印刷厂
开　　本　787mm×1092mm　1/16
印　　张　16.5
字　　数　280 千
版 印 次　2007 年 8 月第 1 版　2018 年 6 月第 4 次印刷
书　　号　ISBN 978-7-308-05427-0
定　　价　32.00 元

浙江大学出版社发行中心联系方式：0571—88925591；http://zjdxcbs.tmall.com